# 빠작 어휘 퀴즈

다음 자음자와 힌트를 보고, 문장을 완성해 보세요.

**01** 강가에서 동물의 턱뼈 〔ㅎ〕〔ㅅ〕을 발견하였다.

힌트 [한자어] 아주 옛날의 생물의 뼈나 몸의 흔적이 돌이 되어 남아 있는 것.

**02** 두 〔ㅎ〕〔ㅎ〕물질이 반응하여 큰 폭발이 일어났다.

힌트 [한자어] 물질의 성분, 구조, 물질들의 반응 등을 연구하는 자연 과학의 한 분야.

**03** 백화점에서 겨울옷을 〔ㅎ〕〔ㅇ〕판매하고 있다.

힌트 [한자어] 일정한 값에서 얼마를 뺌.

**04** 기름값이 〔ㅇ〕〔ㅅ〕되자 대중교통을 이용하는 사람이 많아졌다.

힌트 [한자어] 물건값, 봉급, 요금 따위를 올림.

**05** 아버지는 휴가를 마치고 직장에 〔ㅂ〕〔ㄱ〕하셨다.

힌트 [한자어] 본디의 자리나 상태로 되돌아감.

**06** 200년 전에 무너진 탑을 〔ㅂ〕〔ㅇ〕하는 데 성공했다.

힌트 [한자어] 원래대로 회복함.

**정답** 01 화석  02 화학  03 할인  04 인상  05 복귀  06 복원

**07** 이 신문은 사건을 한쪽으로 치우치지 않고 ㄱ ㅈ 하게 보도한다.

힌트 [한자어] 공평하고 올바름.

**08** 우리는 ㄱ ㄱ 질서를 지켜야 한다.

힌트 [한자어] 국가나 사회의 구성원에게 두루 관계되는 것.

**09** 그는 가난한 사람들의 목소리를 ㄷ ㅂ 하는 사람이었다.

힌트 [한자어] 어떤 사람이나 단체를 대신하여 그의 의견이나 태도를 표함.

**10** 크리스마스가 일요일이면 그다음 날인 월요일이 ㄷ ㅊ 공휴일로 지정된다.

힌트 [한자어] 다른 것으로 대신함.

**11** 투표는 국민들이 ㅈ ㅊ 에 직접 참여하는 방법 중에 하나이다.

힌트 [한자어] 나라를 다스리는 일.

**12** ㅈ ㅂ 는 전염병 관련 대책을 준비 중이다.

힌트 [한자어] 삼권 분립에 의하여, 행정을 맡아보는 국가 기관.

**13** ㅇ ㅅ 기후 때문에 농작물에 큰 피해를 입었다.

힌트 [한자어] 정상적인 상태와 다름.

**14** 이번 결정에 ㅇ ㅇ 없으십니까?

힌트 [한자어] 다른 의견이나 의사.

**정답** 07 공정 08 공공 09 대변 10 대체 11 정치 12 정부 13 이상 14 이의

**15** 태권도는 이미 ⬜ㅅ ⬜ㄱ ⬜ㅎ 되어 2000년에 올림픽 정식 종목이 되었다.

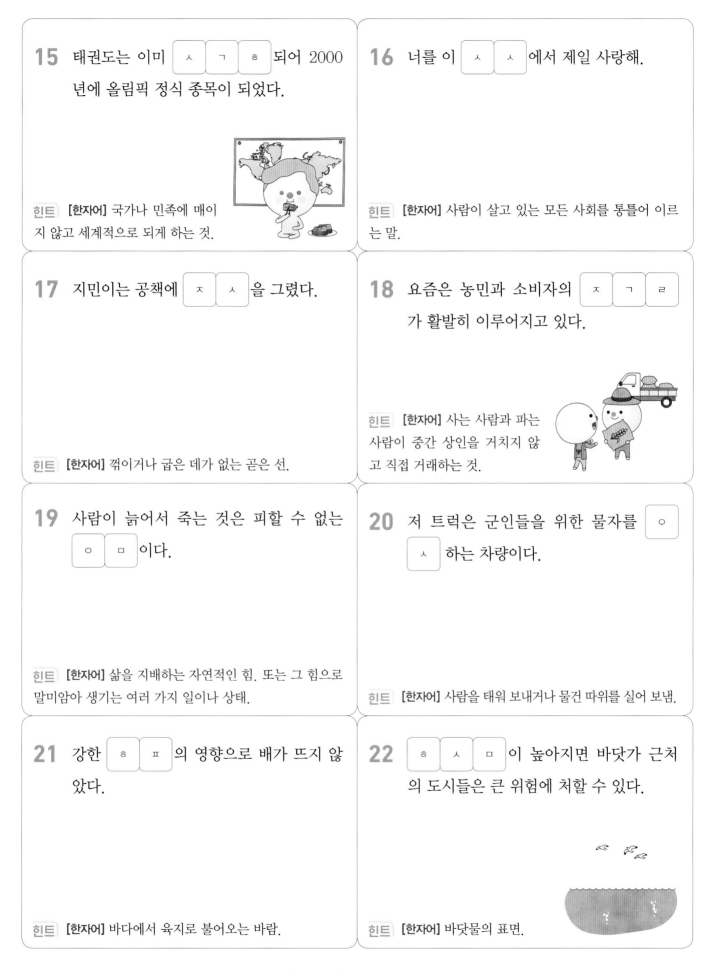

힌트 [한자어] 국가나 민족에 매이지 않고 세계적으로 되게 하는 것.

**16** 너를 이 ⬜ㅅ ⬜ㅅ 에서 제일 사랑해.

힌트 [한자어] 사람이 살고 있는 모든 사회를 통틀어 이르는 말.

**17** 지민이는 공책에 ⬜ㅈ ⬜ㅅ 을 그렸다.

힌트 [한자어] 꺾이거나 굽은 데가 없는 곧은 선.

**18** 요즘은 농민과 소비자의 ⬜ㅈ ⬜ㄱ ⬜ㄹ 가 활발히 이루어지고 있다.

힌트 [한자어] 사는 사람과 파는 사람이 중간 상인을 거치지 않고 직접 거래하는 것.

**19** 사람이 늙어서 죽는 것은 피할 수 없는 ⬜ㅇ ⬜ㅁ 이다.

힌트 [한자어] 삶을 지배하는 자연적인 힘. 또는 그 힘으로 말미암아 생기는 여러 가지 일이나 상태.

**20** 저 트럭은 군인들을 위한 물자를 ⬜ㅇ ⬜ㅅ 하는 차량이다.

힌트 [한자어] 사람을 태워 보내거나 물건 따위를 실어 보냄.

**21** 강한 ⬜ㅎ ⬜ㅍ 의 영향으로 배가 뜨지 않았다.

힌트 [한자어] 바다에서 육지로 불어오는 바람.

**22** ⬜ㅎ ⬜ㅅ ⬜ㅁ 이 높아지면 바닷가 근처의 도시들은 큰 위험에 처할 수 있다.

힌트 [한자어] 바닷물의 표면.

**정답** 15 세계화  16 세상  17 직선  18 직거래  19 운명  20 운송  21 해풍  22 해수면

**23** 동생이 모든 선물을 ⬜ㄷ ⬜ㅈ 하였다.

힌트 [한자어] 혼자서 모두 차지함.

**24** 세상에서 나만 ⬜ㄱ ⬜ㄷ 하다고 느껴질 때가 있다.

힌트 [한자어] 세상에 홀로 떨어져 있는 듯이 매우 외롭고 쓸쓸함.

**25** ⬜ㅂ ⬜ㅅ 하면 일을 그르칠 수 있으니 조심해라.

힌트 [한자어] 마음을 다잡지 아니하고 풀어 놓아 버림.

**26** 쓰레기를 ⬜ㅂ ⬜ㅊ 하여 온 동네가 지저분해졌다.

힌트 [한자어] 내버려 둠.

**27** 화장실은 언제나 ⬜ㅊ ⬜ㄱ 을 유지해야 한다.

힌트 [한자어] 맑고 깨끗함.

**28** 그 검사는 어떤 돈이나 선물도 받지 않는 ⬜ㅊ ⬜ㄹ 한 사람이다.

힌트 [한자어] 성품과 행실이 높고 맑으며, 탐욕이 없음.

**29** 인터넷의 발달로 종이 신문은 ⬜ㅅ ⬜ㅁ 의 길을 걷고 있다.

힌트 [한자어] 사라져 없어짐.

**30** 주어진 시간을 다 ⬜ㅅ ⬜ㅂ 해 버렸다.

힌트 [한자어] 돈이나 물자, 시간, 노력 따위를 들이거나 써서 없앰.

**정답** 23 독점  24 고독  25 방심  26 방치  27 청결  28 청렴  29 소멸  30 소비

**31** 그들은 한 가지 사물을 서로 다른 ㄱ ㅈ 에서 바라보았다.

힌트 [한자어] 사물이나 현상을 관찰할 때, 그 사람이 보고 생각하는 태도나 방향 또는 처지.

**32** 식물을 ㄱ ㅊ 하여 기록하였다.

힌트 [한자어] 사물이나 현상을 주의하여 자세히 살펴봄.

**33** 쌓여 있던 감정이 ㅍ ㅂ 하여 펑펑 울었다.

힌트 [한자어] 속에 쌓여 있던 감정 따위가 일시에 세찬 기세로 나옴.

**34** 물가 ㅍ ㄷ 으로 살기가 매우 어려워졌다.

힌트 [한자어] 물건의 값이나 주가 따위가 갑자기 큰 폭으로 오름.

**35** 할아버지께서는 많은 ㄴ ㄱ 을 극복하고 성공하셨다.

힌트 [한자어] 일을 하여 나가면서 부딪치는 어려운 고비.

**36** 이번 시험은 저번 시험과 ㄴ ㅇ ㄷ 가 비슷했다.

힌트 [한자어] 어려움과 쉬움의 정도.

**37** 그것은 나만 가질 수 있는 ㅌ ㄱ 이다.

힌트 [한자어] 특별한 권리.

**38** 굴비는 영광의 ㅌ ㅅ ㅁ 로 유명합니다.

힌트 [한자어] 어떤 지역의 특별한 산물.

**정답**  31 관점  32 관찰  33 폭발  34 폭등  35 난관  36 난이도  37 특권  38 특산물

**39** ⓒ ⓗ ⓖ 제품을 사용하면 자연을 보호할 수 있다.

힌트 [한자어] 자연환경을 오염하지 않고 자연 그대로의 환경과 잘 어울리는 일.

**40** 지영이와는 예전부터 ⓒ ⓜ 한 사이야.

힌트 [한자어] 지내는 사이가 매우 친하고 가까움.

**41** 우성이가 요즘 어머님께 효도하는 걸 보니 이제 ⓖ ⓖ ⓒ ⓢ 한 모양이야.

힌트 [한자 성어] 지난날의 잘못이나 허물을 고쳐 올바르고 착하게 됨.

**42** 오랜만에 친구를 만났더니 수학 실력이 ⓖ ⓜ ⓢ ⓒ 할 정도로 늘었다.

힌트 [한자 성어] 눈을 비비고 상대편을 본다는 뜻으로, 남의 학식이나 재주가 놀랄 만큼 부쩍 늚을 이르는 말.

**43** 합창 대회에서도 준우는 ⓖ ⓖ ⓞ ⓗ 처럼 돋보였다.

힌트 [한자 성어] 닭의 무리 가운데에서 한 마리의 학이란 뜻으로, 많은 사람 가운데서 뛰어난 인물을 이르는 말.

**44** ⓝ ⓙ ⓙ ⓒ 라더니, 그의 피아노 실력은 단연 눈에 띄는 구나.

힌트 [한자 성어] 재능이 뛰어난 사람은 숨어 있어도 저절로 사람들에게 알려짐을 이르는 말.

**45** 아니 2시면 온다던 사람이 3시가 넘도록 ⓗ ⓗ ⓒ ⓢ 네?

힌트 [한자 성어] 심부름을 가서 오지 아니하거나 늦게 온 사람을 이르는 말.

**46** 할머니께서는 삼촌이 제대하는 날만을 ⓗ ⓢ ⓖ ⓒ 하고 계신다.

힌트 [한자 성어] 학의 목처럼 목을 길게 빼고 간절히 기다림.

**정답** 39 친환경  40 친밀  41 개과천선  42 괄목상대  43 군계일학  44 낭중지추  45 함흥차사  46 학수고대

**47** 엄마께서 ⬜⬜⬜⬜(ㅁ ㅁ ㅅ ㅊ)이라며 학원 근처로 이사를 가자고 하셨다.

힌트 [한자 성어] 맹자의 어머니가 아들을 가르치기 위하여 세 번이나 이사를 하였음을 이르는 말.

**48** 윤재는 공룡에 관한 책을 많이 읽어서 공룡에 대해서는 아주 ⬜⬜⬜⬜(ㅂ ㅎ ㄷ ㅅ) 하다.

힌트 [한자 성어] 학식이 넓고 아는 것이 많음.

**49** 어려울 때 도와주신 은혜는 ⬜⬜(ㄱ ㄱ) ⬜⬜(ㄴ ㅁ)하여 절대 잊지 않겠습니다.

힌트 [한자 성어] 남에게 입은 은혜가 뼈에 새길 만큼 커서 잊히지 아니함.

**50** 부모님께 지극정성인 진아를 보면 '⬜(ㅂ) ⬜⬜⬜(ㅍ ㅈ ㅎ)'가 떠오른다.

힌트 [한자 성어] 자식이 자란 후에 어버이의 은혜를 갚는 효성을 이르는 말.

**51** 힘센 진수와 맞서는 것은 ⬜⬜(ㄷ ㄱ)로 바위 치기나 다름없다.

힌트 [속담] 대항해도 도저히 이길 수 없는 경우를 비유적으로 이르는 말.

**52** 아무리 빵을 사도 내가 원하는 스티커가 안 나오니, 이건 아무래도 밑 빠진 독에 ⬜(ㅁ) 붓기인 것 같다.

힌트 [속담] 아무리 힘이나 밑천을 들여도 보람 없이 헛된 일이 되는 상태를 비유적으로 이르는 말.

**53** 누가 나설지는 모르겠다만 결국 목마른 놈이 ⬜⬜(ㅇ ㅁ) 파게 되는 법이야.

힌트 [속담] 제일 급하고 일이 필요한 사람이 그 일을 서둘러 하게 되어 있다는 말.

**54** 하루 종일 굶었다더니 정말 ⬜⬜(ㅁ ㅍ) ⬜(ㄹ)에게 눈 감추듯 먹어 치우는구나.

힌트 [속담] 음식을 매우 빨리 먹어 버리는 모습을 비유적으로 이르는 말.

**정답** 47 맹모삼천  48 박학다식  49 각골난망  50 반포지효  51 달걀  52 물  53 우물  54 마파람

**55** 아무리 친한 친구라고 해도 사촌이 땅을 사면 ㅂ 가 아픈 법이지.

힌트 [속담] 남이 잘되는 것을 기뻐해 주지는 않고 오히려 질투하고 시기하는 경우를 비유적으로 이르는 말.

**56** 그렇게 가지고도 욕심을 부리다니, 바다는 메워도 사람의 ㅇ ㅅ 은 못 채우나 보구나.

힌트 [속담] 사람의 욕심은 한이 없음을 비유적으로 이르는 말.

**57** 나는 ㄱ 이 작아서 무서운 놀이 기구를 못 탄다.

힌트 [관용어] 대담하지 못하고 몹시 겁이 많다.

**58** 뱀을 맨손으로 잡는다니 ㄱ 도 크다.

힌트 [관용어] 겁이 없고 매우 대담하다.

**59** 앓던 이가 빠져서 속이 ㅅ ㅇ 하다.

힌트 [관용어] 좋은 일이 생기거나 나쁜 일이 없어져서 마음이 상쾌하다.

**60** 말 안 듣는 동생 때문에 엄마께서는 속을 ㄲ ㅇ ㄷ 가 결국 몸져누우셨다.

힌트 [관용어] 마음을 태우다.

**61** 빚을 갚으려면 ㅎ ㄹ ㄸ 를 졸라매야 한다.

힌트 [관용어] 검소한 생활을 하다.

**62** 대학 등록금이 비싸서 ㅎ ㄹ 가 휠 지경이다.

힌트 [관용어] 감당하기 어려운 일을 하느라 힘이 부치다.

정답  55 배  56 욕심  57 간  58 간  59 시원  60 끓이다  61 허리띠  62 허리

# 빠작 초등 국어 어휘×독해 무료 스마트러닝

**첫째** QR코드 스캔하여 1초 만에 바로 강의 시청

**둘째** 최적화된 강의 커리큘럼으로 학습 효과 UP!

**어휘·어법 강의**
- 핵심어의 뜻과 쓰임을 통한 어휘 학습법 강의 제공
- 핵심어의 뜻과 주제로 연계되는 확장 어휘 학습 강의 제공

# 빠작 초등 국어 어휘×독해 4단계 **학습 계획표**

학습 계획표를 따라 차근차근 어휘 학습을 시작해 보세요.
빠작과 함께라면 어휘, 어렵지 않습니다.

| 어휘·어법 | 학습한 날 | | 교재 쪽수 | 어휘·어법 | 학습한 날 | | 교재 쪽수 |
|---|---|---|---|---|---|---|---|
| 화석 | 1일차 | 월 일 | 012 ~ 015쪽 | 특산물 | 19일차 | 월 일 | 084 ~ 087쪽 |
| 인상 | 2일차 | 월 일 | 016 ~ 019쪽 | 친환경 | 20일차 | 월 일 | 088 ~ 091쪽 |
| 복원 | 3일차 | 월 일 | 020 ~ 023쪽 | 괄목상대 | 21일차 | 월 일 | 094 ~ 097쪽 |
| 공정 | 4일차 | 월 일 | 024 ~ 027쪽 | 군계일학 | 22일차 | 월 일 | 098 ~ 101쪽 |
| 대체 | 5일차 | 월 일 | 028 ~ 031쪽 | 학수고대 | 23일차 | 월 일 | 102 ~ 105쪽 |
| 정치 | 6일차 | 월 일 | 032 ~ 035쪽 | 맹모삼천 | 24일차 | 월 일 | 106 ~ 109쪽 |
| 이상 | 7일차 | 월 일 | 036 ~ 039쪽 | 반포지효 | 25일차 | 월 일 | 110 ~ 113쪽 |
| 세계화 | 8일차 | 월 일 | 040 ~ 043쪽 | 달걀로 바위 치기 | 26일차 | 월 일 | 116 ~ 119쪽 |
| 직거래 | 9일차 | 월 일 | 044 ~ 047쪽 | 목마른 놈이 우물 판다 | 27일차 | 월 일 | 120 ~ 123쪽 |
| 운명 | 10일차 | 월 일 | 048 ~ 051쪽 | 사촌이 땅을 사면 배가 아프다 | 28일차 | 월 일 | 124 ~ 127쪽 |
| 해수면 | 11일차 | 월 일 | 052 ~ 055쪽 | 간이 크다 / 간이 작다 | 29일차 | 월 일 | 128 ~ 131쪽 |
| 독점 | 12일차 | 월 일 | 056 ~ 059쪽 | 속을 끓이다 | 30일차 | 월 일 | 132 ~ 135쪽 |
| 방치 | 13일차 | 월 일 | 060 ~ 063쪽 | 허리띠를 졸라매다 | 31일차 | 월 일 | 136 ~ 139쪽 |
| 청렴 | 14일차 | 월 일 | 064 ~ 067쪽 | 문장의 종결 표현 | 32일차 | 월 일 | 142 ~ 145쪽 |
| 소멸 | 15일차 | 월 일 | 068 ~ 071쪽 | 구개음화 | 33일차 | 월 일 | 146 ~ 149쪽 |
| 관점 | 16일차 | 월 일 | 072 ~ 075쪽 | 문장 성분의 호응 | 34일차 | 월 일 | 150 ~ 153쪽 |
| 폭등 | 17일차 | 월 일 | 076 ~ 079쪽 | 다의어와 동형어 | 35일차 | 월 일 | 154 ~ 157쪽 |
| 난관 | 18일차 | 월 일 | 080 ~ 083쪽 | | | | |

초등 국어

어휘 X 독해

4 단계
3·4학년

바른 어휘 학습의 빠른 시작,

# 『빠작 초등 국어 어휘×독해』를 추천합니다

독해력과
어휘력은 따로 떼어
성장시킬 수도 없고,
동시에 향상될 때
확실한 시너지가
생깁니다.

국어 공부를 '공부'라고만 생각하지 않게 해줄 수 있는 책입니다. 재미있게 접근하여 국어를 우리 아이에게 스며들게 해줄 수 있는 책. 꾸준히 차근차근, 탄탄하게 실력을 향상시켜 줄 책이라 추천합니다. 이 책은 기존에 출간된 많은 독해 교재와 어휘 교재들이 채워주지 못했던 독해와 어휘의 균형을 잡아준 교재라 생각합니다. **수능까지 이어지는 독해의 기초를 연관 어휘 공부로 확장해서 단단하게 잡아줄 수 있다는 점이 아주 큰 장점입니다.** 『빠작 초등 국어 어휘×독해』로 공부하면서 아이들은 올바른 국어 독해 공부 방법을 스스로 깨닫게 될 것 같습니다.

**김소희** 원장 | 한올국어학원

문해력 향상부터
독서와 논술,
나아가 내신 국어와
수능까지 이어지는
국어 학습의 핵심은
단연코 어휘와
독해입니다.

**『빠작 초등 국어 어휘×독해』는 어휘와 독해를 유기적으로 연결한 동시에 수준 높은 문제를 출제하여 학습 효과가 탁월합니다.** 그리고 독해 파트의 문제들이 어휘 학습의 문제의식을 자극하고, 다양한 방식으로 어휘 학습을 하도록 이어져 자연스럽게 어휘들이 이해되고 오래 기억할 수 있는 효과를 가져다 줍니다. 마지막으로 한자어 학습에 신경 쓴 점도 돋보입니다. 어휘와 독해가 중요하다는 것은 누구나 알지만 그것을 하나의 학습 교재로 풀어내는 일은 쉽게 엄두를 내지 못합니다. 『빠작 초등 국어 어휘×독해』를 공부해야 할 이유입니다.

**최성호** 원장 | 에이프로아카데미

| 이 책을 검토하신 선생님 | | | | | | |
|---|---|---|---|---|---|---|
| **강다연** | 명원초등학교 | **박연미** | 임팩트학원 | **이지은** | 이지국어논술학원 |
| **강명자** | 마산고운초등학교 외 | **배성현** | 국어논술자신감 | **장화연** | 주니어솔로몬 |
| **강행림** | 수풀림 학원 | **신민영** | 줄기글방독서토론논술교습소 | **장희원** | 부민초등학교 외 |
| **고갱화** | 에반이즈사고력학원 | **심억식** | 천지인학원 | **전수경** | 라온누리독서논술 |
| **김미소** | 메이트국영수학원 | **안소연** | 안선생 국어논술 | **정다운** | 정다운국어논술학원 |
| **김소희** | 한올국어학원 | **유숙원** | 정원국어학원 | **최성호** | 에이프로아카데미 |
| **김종덕** | 갓국어학원 | **이대일** | 멘사수학과연세국어학원 | **하승희** | 하샘국어학원 |
| **김진동** | 제세현국어학원 | **이민주** | 날개국어논술학원 | **한미애** | 부산하남초등학교 방과후 독서논술 |
| **박명선** | 서울방일초등학교 | **이선이** | 수논술교습소 | **허채옥** | 책먹는 하마 책놀이논술방 |

**어휘력을 높일 수 있을 뿐 아니라, 글을 읽고 이해하는 힘인 문해력을 높일 수 있습니다.**

아이들에게 어휘 학습이 필요한 이유 중 하나는 글을 잘 이해하기 위함입니다. 『빠작 초등 국어 어휘×독해』는 핵심어를 학습함으로써 비문학 지문 독해법을 학습할 수 있도록 구성되어 있습니다. **한자어, 속담, 관용어 등의 핵심어가 들어간 지문으로 글의 내용을 이해하고 추론할 수 있도록 돕습니다.** 지문을 읽으며 핵심어가 글 속에서 어떻게 활용되는지 익힐 수 있으며 글의 정확한 이해 또한 가능하도록 합니다. 이렇게 어휘를 배움으로써 독해 능력을 키우는 것이 가능합니다. 이후, 핵심어의 뜻과 예문을 배운 후 비슷한 뜻의 어휘로 확장하여 학습함으로써 어휘력을 높일 수 있습니다.

**박명선** 선생님 | 서울방일초등학교

---

**교재만 꼼꼼하게 풀어도 아이 스스로 하는 학습이 가능합니다.**

한자어, 한자 성어, 속담, 관용어 등 아이들이 어려워하는 부분들을 모아서 어휘 실력을 골고루 갖출 수 있도록 교재를 체계적으로 구성한 것이 아주 좋습니다. 그리고 **다양한 어휘 유형에서 핵심어를 고르게 선정한 것과 핵심어, 내용 이해, 추론, 적용, 관계, 심화 등 단계별로 꼼꼼하게 학습이 되도록 구성한 것이 매우 만족스럽습니다.** 교재만 꼼꼼하게 풀어도 아이 스스로 하는 학습이 가능하도록 되어 있고, 어휘 학습에서 그때그때 모르거나 어려운 부분을 동영상 강의를 통하여 이해를 도와주어 완전 학습이 되도록 물샐틈없이 잘 만들어진 교재입니다.

**장희원** 선생님 | 부민초등학교 외 다수 출강

---

**빠작 초등 국어 어휘×독해**

☑ 독해 학습을 통해 학년별 필수 어휘를 이해할 수 있습니다.

☑ 핵심어에 담겨 있는 한자의 뜻이나 주제 중심으로 어휘를 확장 학습할 수 있습니다.

☑ 어휘 문제를 통해 어휘를 완벽하게 소화할 수 있습니다.

| 단계 | 대상 | 구분 |
|------|------|------|
| 1~2단계 | 1~2학년 | 한자어 · 속담 · 관용어 + 어법 |
| 3~4단계 | 3~4학년 | 한자어 · 한자 성어 · 속담 · 관용어 + 어법 |
| 5~6단계 | 5~6학년 | 한자어 · 한자 성어 · 관용어 + 어법 |

# 독해력을 키우는
# 바른 어휘 학습, 방법이 다릅니다

## 01

독해 과정에서
핵심어를 정확하게
이해해야 어휘력과
독해력이 향상됩니다.

독해를 곧잘 하는데도 어휘력이 떨어지는 아이들에 대한 부모님의 고민이 많습니다. 어휘력과 독해력 향상이 일치하지 않는 까닭은 어휘와 독해를 따로 학습하기 때문입니다. 독해력과 어휘력을 함께 향상시키려면 독해를 할 때 가장 먼저 지문 속 핵심어를 파악하고 핵심어의 뜻을 유추하면서 지문을 읽어야 합니다. 그리고 핵심어의 정확한 뜻을 이해하고 이를 확장하여 새로운 어휘를 학습하는 것이 효과적입니다.

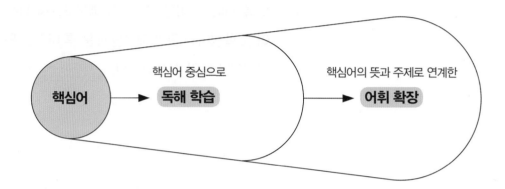

## 02

한자어, 한자 성어,
속담, 관용어 등
여러 분야의 어휘를
고르게 학습하는
것이 중요합니다.

우리말의 어휘는 70퍼센트 이상이 한자어로 이루어져 있습니다. 특히 학습 개념이나 비문학 글은 대부분 한자어로 이루어져 있기 때문에, 한자어 학습이 꼭 필요합니다. 그리고 한자 성어와 속담, 관용어는 특별한 뜻을 지니고 있어서 학습을 하지 않으면 그 뜻을 짐작하기가 어렵습니다. 이러한 어휘들을 학습하여 일상에서 활용할 때 어휘력을 풍부하게 키울 수 있습니다.

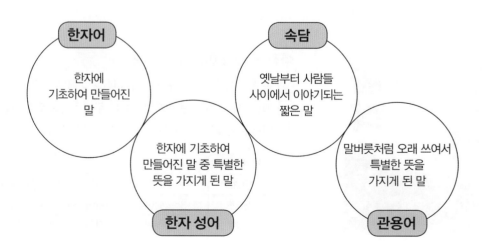

## 03

하나의 어휘에서
유기적으로 연계하여
어휘를 확장 학습하면
어휘를 오래 기억할 수
있습니다.

한자어는 같은 한자가 들어간 어휘끼리 연계하여 학습하면 그 뜻을 쉽게 이해할 수 있고, 오래 기억할 수 있습니다. 또한 한자 성어는 말이 나오게 된 유래나 쓰임을 이해하고 같은 주제를 가진 한자 성어로 확장하여 학습하는 것이 효과적입니다. 속담이나 관용어는 같은 주제를 가진 어휘들로 연계하여 확장하는 학습이 좋습니다.

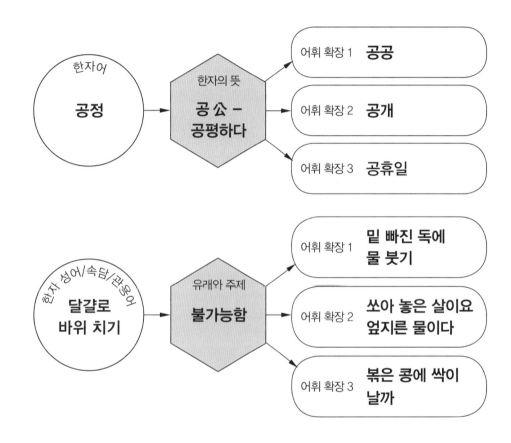

## 04

어법은 바른 독해와
글쓰기의 기초이므로
반드시 학습해야
합니다.

어법은 우리말의 일정한 법칙입니다. 어법 학습은 낱자의 구조부터 어휘, 문장의 구조까지 이해하는 데 기초가 됩니다. 어법을 알아야 정확하고 바르게 글을 읽고 쓸 수 있습니다. 따라서 초등 국어 교육과정에서 필수로 알아야 하는 어법을 어휘와 함께 학습하는 것이 중요합니다.

# 구성과 특징

빠작 초등 국어 어휘×독해 4단계는 초등 3~4학년 학생들이 꼭 알아야 하는 필수 어휘를 한자어, 한자 성어, 속담, 관용어에서 선정하여 핵심어로 구성하였습니다. 특히 핵심어를 바탕으로 지문을 정확하게 읽어 내고, 핵심어의 뜻이나 주제와 관련된 어휘를 확장하여 학습함으로써 어휘 학습의 효과를 높이고 독해력을 향상시킬 수 있도록 구성하였습니다.

## 1 필수 어휘 중심으로 핵심어 31개 선정

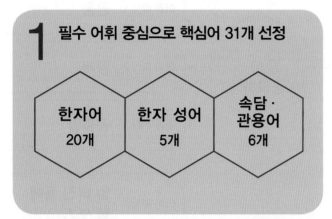

| 한자어 20개 | 한자 성어 5개 | 속담 · 관용어 6개 |

## 2 핵심어를 바탕으로 독해 학습

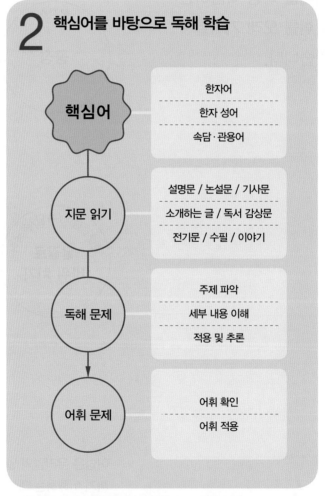

## 3 핵심어와 관련된 어휘로 확장 학습

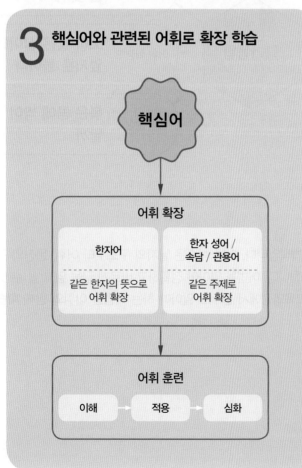

## 4 독해와 글쓰기의 기본, 어법 학습

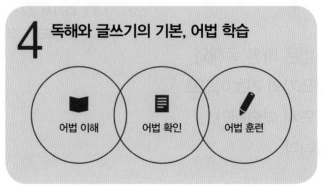

## ⊙ 한자어, 한자 성어, 속담, 관용어 등 핵심어를 통한 독해 학습

## ⊙ 독해 문제와 지문 속 어휘 문제

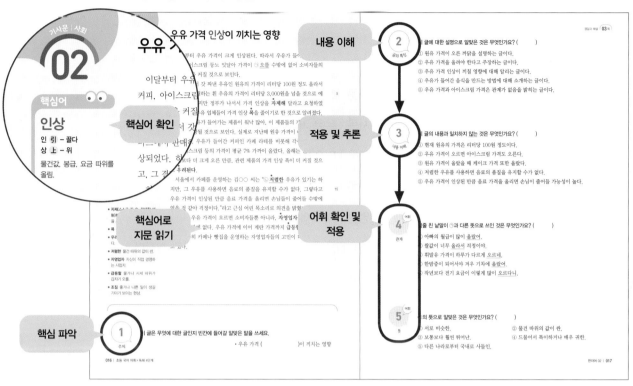

- 내용 이해
- 핵심어 확인
- 적용 및 추론
- 핵심어로 지문 읽기
- 어휘 확인 및 적용
- 핵심 파악

## ⊙ 핵심어와 관련된 어휘 확장 학습

## ⊙ 핵심어와 확장된 어휘를 문제로 완벽하게 훈련

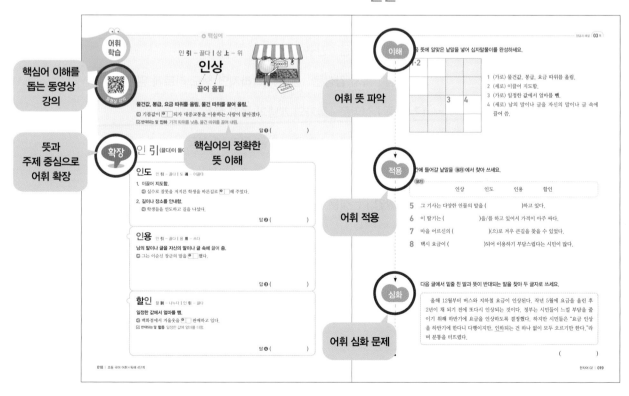

- 핵심어 이해를 돕는 동영상 강의
- 뜻과 주제 중심으로 어휘 확장
- 핵심어의 정확한 뜻 이해
- 어휘 뜻 파악
- 어휘 적용
- 어휘 심화 문제

# 차례

## 어휘

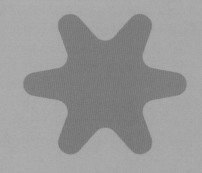

# 어휘

## 한자어

한자어는 한자에 기초하여 만들어진 말입니다.

| 12 독점 獨占 | 11 해수면 海水面 | 10 운명 運命 | 09 직거래 直去來 |

| 13 방치 放置 | 14 청렴 淸廉 | 15 소멸 消滅 | 16 관점 觀點 |

01 화석 化石
02 인상 引上
03 복원 復元
04 공정 公正
05 대체 代替
06 정치 政治
07 이상 異常
08 세계화 世界化

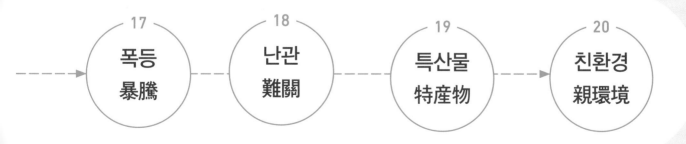

17 폭등 暴騰
18 난관 難關
19 특산물 特産物
20 친환경 親環境

# 천연기념물이 된 ☐

**핵심어**

## 화석

화 化 - 되다
석 石 - 돌

돌처럼 된 것. 아주 옛날의 생물의 뼈나 몸의 흔적이 돌이 되어 남아 있는 것.

● **골격** 동물의 체형을 이루고 몸을 지탱하는 뼈.

● **사례**(일 사 事, 법식 례 例) 어떤 일이 전에 실제로 일어난 예.

● **신종**(새로울 신 新, 씨 종 種) 새로 발견하였거나 또는 새롭게 개량한 생물의 품종.

● **가치**(값 가 價, 값 치 値) 사물이 지니고 있는 쓸모.

● **이전** 장소나 주소 따위를 다른 데로 옮김.

● **정밀하게** 아주 정교하고 치밀하여 빈틈이 없고 자세하게.

● **진화**(나아갈 진 進, 될 화 化) 생물이 생명의 기원 이후부터 점진적으로 변해 가는 현상.

2008년 경기도 화성시의 한 공무원이 전곡항 주변에서 우연히 화석을 하나 발견했다. ㉠이 화석은 엉덩이뼈와 꼬리뼈 등 하반신의 모든 뼈들이 제자리에 있는 완전한 형태였다.

문화재청은 2022년 10월, 이 화석을 천연기념물로 지정했다. 우리나라에서 공룡의 발자국이나 알 화석이 아닌 **골격** 화석이 천연기념물로 지정된 첫 번째 **사례**이다. 이 화석은 약 1억 2천만 년 전 한반도에도 뿔 달린 공룡이 살았음을 증명하는 중요한 자료가 된다고 한다. 5

이 화석은 연구를 통해 우리나라에서는 처음 발견된 **신종** 공룡으로서의 **가치**를 국제적으로 인정받았다. 이 공룡에는 '코리아케라톱스 화성엔시스'라는 이름이 붙었다. 전문가들은 이 공룡의 전체 몸길이가 2.3미터 정도였고, 두 다리로 걸었으며, 대략 8살에 죽었다는 사실도 알아냈다. 10

이 공룡의 이름에서 케라톱스는 '뿔이 있는 얼굴'이라는 뜻이다. 따라서 '코리아케라톱스'는 우리나라에서 나온 뿔 공룡, '화성엔시스'는 화성에서 발견되었다는 뜻이다. 우리나라에서 지금까지 발견된 많은 공룡 발자국 중에서 뿔 공룡 발자국은 없었는데, 이 화석을 통해 우리나라에도 다양한 공룡이 살았음을 알 수 있게 되었다. 15

현재 이 화석은 화성시 공룡알 화석산지 방문자 센터에 전시되어 있으며, 2024년에는 화성 공룡 자연 과학 센터로 **이전**할 계획이다. 화성시에서는 화석 뼈를 **정밀하게** 연구하여 3차원 모형으로 만드는 등 전체 골격을 되살린 상태이다. 또 코리아케라톱스 화성엔시스와 함께 발견된 공룡알 화석도 전시 중이다. 20

화석은 인류가 나타나기 전 어떤 생명체가 어떻게 존재했고 **진화**해 왔는지를 상상하게 해 주는 ㉡보물이라 할 수 있다. 시간을 내어 천연기념물이 된 화석을 한번 만나러 가 보는 것은 어떨까?

---

**1** 제목

**이 글의 제목으로 어울리도록 빈칸에 들어갈 알맞은 낱말을 두 글자로 쓰세요.**

● 천연기념물이 된 (　　　　　)

**2**
세부 내용

**㉠에 대한 설명으로 알맞지 <u>않은</u> 것은 무엇인가요? (　　　　)**

① 2008년 화성시의 공무원이 발견했다.

② 문화재청이 2022년 천연기념물로 지정했다.

③ 뿔이 있는 공룡의 화석이었던 것으로 밝혀졌다.

④ 공룡알 화석이 천연기념물로 지정된 첫 번째 사례이다.

⑤ 현재 화성시 공룡알 화석산지 방문자 센터에 전시되어 있다.

**3**
적용

**이 글의 이해를 돕기 위해 활용하면 좋은 자료로 가장 알맞은 것은 무엇인가요? (　　　　)**

① 화석이 발견된 전곡항의 일몰 사진

② 세계 여러 나라의 공룡알 화석 사진

③ 다른 지역에서 발견된 공룡 발자국 사진

④ 최초로 천연기념물이 된 대구 측백나무 숲 사진

⑤ 코리아케라톱스 화성엔시스 화석이 전시되어 있는 사진

어휘

**4**
뜻

**이 글에 쓰인 낱말의 뜻풀이가 바르지 <u>않은</u> 것은 무엇인가요? (　　　　)**

① 가치: 사물이 지니고 있는 쓸모.

② 골격: 동물의 체형을 이루고 몸을 지탱하는 뼈.

③ 신종: 새로 발견하였거나 새롭게 개량한 생물의 품종.

④ 진화: 생물이 생명의 기원 이후부터 점진적으로 변해 가는 현상.

⑤ 정밀하게: 꽉 짜이지 아니하여 어울리는 맛이 없고 빈틈이 있게.

어휘

**5**
적용

**빈칸에 ㉡을 넣었을 때 어울리지 <u>않는</u> 것은 무엇인가요? (　　　　)**

① 예인이는 우리 집안의 [　　　]이다.

② 삼촌은 낚싯대를 [　　　] 다루듯 하셔.

③ 아버지가 남겨 주신 카메라는 나의 [　　　]이야.

④ 어려서부터 받아 온 상장들이 자기의 [　　　]이라고 했다.

⑤ 쓸모 없어서 내다 버려야 하는 [　　　]이 집 안에 가득 있다.

↓ 핵심어

화 化 – 되다 | 석 石 – 돌

# 화석

돌처럼 된 것

**아주 옛날의 생물의 뼈나 몸의 흔적이 돌이 되어 남아 있는 것.**

예 강가에서 동물의 턱뼈 ❶[　] 을 발견하였다.

답 ❶ (　　　　　)

확장

## 화 化 (되다)가 들어간 한자어

### 화학    화 化 – 되다 | 학 學 – 배우다

**물질의 성분, 구조, 물질들의 반응 등을 연구하는 자연 과학의 한 분야.**

예 두 ❷[　] 물질이 반응하여 큰 폭발이 일어났다.

답 ❷ (　　　　　)

### 화장    화 化 – 되다 | 장 粧 – 단장하다

**화장품을 바르거나 문질러 얼굴을 곱게 꾸밈.**

예 연아는 예쁘게 ❸[　] 을 하고 집을 나섰다.

☑ 비슷한말 **단장** 얼굴, 머리, 옷차림 따위를 곱게 꾸밈.

답 ❸ (　　　　　)

### 강화    강 强 – 강하다 | 화 化 – 되다

1. **세력이나 힘을 더 강하고 튼튼하게 함.**

   예 대통령은 나라를 지키기 위해서는 군사력을 더욱 ❹[　]해야 한다고 하였다.

2. **수준이나 정도를 더 높임.**

   예 우리나라는 국제 경쟁력을 강화하기 위해 많은 노력을 하고 있다.

답 ❹ (　　　　　)

**이해** 다음 낱말과 뜻을 알맞게 선으로 이으세요.

**1** 강화 •

• ㉮ 세력이나 힘을 더 강하고 튼튼하게 함.

**2** 화석 •

• ㉯ 화장품을 바르거나 문질러 얼굴을 곱게 꾸밈.

**3** 화장 •

• ㉰ 아주 옛날의 생물의 뼈나 몸의 흔적이 돌이 되어 남아 있는 것.

**4** 화학 •

• ㉱ 물질의 성분, 구조, 물질들의 반응 등을 연구하는 자연 과학의 한 분야.

**적용** 자음자를 보고 빈칸에 들어갈 알맞은 낱말을 쓰세요.

**5** 이모는 곱게 ㅎㅈ을/를 하고 회사에 갔다. ( )

**6** 우리 회사의 경쟁력을 더욱 ㄱㅎ해야 한다. ( )

**7** 정연이는 ㅎㅎ을/를 전공하고 석유 회사의 연구원이 되었다. ( )

**8** 공룡은 아주 오래전에 멸종하여 이제는 ㅎㅅ(으)로나 그 모습을 확인할 수 있다.

( )

**심화** **9** 다음 빈칸에 공통으로 들어갈 알맞은 낱말은 무엇인가요? ( )

ㅤㅤㅤ은 오래전에 살았던 고생물의 뼈나 활동 흔적 따위가 퇴적물 등에 남아 있는 것을 말한다. 전라남도 해남은 세계적으로 유명한 공룡 발자국 산지로 손꼽힌다. 특히 443개나 발견된 익룡의 발자국 ㅤㅤㅤ은 길이가 35cm에 이르는 것도 있어 지금까지 발견된 것 중에서 가장 큰 것으로 알려져 있다.

① 화학 　　　　② 화장 　　　　③ 화면

④ 화석 　　　　⑤ 화전

# 우유 가격 인상이 끼치는 영향

이달부터 우유 가격이 크게 인상된다. 따라서 우유가 들어가는 빵과 커피, 아이스크림 등도 잇달아 가격이 ㉠오를 수밖에 없어 소비자들의 부담이 더욱 커질 것으로 보인다.

젖소에게서 갓 짜낸 우유인 원유의 가격이 리터당 100원 정도 올라서 마트에서 판매하는 흰 우유의 가격이 리터당 3,000원을 넘을 것으로 예상되었다. 하지만 정부가 나서서 가격 인상을 **자제해** 달라고 요청하였고, 그 결과 우유 업체들이 가격 인상 **폭**을 줄이기로 한 것으로 알려졌다.

하지만 우유가 들어가는 제품이 워낙 많아, 이 제품들의 가격 또한 적지 않게 인상될 것으로 보인다. 실제로 지난해 원유 가격이 리터당 20원 올랐을 때, 우유가 들어간 커피인 카페 라테를 비롯해 각종 케이크와 빵, 아이스크림 등의 가격이 평균 7% 가까이 올랐다. 올해는 원유 가격이 이보다 더 크게 오른 만큼, 관련 제품의 가격 인상 폭이 더 커질 것으로 **우려된다.**

서울에서 카페를 운영하는 김○○ 씨는 "㉡**저렴한** 우유가 있기는 하지만, 그 우유를 사용하면 음료의 품질을 유지할 수가 없다. 그렇다고 우유 가격이 인상된 만큼 음료 가격을 올리면 손님들이 줄어들 수밖에 없을 것 같아 걱정이다."라고 근심 어린 목소리로 의견을 밝혔다.

이처럼 우유 가격이 오르면 소비자들뿐 아니라, **자영업자**들의 고민도 깊어질 수밖에 없다. 우유 가격에 이어 계란 가격까지 **급등할 조짐**을 보이면서 특히 카페나 빵집을 운영하는 자영업자들의 고민이 더욱 깊어지고 있다.

5

10

15

20

- **자제**(스스로 자 自, 절제할 제 制)**해** 자기의 감정이나 욕망을 스스로 억제해.
- **폭** 무엇의 범위.
- **우려된다** 근심되거나 걱정된다.
- **저렴한** 물건 따위의 값이 싼.
- **자영업자** 자신이 직접 경영하는 사업자.
- **급등할** 물가나 시세 따위가 갑자기 오를.
- **조짐** 좋거나 나쁜 일이 생길 기미가 보이는 현상.

**1**
주제

이 글은 무엇에 대한 글인지 빈칸에 들어갈 알맞은 말을 쓰세요.

• 우유 가격 (                )이 끼치는 영향

**2**
글의 특징

**이 글에 대한 설명으로 알맞은 것은 무엇인가요? (          )**

① 원유 가격이 오른 까닭을 설명하는 글이다.

② 우유 가격을 올려야 한다고 주장하는 글이다.

③ 우유 가격 인상이 끼칠 영향에 대해 알리는 글이다.

④ 우유가 들어간 음식을 만드는 방법에 대해 소개하는 글이다.

⑤ 우유 가격과 아이스크림 가격은 관계가 없음을 밝히는 글이다.

**3**
내용 이해

**이 글의 내용과 일치하지 <u>않는</u> 것은 무엇인가요? (          )**

① 현재 원유의 가격은 리터당 100원 정도이다.

② 우유 가격이 오르면 아이스크림 가격도 오른다.

③ 원유 가격이 올랐을 때 케이크 가격 또한 올랐다.

④ 저렴한 우유를 사용하면 음료의 품질을 유지할 수가 없다.

⑤ 우유 가격이 인상된 만큼 음료 가격을 올리면 손님이 줄어들 가능성이 높다.

어휘

**4**
관계

**밑줄 친 낱말이 ㉠과 <u>다른</u> 뜻으로 쓰인 것은 무엇인가요? (          )**

① 아빠의 월급이 많이 <u>올랐어</u>.

② 쌀값이 너무 <u>올라서</u> 걱정이야.

③ 휘발유 가격이 하루가 다르게 <u>오르네</u>.

④ 한밤중이 되어서야 겨우 기차에 <u>올랐어</u>.

⑤ 작년보다 전기 요금이 이렇게 많이 <u>오르다니</u>.

어휘

**5**
뜻

**㉡의 뜻으로 알맞은 것은 무엇인가요? (          )**

① 서로 비슷한.                    ② 물건 따위의 값이 싼.

③ 보통보다 훨씬 뛰어난.          ④ 드물어서 특이하거나 매우 귀한.

⑤ 다른 나라로부터 국내로 사들인.

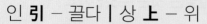핵심어

인 **引** – 끌다 | 상 **上** – 위

# 인상

끌어 올림

**물건값, 봉급, 요금 따위를 올림. 물건 따위를 끌어 올림.**

예 기름값이 ❶ ☐ 되자 대중교통을 이용하는 사람이 많아졌다.

☑ **반대되는 말 인하** 가격 따위를 낮춤. 물건 따위를 끌어 내림.

답 ❶ ( )

확장

# 인 **引** (끌다)이 들어간 한자어

## 인도 인 **引** – 끌다 | 도 **導** – 이끌다

**1. 이끌어 지도함.**
  예 실수로 잘못을 저지른 학생을 바른길로 ❷ ☐ 해 주었다.

**2. 길이나 장소를 안내함.**
  예 학생들을 인도하고 길을 나섰다.

답 ❷ ( )

## 인용 인 **引** – 끌다 | 용 **用** – 쓰다

**남의 말이나 글을 자신의 말이나 글 속에 끌어 씀.**
예 그는 이순신 장군의 말을 ❸ ☐ 했다.

답 ❸ ( )

## 할인 할 **割** – 나누다 | 인 **引** – 끌다

**일정한 값에서 얼마를 뺌.**
예 백화점에서 겨울옷을 ❹ ☐ 판매하고 있다.

☑ **반대되는 말 할증** 일정한 값에 얼마를 더함.

답 ❹ ( )

다음 뜻에 알맞은 낱말을 넣어 십자말풀이를 완성하세요.

|1·2| | | |
|---|---|---|---|
| | | | |
| | |3|4|
| | | | |

1 (가로) 물건값, 봉급, 요금 따위를 올림.

2 (세로) 이끌어 지도함.

3 (가로) 일정한 값에서 얼마를 뺌.

4 (세로) 남의 말이나 글을 자신의 말이나 글 속에 끌어 씀.

 빈칸에 들어갈 낱말을 보기 에서 찾아 쓰세요.

> **보기**
>
> 인상     인도     인용     할인

5 그 기사는 다양한 인물의 말을 (              )하고 있다.

6 이 딸기는 (              )을/를 하고 있어서 가격이 아주 싸다.

7 마을 어르신의 (              )(으)로 겨우 큰길을 찾을 수 있었다.

8 택시 요금이 (              )되어 이용하기 부담스럽다는 시민이 많다.

 **9** 다음 글에서 밑줄 친 말과 뜻이 반대되는 말을 찾아 두 글자로 쓰세요.

> 올해 12월부터 버스와 지하철 요금이 인상된다. 작년 5월에 요금을 올린 후 2년이 채 되기 전에 또다시 인상되는 것이다. 정부는 시민들이 느낄 부담을 줄이기 위해 하반기에 요금을 인상하도록 결정했다. 하지만 시민들은 "요금 인상을 하반기에 한다니 다행이지만, <u>인하</u>되는 건 하나 없이 모두 오르기만 한다."라며 분통을 터뜨렸다.

(              )

# 03

**복원**

복 復 - 회복하다
원 元 - 근본

원래대로 회복함.

---

- **노화**(늙을 로(노) 老, 될 화 化)
나이가 많아지면서 육체적·정신적 기능이 약해지는 것.

- **훼손** 헐거나 깨뜨려 못 쓰게 만듦.

- **원작**(근원 원 原, 지을 작 作)
본디의 저작이나 제작.

- **이물질** 정상적이 아닌 다른 물질.

- **제거하기** 없애 버리기.

- **엑스선(X선)** 눈에 보이지 않으나, 보통의 빛이 뚫고 지나가지 못하는 물체도 잘 뚫고 지나가는 광선.

- **3D 프린터** 프로그램을 바탕으로 3차원 물체를 만들어 내는 기계.

- **감상** 주로 예술 작품을 이해하여 즐기고 평가함.

# 미술품 복원이란?

사람이라면 누구나 **노화**를 겪게 된다. 사람뿐만 아니라 우리가 살고 있는 집도, 매일 타고 다니는 자동차도, 옷이나 신발도 마찬가지이다. 그런데 만들어진 지 수백 년이 넘은 미술품들은 세월이 흘러도 쇠퇴하거나 변하지 않는 것처럼 보인다. 미술품들은 어떻게 변함없이 옛 모습을 간직할 수 있는 것일까?

미술품도 오랜 시간이 흐르면 작품이 그려진 바탕이나 물감에 변화가 일어나 원래의 모습을 잃거나 **훼손**되기도 한다. 그럼에도 우리가 미술관에서 몇 백 년 전 작품들을 예전 그대로의 모습으로 볼 수 있는 까닭은 '미술품 복원' 과정을 거쳤기 때문이다.

미술품 복원은 작품을 원래대로 되돌린다는 점에서 의사가 환자를 치료하는 과정과 비슷하다. 미술품을 복원하기 위해서는 작품이 어떤 바탕에 그려졌는지, 사용된 재료는 무엇인지, 훼손된 부분과 그 정도는 얼마나 되는지를 꼼꼼히 살펴야 한다. 의사가 환자의 상태와 아픈 정도에 따라 어떻게 치료할지를 고민하는 것과 마찬가지인 셈이다.

하지만 미술품 복원이 항상 성공하는 것은 아니다. 레오나르도 다빈치의 〈최후의 만찬〉 같은 작품이 바로 그 예이다. 1490년경 제작된 것으로 보이는 이 벽화는 1977년부터 20년이 넘는 시간 동안 복원하였는데, **원작**을 되살린 것이 아니라 화가들이 덧칠한 수준이라는 비판을 받았다.

요즘은 미술품 복원을 위해 다양한 과학 기술의 도움을 받고 있다. 작품이 얼마나 훼손되었는지를 조사하거나 **이물질**을 ㉠**제거하기** 위해 **엑스선(X선)**을 사용하기도 하고, 인공 지능과 **3D 프린터**를 이용해 사라졌던 작품을 다시 태어나게 하기도 한다. 앞으로 과학 기술이 더욱 발전하면 미래에는 더 많은 미술품들을 원작에 가까운 모습으로 **감상**할 수 있게 될 것이다.

5

10

15

20

---

## 1

**이 글에서 설명하는 것은 무엇인지 빈칸에 들어갈 알맞은 말을 쓰세요.**

설명 대상

- 미술품 (                    )

**2** 세부 내용

**미술품 복원에 대한 설명으로 알맞은 것은 무엇인가요? (          )**

① 미술품이 노화를 겪지 않도록 막는 것이다.

② 미술품에 사용된 재료가 무엇인지 모르고도 할 수 있다.

③ 인공 지능을 이용해 새로운 미술품을 만들어 내는 것이다.

④ 미술품의 새로운 모습을 드러내기 위해 덧칠을 하는 것이다.

⑤ 원래의 모습을 잃거나 훼손된 미술품을 원래대로 되돌리는 것이다.

**3** 추론

**이 글을 통해 답을 알 수 있는 질문이 <u>아닌</u> 것은 무엇인가요? (          )**

① 집이나 자동차도 노화를 겪을까?

② 미술품은 보관 과정에서 훼손이 될까?

③ 미술품 복원 과정은 무엇과 비슷할까?

④ 미술품 복원이 늘 성공할 수 있는 조건은 무엇일까?

⑤ 작품이 얼마나 훼손되었는지를 조사할 때 무엇을 이용할까?

**4** 뜻 / 어휘

**이 글에 쓰인 낱말의 뜻풀이가 바르지 <u>않은</u> 것은 무엇인가요? (          )**

① 원작: 본디의 저작이나 제작.

② 이물질: 정상적이 아닌 다른 물질.

③ 훼손: 헐거나 깨뜨려 못 쓰게 만듦.

④ 노화: 사물의 모양이나 성질이 변하지 아니함.

⑤ 감상: 주로 예술 작품을 이해하여 즐기고 평가함.

**5** 관계 / 어휘

**㉠과 바꾸어 쓸 수 있는 낱말은 무엇인가요? (          )**

① 늘리기            ② 만들기            ③ 없애기

④ 줄이기            ⑤ 채우기

## 어휘 학습

동영상 강의

복 復 – 회복하다 | 원 元 – 근본

# 복원

원래대로 회복하다

**원래대로 회복함.**

예 200년 전에 무너진 탑을 ❶◻◻하는 데 성공했다.

답❶ (                    )

**확장** 복 復(1. 돌아오다  2. 회복하다)이 들어간 한자어

## 복귀  복 復 – 돌아오다 | 귀 歸 – 돌아오다

**본디의 자리나 상태로 되돌아감.**

예 아버지는 휴가를 마치고 직장에 ❷◻◻하셨다.

답❷ (                    )

## 회복  회 回 – 돌아오다 | 복 復 – 회복하다

**원래의 상태로 돌이키거나 원래의 상태를 되찾음.**

예 환자는 수술을 마치고 ❸◻◻하는 중이다.

답❸ (                    )

## 복창  복 復 – 돌아오다 | 창 唱 – 부르다

**남의 말을 그대로 받아서 다시 욈.**

예 아이들은 선생님 말씀을 ❹◻◻하며 그 뜻을 가슴에 새겼다.

답❹ (                    )

**이해** 다음 낱말의 뜻을 **보기** 에서 찾아 기호를 쓰세요.

> **보기**
> ㉠ 원래대로 회복함.
> ㉡ 본디의 자리나 상태로 되돌아감.
> ㉢ 남의 말을 그대로 받아서 다시 욈.
> ㉣ 원래의 상태로 돌이키거나 원래의 상태를 되찾음.

**1** 회복 (       )       **2** 복창 (       )

**3** 복원 (       )       **4** 복귀 (       )

**적용** 빈칸에 들어갈 낱말을 **보기** 에서 찾아 쓰세요.

> **보기**
> 복원      복귀      회복      복창

**5** 산에 갔던 사람들이 하나둘 숙소로 (       )하고 있었다.

**6** 화재로 불타 버렸던 숭례문이 예전 모습대로 (       )되었다.

**7** 그는 이번 대회에서 우승하여 예전의 명예를 (       )하였다.

**8** 우리는 체육 선생님의 구령을 (       )하며 운동장을 세 바퀴 돌았다.

**심화** **9** 다음 글에서 밑줄 친 말과 바꾸어 쓸 수 있는 말을 찾아 네 글자로 쓰세요.

> 부상으로 오랜 시간 경기를 뛰지 못했던 김○○ 선수가, 치료를 마치고 곧 경기에 복귀한다는 소식입니다. 김○○ 선수는 자신의 SNS에 빠르면 다음 달부터 경기장으로 돌아온다는 글을 올려 오랜 시간 자신을 기다려 준 팬들에게 감사의 인사를 전했습니다.

(         )

# 04

## 핵심어

# 공정

공 公 - 공평하다
정 正 - 바르다

공평하고 올바름.

- **개발 도상국** 산업의 근대화와 경제 개발이 선진국에 비하여 뒤떨어진 나라.
- **유통**(흐를 류(유) 流, 통할 통 通) 상품이 생산자에서 상인을 거쳐 소비자에게로 옮겨 가는 것.
- **굴레** 부자연스럽게 얽매이는 일을 비유적으로 이르는 말.
- **무역** 나라와 나라 사이에 서로 물품을 사고파는 일.
- **정당**(바를 정 正, 마땅 당 當)**한** 이치에 맞아 올바르고 마땅한.
- **대가**(대신할 대 代, 값 가 價) 일을 하고 그에 대한 값으로 받는 보수.
- **지불** 돈을 내어 줌.
- **강요** 억지로 또는 강제로 요구함.

# 공정 무역 초콜릿

　초콜릿은 카카오나무 열매의 씨를 볶아 만든 가루에 우유, 설탕 등을 섞어서 만든다. 카카오나무의 열매는 대부분 아프리카를 비롯한 가난한 **개발 도상국**에서 수입한다. 그런데 ㉠다수의 노동자들은 카카오나무를 재배하며 많은 고생을 하면서도 돈을 제대로 받지 못하고 있다. 초콜릿 판매로 얻는 돈의 대부분을 대기업이나 **유통** 업체, 그리고 판매자들이 나누어 갖는 구조이기 때문이다. 따라서 개발 도상국의 노동자들은 힘겨운 노동에도 불구하고 가난의 **굴레**에서 벗어나지 못하고 있다.　5

　특히 아프리카 대륙에서는 수십만 명이 넘는 어린이들이 카카오 농장에서 고된 일을 하느라 학교에 다니지 못하는 상황이다. 카카오 농장에서 어린이들은 자기 몸무게보다 무거운 카카오 열매 자루를 나르기도 하고, 위험한 약품인 농약을 뿌리거나, 큰 칼로 카카오 열매를 자르는 일을 하기도 한다. 그래서 일부 사람들은 초콜릿을 '어린이의 눈물'이라 부르기도 한다. 세계적으로 유명한 초콜릿 회사들은 이러한 사실을 알면서도 더 싼 가격에 카카오 열매를 구입하기 위해 모른 척하고 있다.　10

　이러한 상황 속에서 공정 ㉡**무역** 초콜릿에 대한 관심이 높아지고 있다. 공정 무역이란 생산자들에게 **정당한 대가**를 **지불**하여 그들이 자립하고 발전할 수 있게 도와주는 무역을 말한다. 생산 과정에서 노동이 **강요**되는 것을 금지하고, 어린이에게 지나치게 노동을 시키지 않겠다는 약속 등도 공정 무역의 조건이다.　15

　공정 무역 초콜릿 소비가 늘어난다면 어려운 환경에서 일하는 어린이의 수는 줄어들 것이다. 또한 공정 무역 초콜릿은 유통 단계가 줄어 품질도 좋다. 그러므로 공정 무역 초콜릿을 사는 것은 생산자와 소비자 모두에게 이로운 일이다.　20

## 1 설명 대상

**이 글에서 설명하는 것은 무엇인지 쓰세요.**

　　　　　　• (　　　　　　) 무역 초콜릿

**2** 이 글의 내용과 일치하지 <u>않는</u> 것은 무엇인가요? (          )

내용 이해

① 카카오 농장에서 어린이들이 고된 일을 하고 있다.

② 초콜릿을 만들기 위해서는 카카오나무 열매의 씨가 필요하다.

③ 초콜릿의 원료인 카카오는 대부분 개발 도상국에서 수입한다.

④ 공정 무역은 생산자들에게 정당한 가격을 지불하는 것을 말한다.

⑤ 초콜릿 회사들은 농장에서 어린이들이 일한다는 사실을 모르고 있다.

**3** 이 글을 통해 답을 알 수 있는 질문은 무엇인가요? (          )

추론

① 카카오나무의 크기는 얼마나 될까?

② 공정 무역 초콜릿은 어디서 살 수 있을까?

③ 카카오 농장에서 일하는 어린이들은 어떤 일을 할까?

④ 공정 무역이 이루어지는 다른 제품에는 어떤 것이 있을까?

⑤ 공정 무역을 통해 생산자들에게 지불하는 대가는 얼마일까?

**4** ㉠에 어울리는 속담은 무엇인가요? (          )

어휘

적용

① 돌다리도 두들겨 보고 건너라

② 재주는 곰이 넘고 돈은 주인이 받는다

③ 낮말은 새가 듣고 밤말은 쥐가 듣는다

④ 종로에서 뺨 맞고 한강에서 눈 흘긴다

⑤ 콩 심은 데 콩 나고 팥 심은 데 팥 난다

**5** ㉡의 뜻으로 알맞은 것은 무엇인가요? (          )

어휘

뜻

① 서로 마음과 힘을 하나로 합함.

② 기운을 못 펴게 세력으로 내리누름.

③ 둘 이상이 서로 북돋우며 다 같이 잘 살아감.

④ 나라와 나라 사이에 서로 물품을 사고파는 일.

⑤ 국내의 상품이나 기술을 외국으로 팔아 내보냄.

## 어휘 학습

↓ 핵심어

공 公 – 공평하다 | 정 正 – 바르다

# 공정

공평하고 **올바름**

**공평하고 올바름.**

예 이 신문은 사건을 한쪽으로 치우치지 않고 ❶ [  ]하게 보도한다.

☑ 비슷한말 **공평** 어느 쪽으로도 치우치지 않고 고름.

답 ❶ (                    )

## 공 公(공평하다)이 들어간 한자어

### 공공　공 公 – 공평하다 | 공 共 – 함께

**국가나 사회의 구성원에게 두루 관계되는 것.**

예 우리는 ❷ [  ]질서를 지켜야 한다.

답 ❷ (                    )

### 공개　공 公 – 공평하다 | 개 開 – 열다

**어떤 사실이나 사물, 내용 따위를 여러 사람에게 널리 터놓음.**

예 경찰이 범인의 얼굴을 ❸ [  ]하였다.

답 ❸ (                    )

### 공휴일　공 公 – 공평하다 | 휴 休 – 쉬다 / 일 日 – 날

**국가나 사회에서 정하여 다 함께 쉬는 날.**

예 한글날은 ❹ [   ]이어서 학교에 가지 않는다.

답 ❹ (                    )

**이해** 다음 뜻에 해당하는 낱말을 보기 에서 찾아 쓰세요.

> 보기
>
> 공개    공공    공정    공휴일

**1** 공평하고 올바름. ( )

**2** 국가나 사회에서 정하여 다 함께 쉬는 날. ( )

**3** 국가나 사회의 구성원에게 두루 관계되는 것. ( )

**4** 어떤 사실이나 사물, 내용 따위를 여러 사람에게 널리 터놓음. ( )

**적용** 다음 낱말이 들어갈 문장을 찾아 알맞게 선으로 이으세요.

**5**  공공  •
· ㉮ 김홍도의 그림이 드디어 사람들 앞에 ( ) 되었다.

**6**  공개  •
· ㉯ 나라는 국민으로부터 세금을 ( )하게 거두어들여야 한다.

**7**  공정  •
· ㉰ 이 공원은 ( )장소이기 때문에 쓰레기를 버려서는 안 된다.

**8**  공휴일  •
· ㉱ 이 도서관의 휴관일은 매월 첫째, 셋째 주 월요일과 ( )이다.

**심화** **9** 다음 글에서 빈칸에 들어갈 알맞은 낱말은 무엇인가요? ( )

> 누구나 남자나 여자라는 이유로, 장애가 있다는 이유로, 나이가 많거나 적다는 이유로 차별받지 않는 세상이 되었으면 좋겠습니다. 모두가 같은 출발선에서 최선의 노력을 다하고 모두가 받아들일 수 있는 결과가 나오는 세상이야말로 □□□한 세상이 아닐까요?

① 공공    ② 공개    ③ 공정
④ 공통    ⑤ 공사

# 05

**핵심어**

## 대체

대 代 – 대신하다
체 替 – 바꾸다

다른 것으로 대신함.

- **기존**(이미 기 旣, 있을 존 存) 이미 존재함.
- **화석 연료** 지질 시대에 생물이 땅속에 묻히어 화석같이 굳어져 오늘날 연료로 이용하는 물질.
- **고갈** 어떤 일의 바탕이 되는 돈이나 물자, 소재, 인력 따위가 다하여 없어짐.
- **지속적** 어떤 상태가 오래 계속되는 것.
- **교란** 마음이나 상황 따위를 뒤흔들어서 어지럽고 혼란하게 함.
- **폐기물** 못 쓰게 되어 버리는 물건.
- **악취**(악할 악 惡, 냄새 취 臭) 나쁜 냄새.

# 대체 에너지

석유나 석탄 같은 **기존**의 **화석 연료**를 대신하여 사용할 수 있는 에너지를 '대체 에너지'라고 한다. 석유나 석탄은 땅속에 묻혀 있어 그 양을 정확히 알 수 없기 때문에 사람들은 오래전부터 화석 연료가 **고갈**되지 않을까 걱정해 왔다. 또한 화석 연료를 사용하면 지구의 환경이 크게 오염된다는 사실이 알려지면서, 대체 에너지를 개발하는 일은 인류의 중요한 숙제가 되었다. 그렇다면 대체 에너지에는 어떤 것들이 있을까? 5

먼저, 태양의 빛이나 열을 이용하는 태양 에너지를 들 수 있다. 태양 에너지는 연료가 필요 없고 소음도 발생하지 않아, 가정집은 물론 공장 등에서도 널리 이용된다. 또 물을 데우거나 난방에 이용할 수도 있다. 다만 태양의 위치나 날씨에 따라 영향을 받고, 전기를 만드는 시설을 설치하는 데 많은 공간과 비용이 필요하다는 단점이 있다. 10

다음으로, 바람을 이용하여 전기를 생산하는 풍력 에너지가 있다. 풍력 발전기는 강한 바람이 ㉠**지속적**으로 부는 높은 산이나 바다에 설치한다. 일단 발전기를 세우면 전기를 생산하는 비용이 비교적 적게 드는 편이며 관광 자원으로 활용될 수 있다는 장점이 있다. 하지만 소음이 큰 15 편이고, 전파의 **교란**을 일으킬 수 있으며, 새들이 발전기와 부딪치기도 한다는 단점이 있다.

태양 에너지와 풍력 에너지가 자연의 힘을 이용하는 것이라면 최근에는 인간이 만들어 낸 쓰레기를 에너지로 변화시키는 방안도 연구되고 있다. **폐기물** 에너지는 버려지는 쓰레기를 이용해 전기를 만들거나 자 20 동차 연료로 활용하는 에너지이다. 그러나 에너지를 만드는 재료인 쓰레기를 보관하거나 처리할 때 ㉡발생하는 **악취**나, 환경 오염 물질을 처리하는 기술 등이 아직 부족하다는 단점이 있다.

---

## 1

**설명 대상**

이 글에서 설명하는 것은 무엇인지 쓰세요.

• (                    ) 에너지

**2**
글의 특징

**이 글에 대한 설명으로 알맞은 것은 무엇인가요? (          )**

① 환경 오염의 해결책을 제시하는 글이다.

② 화석 연료의 장점을 알리기 위한 글이다.

③ 대체 에너지 사용의 필요성을 주장하는 글이다.

④ 화석 연료와 대체 에너지의 공통점을 나열하는 글이다.

⑤ 대체 에너지의 예를 들고 각각의 장단점을 설명하는 글이다.

**3**
세부 내용

**태양 에너지에 대한 설명으로 알맞지 <u>않은</u> 것은 무엇인가요? (          )**

① 소음이 발생하지 않는다.

② 가정집에서는 사용할 수 없다.

③ 태양의 위치나 날씨의 영향을 받는다.

④ 물을 데우거나 난방에 이용할 수 있다.

⑤ 전기를 만드는 시설을 설치하는 데 비용이 많이 든다.

**4**
어휘
뜻

**㉠의 뜻으로 알맞은 것은 무엇인가요? (          )**

① 짧은 기간에 걸치는 것.

② 어떤 상태가 오래 계속되는 것.

③ 전체 가운데 한 부분이 되는 것.

④ 사물을 있는 그대로 그려 내는 것.

⑤ 그렇지 않다고 단정하거나 옳지 않다고 반대하는 것.

**5**
어휘
관계

**㉡과 바꾸어 쓸 수 있는 낱말은 무엇인가요? (          )**

① 늘어나는          ② 사라지는          ③ 생겨나는

④ 줄어드는          ⑤ 태어나는

**어휘 학습**

동영상 강의

대 代 – 대신하다 | 체 替 – 바꾸다

# 대체

바꾸어 대신함

**다른 것으로 대신함.**

예 크리스마스가 일요일이면 그다음 날인 월요일이 ❶ [　] 공휴일로 지정된다.

☑ 비슷한말 **교체** 사람이나 사물을 다른 사람이나 사물로 대신함.

답 ❶ (　　　　　)

**확장**

## 대 代 (1. 대신하다  2. 교체하다  3. 세대)가 들어간 한자어

### 대변
대 代 – 대신하다 | 변 辯 – 말 잘하다

**어떤 사람이나 단체를 대신하여 그의 의견이나 태도를 표함.**

예 그는 가난한 사람들의 목소리를 ❷ [　] 하는 사람이었다.

☑ 비슷한말 **대언** 남을 대신하여 말함.

답 ❷ (　　　　　)

### 교대
교 交 – 바꾸다 | 대 代 – 교체하다

**어떤 일을 여럿이 나누어서 차례에 따라 맡아 함.**

예 그 편의점은 하루에 세 명이 ❸ [　] 로 일하고 있다.

☑ 비슷한말 **대거리** 일을 시간과 순서에 따라 교대로 바꾸어 함. 또는 그 일.

답 ❸ (　　　　　)

### 세대
세 世 – 세대 | 대 代 – 세대

1. **어린아이가 성장하여 부모 일을 계승할 때까지의 30년 정도 되는 기간.**

   예 그 책은 여러 세대를 거치면서 꾸준히 사랑받아 왔다.

2. **같은 시대에 살면서 공통의 의식을 가지는 비슷한 연령층의 사람 전체.**

   예 부모님과 우리는 ❹ [　] 가 다르다.

답 ❹ (　　　　　)

다음 낱말과 뜻을 알맞게 선으로 이으세요.

1 교대 •

2 대변 •

3 세대 •

4 대체 •

• ㉮ 다른 것으로 대신함.

• ㉯ 어떤 일을 여럿이 나누어서 차례에 따라 맡아 함.

• ㉰ 어떤 사람이나 단체를 대신하여 그의 의견이나 태도를 표함.

• ㉱ 같은 시대에 살면서 공통의 의식을 가지는 비슷한 연령층의 사람 전체.

 밑줄 친 부분과 비슷한 뜻을 담고 있는 낱말을 보기 에서 찾아 쓰세요.

보기

교대      대변      대체      세대

5 <u>대신할</u> 수 있는 방안을 빨리 마련해야 한다.

→ (                    )

6 지수는 수영이의 입장을 <u>대신 말하는</u> 듯했다.

→ (                    )

7 일이 힘들어 맡은 <u>차례를 바꿀</u> 시간만 기다리고 있었다.

→ (                    )

8 나이가 드니 젊은 <u>연령층</u>의 말 중에는 이해하기 힘든 것들이 많다.

→ (                    )

심화 9 다음 글에서 밑줄 친 말과 뜻이 비슷한 말을 찾아 두 글자로 쓰세요.

> 로봇이 사람을 대체하고 있는 현실은 이제 낯설지 않다. 서빙 로봇과 청소 로봇은 이미 우리 생활에 깊숙이 들어와 있다. 인간이 하기 힘든 일을 <u>대신</u>해 주는 로봇이 고맙기는 하지만, 로봇들이 점점 인간의 일자리를 빼앗고 있는 것 또한 가볍게 여길 수 없는 문제이다.

(                    )

# 집을 [ ]하며 사람과 정치에 대해 깨닫다

고려 시대 문인인 이규보가 남긴 〈이옥설〉은, 낡은 집을 수리하면서 얻은 깨달음을 담은 수필이다. 이 수필처럼 우리 또한 스스로 잘 알고 있으면서도 고치지 않고 있는 잘못은 없는지 자신을 한번 돌아볼 필요가 있다. 다음은 〈이옥설〉의 **전문**이다.

**대문간**에 붙어 있는 방이 낡아 무너지고 떨어져 버텨 낼 수 없게 된 것이 세 칸이나 되어, 나는 어쩔 수 없이 그것을 모두 수리하였다. 그런데 그중 두 칸은 비가 샌 지 오래되었으나, 나는 그것을 알면서도 망설이다가 손을 대지 못했고, 나머지 한 칸은 이번에 비를 한 번 맞고 새기 시작하기에 급히 **기와**를 ㉠갈았다.

이번에 수리하려고 살펴보니 비가 샌 지 오래된 것은 서까래, 추녀, 기둥, 들보에 이르기까지 모두 썩어 못 쓰게 되는 바람에 수리비가 엄청나게 들었다. 하지만 한 번밖에 비를 맞지 않은 한 칸의 **재목**들은 다시 사용할 수 있는 상태라 비용이 많이 들지 않았다.

나는 이에 깨달은 바가 있었다. 사람도 마찬가지라는 사실을 말이다. 문제가 있음을 알면서도 바로 고치지 않은 탓에 나무가 썩어서 못 쓰게 된 것처럼, 잘못을 알고도 바로 고치지 않으면 결국 스스로를 나쁘게 만드는 것이다. 잘못을 알고 바로 고쳐 나간다면 **해**를 입지 않고 다시 바른 사람이 될 수 있으니, 저 한 칸의 재목처럼 말끔히 다시 쓸 수 있는 것이다.

또한 나라의 정치도 다르지 않을 것이다. 백성들을 해치는 무리들이 있음을 알고도 내버려 두면, 백성들은 몹시 **곤궁하여** 고통스러운 상황에 빠지고 결국 나라는 **위태롭게** 된다. ㉡그런 뒤에 급히 바로잡으려 해 보아야 이미 썩어 버린 재목처럼 때는 늦은 것이다. 어찌 조심해야 하지 않겠는가.

5

10

15

20

- **전문**(온전할 전 全, 글월 문 文) 어떤 글에서 한 부분도 빠지지 않은 전체.
- **대문간** 대문을 여닫기 위하여 대문의 안쪽에 있는 빈 곳.
- **기와** 지붕을 이는 데에 쓰기 위하여 흙을 굽거나 시멘트 따위를 굳혀서 만든 건축 자재.
- **재목**(재목 재 材, 나무 목 木) 목조의 건축물·기구 따위를 만드는 데 쓰는 나무.
- **해**(해할 해 害) 이롭지 아니하게 하거나 손상을 입힘.
- **곤궁하여** 가난하여 살림이 구차하여.
- **위태롭게** 어떤 형세가 마음을 놓을 수 없을 만큼 위험한 듯하게.

---

**1**

제목

## 빈칸에 알맞은 낱말을 넣어 이 글의 제목을 완성하세요.

• 집을 ( )하며 사람과 정치에 대해 깨닫다

**2** 이 글의 내용과 일치하지 <u>않는</u> 것은 무엇인가요? ( )

내용 이해

① 글쓴이가 집을 수리한 까닭은 비가 샜기 때문이다.

② 비가 샌 지 오래된 방은 수리비가 엄청나게 들었다.

③ 한 번만 비를 맞은 방의 재목들은 다시 사용할 수 있었다.

④ 사람도 잘못을 알고 바로 고쳐 나간다면 바른 사람이 될 수 있다.

⑤ 나라가 위태롭게 된 뒤라도 급히 바로잡으면 좋은 나라가 될 수 있다.

**3** 이 글에 대한 생각을 알맞게 말한 친구는 누구인가요? ( )

적용

① 지영: 잘못을 발견했으면 미루지 말고 빨리 고쳐야겠어.

② 정민: 남의 잘못보다 내 잘못을 더 중요하게 생각해야겠어.

③ 도현: 집을 수리하는 것보다 나 자신을 돌아보는 게 중요하군.

④ 현철: 백성들이 곤궁해지면 그들을 해치려는 무리들이 나타나는군.

⑤ 윤희: 사람은 재목과 달리 해를 입어야만 바른 사람이 될 수 있겠어.

어휘

**4** ㉠과 바꾸어 쓸 수 있는 낱말은 무엇인가요? ( )

관계

① 강조했다　　　　　② 교체했다　　　　　③ 대처했다

④ 발견했다　　　　　⑤ 제작했다

어휘

**5** ㉡에 어울리는 속담은 무엇인가요? ( )

뜻

① 시작이 반이다　　　　　　　② 개천에서 용 난다

③ 소 잃고 외양간 고친다　　　　④ 믿는 도끼에 발등 찍힌다

⑤ 뛰는 놈 위에 나는 놈 있다

**어휘 학습**

동영상 강의

정 **政** – 정사 | 치 **治** – 다스리다

# 정치

나라를 다스리는 일

**나라를 다스리는 일.**

예 투표는 국민들이 ❶ ☐에 직접 참여하는 방법 중에 하나이다.

☑ 비슷한말 **통치** 나라나 지역을 도맡아 다스림.

답 ❶ ( )

**확장**

## 정 **政**(정사)이 들어간 한자어

### 정부   정 **政** – 정사 | 부 **府** – 마을

**삼권 분립에 의하여, 행정을 맡아보는 국가 기관.**

예 ❷ ☐는 전염병 관련 대책을 준비 중이다.

☑ 비슷한말 **행정부** 삼권 분립에 의하여, 행정을 맡아보는 국가 기관.

답 ❷ ( )

### 정책   정 **政** – 정사 | 책 **策** – 꾀

**정치적 목적을 실현하기 위한 방책.**

예 선거를 앞두고 다양한 ❸ ☐을 준비하고 있다.

답 ❸ ( )

### 선정   선 **善** – 어질다 | 정 **政** – 정사

**백성을 바르고 어질게 잘 다스리는 정치.**

예 그 원님은 백성들에게 ❹ ☐을 베풀었다.

☑ 비슷한말 **선치** 백성을 잘 다스림.

답 ❹ ( )

**이해** 다음 낱말과 뜻을 알맞게 선으로 이으세요.

1 선정 •

• ㉮ 나라를 다스리는 일.

2 정부 •

• ㉯ 행정을 맡아보는 국가 기관.

3 정책 •

• ㉰ 정치적 목적을 실현하기 위한 방책.

4 정치 •

• ㉱ 백성을 바르고 어질게 잘 다스리는 정치.

**적용** 자음자를 보고 빈칸에 들어갈 낱말을 쓰세요.

5 사회 문제를 바로잡으려면 올바르게 ㅈㅊ해야 한다. ( )

6 ㅈㅂ은/는 실외 마스크 착용 의무를 해제한다고 밝혔다. ( )

7 사회적 약자들을 위한 다양한 복시 ㅈㅊ을/를 세워야 한다. ( )

8 세종 대왕은 백성을 생각하는 마음으로 ㅅㅈ을/를 베풀었다. ( )

**심화** 9 다음 빈칸에 공통으로 들어갈 알맞은 낱말은 무엇인가요? ( )

> 모든 국민이 직접 [        ]을/를 할 수는 없지만, 투표로 선택한 사람들을 통해 간접적으로 [        ]에 참여할 수 있다. 이러한 [        ] 제도를 대의 민주제라고 하며, '간접 민주제' 또는 '대표 민주제'라 부르기도 한다.

① 정부　　　　　② 정책　　　　　③ 정치

④ 정화　　　　　⑤ 정제

## 07

**핵심어**

# 이상

이 **異** – 다르다
상 **常** – 항상

정상적인 상태와 다름.

- **징후** 겉으로 나타나는 낌새.
- **일대** 일정한 범위의 어느 지역 전부.
- **세기**(세대 세 世, 벼리 기 紀) 백 년을 단위로 하는 기간.
- **주기** 같은 현상이나 특징이 한 번 나타나고부터 다음번 되풀이되기까지의 기간.
- **타격** 어떤 일에서 크게 기를 꺾음. 또는 그로 인한 손해·손실.
- **화산재** 화산에서 폭발할 때 나온 재와 용암이 잘게 부스러진 가루.
- **하늘길** 비행기를 타고 하늘로 날아가는 길.
- **예년** 보통의 해.

# 백두산에 이상 징후가 나타났다

2003년 이후 백두산에 이상 **징후**들이 나타나고 있다. 백두산 정상의 나무들이 화산 가스 때문에 말라 죽고, 주변 온천수의 온도가 80도까지 상승했으며, 천지 **일대**가 부풀어 오르는 현상 등이 관측된 것이다. 또 2015년에는 백두산 지하에 마그마가 존재한다는 사실도 확인되었다.

조선 시대에 만들어진 〈고려사〉라는 책에는 고려 정종 1년(946년)에 "하늘에서 커다란 천둥소리가 들렸다."라는 기록이 있다. 일본에도 같은 해 11월 "하얀 재가 눈처럼 떨어졌다."라는 기록이 남아 있다. 이 기록들은 지금으로부터 1,000여 년 전인 946년에 일어난 백두산 대폭발과 관련된 것으로 보인다.

그 후 백두산은 ㉠**세기**마다 최소 1번 이상 분화했는데 가장 최근의 기록이 1925년이어서, 2025년을 전후해 백두산이 폭발할 가능성이 있다는 주장이 등장했다. 과학자들은 정확히 100년 **주기**는 아니더라도, 백두산이 다시 폭발할 가능성은 매우 높은 것으로 판단하고 있다.

백두산이 폭발하면 북한은 심각한 ㉡**타격**을 입게 되고, 우리나라 또한 피해를 입을 수밖에 없다. **화산재**로 인한 각종 질병, 막대한 농작물 피해는 물론 **하늘길**이 막혀서 생기는 경제적 피해도 클 것으로 예상된다. 또 대기 중으로 올라간 화산재는 태양 빛을 막아, 지구의 평균 기온에도 영향을 줄 수 있다.

다만 과학자들은 정확히 언제 백두산이 폭발할지 알 수 있는 과학적 근거는 없다고 말하고 있다. 지난해 중순까지는 백두산 천지에서 화산 활동이 증가하는 듯했으나, 지금은 다시 **예년** 수준으로 돌아왔기 때문이다. 우리나라는 현재 중국 연구진과 함께 백두산에 이상 징후가 없는지 계속 관측하고 있다.

5

10

15

20

## 1

**설명 대상**

**이 글에서 설명하는 것은 무엇인지 빈칸에 들어갈 알맞은 말을 쓰세요.**

• 백두산 폭발과 관련한 (               ) 징후들

**2**

목적

**글쓴이가 이 글을 쓴 목적은 무엇인가요? (　　　　)**

① 백두산 폭발에 대한 정보를 제공하기 위해

② 백두산 폭발을 막을 수 있는 방법을 알리기 위해

③ 백두산이 폭발할 가능성이 없음을 주장하기 위해

④ 백두산이 폭발할 경우의 대처 방안을 설명하기 위해

⑤ 백두산 폭발이 주변 나라에 미치는 영향을 예측하기 위해

**3**

내용 이해

**이 글의 내용과 일치하지 <u>않는</u> 것은 무엇인가요? (　　　　)**

① 946년에 백두산에서 대폭발이 일어났다.

② 1925년에 백두산이 분화했다는 기록이 있다.

③ 2003년에 백두산 정상의 나무들이 말라 죽었다.

④ 2015년에 백두산 지하에 마그마가 있음이 확인되었다.

⑤ 백두산이 정확히 언제 폭발할지 알 수 있는 과학적 근거가 있다.

어휘

**4**

뜻

**㉠의 뜻으로 알맞은 것은 무엇인가요? (　　　　)**

① 적당한 때나 기회.

② 문제가 되고 있는 그 시기.

③ 백 년을 단위로 하는 기간.

④ 사람이 태어나서 죽을 때까지의 기간.

⑤ 어떤 시각에서 어떤 시각까지의 사이.

어휘

**5**

적용

**빈칸에 ㉡을 넣었을 때 어울리지 <u>않는</u> 것은 무엇인가요? (　　　　)**

① 이번 공격은 상대에게 큰 [　　　]을 줄 것이다.

② 골키퍼는 상대 선수가 찬 공을 모조리 [　　　]했다.

③ 시험에 떨어진 삼촌은 심리적으로 [　　　]을 입었다.

④ 아버지는 거듭되는 사업의 실패로 큰 [　　　]을 받으셨다.

⑤ 닭고기 가격이 갑자기 낮아져 판매업자가 [　　　]을 입었다.

**어휘 학습**

동영상 강의

이 **異** – 다르다 | 상 **常** – 항상

# 이상

변함없던 것과 다름

**정상적인 상태와 다름.**

예 ❶□□ 기후 때문에 농작물에 큰 피해를 입었다.

☑ **반대되는 말 정상** 특별한 변동이나 탈이 없이 제대로인 상태.

답❶ (                    )

**확장**

## 이 **異**(다르다)가 들어간 한자어

### 이의  이 **異** – 다르다 | 의 **意** – 뜻

**다른 의견이나 의사.**

예 이번 결정에 ❷□□ 없으십니까?

☑ **비슷한말 이견** 어떠한 의견에 대한 다른 의견. 또는 서로 다른 의견.

답❷ (                    )

### 경이  경 **驚** – 놀라다 | 이 **異** – 다르다

**놀랍고 신기하게 여김. 또는 그럴 만한 일.**

예 지수는 삼촌을 ❸□□에 찬 눈으로 바라보았다.

답❸ (                    )

### 차이  차 **差** – 다르다 | 이 **異** – 다르다

**서로 같지 아니하고 다름.**

예 나와 다른 이의 ❹□□를 인정할 줄 알아야 한다.

답❹ (                    )

**이해** 다음 낱말의 뜻을 보기 에서 찾아 기호를 쓰세요.

> **보기**
> ㉠ 다른 의견이나 의사.
> ㉡ 정상적인 상태와 다름.
> ㉢ 서로 같지 아니하고 다름.
> ㉣ 놀랍고 신기하게 여김. 또는 그럴 만한 일.

**1** 이상 (          )　　　**2** 경이 (          )

**3** 차이 (          )　　　**4** 이의 (          )

**적용** 자음자를 보고 빈칸에 들어갈 알맞은 낱말을 쓰세요.

**5** 기계에 ㅇㅅ 이/가 생겨서 작동을 멈췄다.　　　(          )

**6** 하은이는 모든 시험에서 100점을 받는 ㄱㅇ 로운 기록을 세웠다. (          )

**7** 모두가 수호의 의견에 동의했지만 나는 당당하게 ㅇㅇ 있다고 말했다.
(          )

**8** 우리는 모두 다르기 때문에 ㅊㅇ 은/는 인정하되, 차별을 해서는 안 된다.
(          )

**심화** **9** 다음 빈칸에 들어갈 알맞은 낱말은 무엇인가요? (          )

> 지난 2월 23일 미국 워싱턴의 최고 기온은 27도로 마치 한여름 같았다. 그런데 이틀 뒤인 25일에는 낮 최고 기온이 4.4도로 뚝 떨어졌다. 미국뿐 아니라 지구촌 곳곳에서 [          ] 기후로 인한 현상들이 이어지고 있다.

① 정상　　　② 이상　　　③ 지상
④ 평상　　　⑤ 하극상

**08**

# 세계화

세 世 – 세상
계 界 – 경계
화 化 – 되다

국가나 민족에 매이지 않고 세계적으로 되게 하는 것.

# 한국어의 [          ]

지난 1월 미국의 한 뉴스에 따르면, 2022년 세계에서 일곱 번째로 많이 배우는 언어가 바로 한국어라고 한다. 이 뉴스에서는 지난 20년간 케이팝(K-pop)과 한국 드라마 등이 세계 시장을 휩쓸었으며, 한국 정부 또한 한국어와 한국 문화를 전 세계에 알리기 위해 노력했다는 사실도 밝혔다.  5

우리 정부의 경우 2012년 해외에서 한국어를 가르치고 한국 문화를 널리 알리기 위해 세종학당재단을 ㉠**설립**했다. 2012년 당시 43개국 90곳이었던 세종학당은 현재 84개국 244곳으로 늘어났다. 현재는 세종학당에서 수업을 듣기 위해 **대기**하고 있는 사람의 수만 1만 명이 넘을 정도로 큰 인기를 누리고 있다.  10

한국어의 **위상**이 높아짐에 따라 영어 사전에 한국어가 실리기도 했다. 옥스퍼드 영어 사전은 세계적으로 **권위** 있는 사전인데, 여기에 새로운 낱말이 실릴 때마다 한국어가 포함되고 있다. 2021년에는 '한복, 아이돌, 오빠, 언니' 등 26개 낱말이 이 사전에 실리게 되었다. 이는 한국어의 세계화에 큰 도움이 된다. 예를 들어 **영어권**에서는 서로를 이름으로 부르기 때문에 "언니!"를 "시스터(Sister)!"라고 ㉡**번역**하면 어색할 수밖에 없다. 하지만 '언니'가 사전에 실리면서 "언니(Unni)!"로 번역이 가능해졌고, 우리나라의 문화와 정서를 그대로 전달할 수 있게 되었다.  15

인도네시아의 소수 민족인 찌아찌아족은 자신들의 고유 언어를 **표기**할 문자가 없었다. 그러다 2009년 한글을 공식 표기 문자로 사용하기 시작했고, 2022년 8월에는 이곳에 한글 학교가 들어서기도 했다.  20

한국어는 지금 이 순간에도 세계로 뻗어 나가고 있다. 전 세계가 주목하는 만큼 한국어의 바른 사용을 위해 많은 관심과 노력이 필요한 때이다.

- **설립** 기관이나 조직체 따위를 만들어 일으킴.
- **대기** 때나 기회를 기다림.
- **위상** 어떤 사물이 다른 사물과의 관계 속에서 가지는 위치나 상태.
- **권위** 일정한 분야에서 사회적으로 인정을 받고 영향력을 끼칠 수 있는 위신.
- **영어권** 영어를 공용어로 사용하는 지역이나 나라.
- **번역** 어떤 언어로 된 글을 다른 언어의 글로 옮김.
- **표기**(겉 표 表, 기록할 기 記) 문자 또는 음성 기호로 언어를 표시함.

**1** 제목

**빈칸에 알맞은 낱말을 넣어 이 글의 제목을 완성하세요.**

• 한국어의 (                    )

**2** 글의 특징

**이 글에 대한 설명으로 알맞은 것은 무엇인가요? (          )**

① 다양한 예를 들어 가며 설명하고 있다.

② 장점과 단점을 차례대로 늘어놓고 있다.

③ 주제에 대해 부정적으로 전망하고 있다.

④ 문제점과 해결 방법을 함께 제시하고 있다.

⑤ 독자들의 오해를 바로잡아 가며 설득하고 있다.

**3** 내용 이해

**이 글의 내용과 일치하지 않는 것은 무엇인가요? (          )**

① 한국어는 2022년 세계에서 일곱 번째로 많이 배우는 언어이다.

② 현재 옥스퍼드 영어 사전에는 '오빠, 언니' 등의 낱말이 실려 있다.

③ 세종학당에서 수업을 듣기 위해 대기하는 사람이 1만 명이 넘는다.

④ 우리 정부는 한국어와 한국 문화를 전 세계에 알리기 위해 노력했다.

⑤ 찌아찌아족은 2022년에 한글을 공식 표기 문자로 사용하기 시작했다.

**4** 뜻

**㉠의 뜻으로 알맞은 것은 무엇인가요? (          )**

① 영업을 처음 시작함.

② 여럿 가운데서 필요한 것을 골라 뽑음.

③ 기관이나 조직체 따위를 만들어 일으킴.

④ 재료를 가지고 기능과 내용을 가진 새로운 물건을 만듦.

⑤ 사람이나 작품 따위를 일정한 조건 아래 널리 알려 뽑아 모음.

**5** 관계

**㉡과 바꾸어 쓸 수 있는 말은 무엇인가요? (          )**

① 고치면          ② 옮기면          ③ 지우면

④ 늘어나면          ⑤ 줄어들면

**어휘 학습**

동영상 강의

세 **世** – 세상 | 계 **界** – 경계 | 화 **化** – 되다

# 세계화

세계적으로 되게 하는 것

국가나 민족에 매이지 않고 세계적으로 되게 하는 것.

예 태권도는 이미 ❶ ☐☐☐ 되어 2000년에 올림픽 정식 종목이 되었다.

답❶ (                    )

**확장**

세 **世** (1. 세대  2. 인간  3. 세상)가 들어간 한자어

## 세상  세 **世** – 세상 | 상 **上** – 위

**사람이 살고 있는 모든 사회를 통틀어 이르는 말.**

예 너를 이 ❷ ☐ 에서 제일 사랑해.

☑ 비슷한말 **세계** 지구상의 모든 나라. 또는 인류 사회 전체.

답❷ (                    )

## 출세  출 **出** – 나다 | 세 **世** – 세상

**사회적으로 높은 지위에 오르거나 유명하게 됨.**

예 그 정도면 일찍 ❸ ☐ 한 셈이다.

☑ 비슷한말 **성공** 목적하는 바를 이룸.

답❸ (                    )

## 행세  행 **行** – 다니다 | 세 **世** – 인간

**해당되지 아니하는 사람이 어떤 당사자인 것처럼 처신하여 행동함.**

예 손님이 주인 ❹ ☐ 를 하고 있다.

답❹ (                    )

**이해** 다음 낱말의 뜻을 보기 에서 찾아 기호를 쓰세요.

> 보기
> ㉠ 사회적으로 높은 지위에 오르거나 유명하게 됨.
> ㉡ 사람이 살고 있는 모든 사회를 통틀어 이르는 말.
> ㉢ 국가나 민족에 매이지 않고 세계적으로 되게 하는 것.
> ㉣ 해당되지 아니하는 사람이 어떤 당사자인 것처럼 처신하여 행동함.

**1** 세상 (          )  **2** 출세 (          )

**3** 행세 (          )  **4** 세계화 (          )

**적용** 빈칸에 들어갈 낱말을 보기 에서 찾아 쓰세요.

> 보기
> 행세      출세      세상      세계화

**5** 몇 년 동안 (          ) 곳곳을 떠돌아다녔다.

**6** 그는 부자 (          )을/를 하며 사람들을 속였다.

**7** 공부는 취직이나 (          )만을 위한 수단이 아니다.

**8** 우리 문학을 외국어로 번역하는 일은 한국 문학이 (          )되는 데 크게 기여할 것이다.

**심화** **9** 다음 빈칸에 들어갈 낱말을 보기 에서 찾아 쓰세요.

> 보기
> 민영화      세계화      민주화

> 오는 10월 충남 금산에서 인삼 축제가 개최된다. 특히 올해는 명칭을 '금산 세계 인삼 축제'로 변경하고, 금산 인삼의 □□□를 위해 외국인이 공감할 수 있는 프로그램과 첨단 기술을 활용한 콘텐츠를 확대할 계획이다.

(          )

# 중고 물품 [          ]란?

인터넷이 발달하면서 개인 간의 중고 물품 직거래가 점점 늘어나고 있다. 과거에는 물건을 팔려는 사람은 직접 중고 시장에 물건을 내놓고, 물건이 필요한 사람은 직접 시장에 가서 사 와야만 했다. 그런데 이제는 인터넷 커뮤니티나 스마트폰 애플리케이션을 통해 손쉽게 중고 물품 직거래가 가능해졌다. 5

인터넷을 통한 직거래는 팔려는 사람이 팔고자 하는 물건에 대한 정보를 희망하는 ㉠판매 가격과 함께 인터넷에 올리면서 시작된다. ㉡구매할 **의사**가 있는 사람은 판매 글에 댓글을 달거나 채팅으로 물건에 대해 질문을 던지면 된다. 비교적 저렴한 학용품이나 장난감에서부터 **고가**의 스마트폰, 자동차에 이르기까지, 직거래가 이루어지는 중고 물품의 종류는 헤아릴 수 없을 만큼 다양하다. 10

중고 물품 직거래를 이용하는 **연령** 또한 점차 확대되고 있다. 누구나 손쉽게 물건을 사고팔 수 있기 때문에, 성인은 물론 어린이나 청소년도 이러한 중고 물품 직거래를 이용하고 있는 것으로 조사되었다.

직거래로 물건을 사고팔지 않았다면, 지금보다 훨씬 많은 물건들이 새로운 주인을 찾지 못하고 버려졌을 것이다. 이제 사람들은 필요가 없어진 물건을 쌓아 두는 대신, 그 물건이 필요한 사람을 ㉢직접 찾는다. 이를 통해 **수입**을 얻을 뿐만 아니라 지구 환경을 지키는 데에도 **기여하게** 되었다. 15

대부분의 물건은 **한정된** 자원을 이용하여 만드는 것이므로, 중고 물품 거래가 활발해질수록 **자원**을 아낄 수 있다. 다만, 일부 이용자들이 정상적이지 않은 물건을 판매하는 등 중고 물품 거래와 관련된 피해도 늘고 있으므로 항상 주의해야 한다. 20

- **의사**(뜻 의 意, 생각 사 思) 무엇을 하고자 하는 생각.
- **고가**(높을 고 高, 값 가 價) 비싼 가격.
- **연령** 사람이나 동·식물 따위가 세상에 나서 살아온 햇수.
- **수입** 돈이나 물품 따위를 거두어들임. 또는 그 돈이나 물품.
- **기여하게** 도움이 되도록 이바지하게.
- **한정된** 수량이나 범위 따위가 제한되어 정해진.
- **자원** 사람의 생활과 생산에 필요한 물질·재료·노동력·기술 등.

---

**1**
제목

**이 글의 제목으로 어울리도록 빈칸에 들어갈 알맞은 낱말을 세 글자로 쓰세요.**

• 중고 물품 (                    )란?

**2**

내용 이해

**이 글의 내용과 일치하지 않는 것은 무엇인가요? (        )**

① 중고 물품 거래와 관련된 피해가 늘고 있다.

② 대부분의 물건은 한정된 자원으로 만들어진다.

③ 어린이들도 중고 물품 직거래를 이용하고 있다.

④ 값이 비싼 제품은 중고 물품 직거래를 할 수 없다.

⑤ 인터넷 커뮤니티를 통해 중고 물품 직거래를 할 수 있다.

**3**

추론

**이 글을 통해 답을 알 수 있는 질문은 무엇인가요? (        )**

① 중고 물품 직거래의 가치는 무엇인가?

② 지구 환경을 지키는 방법에는 무엇이 더 있을까?

③ 스마트폰 애플리케이션은 어떻게 만들 수 있을까?

④ 어린이들이 가장 많이 거래하는 중고 물품은 무엇일까?

⑤ 중고 물품 거래를 하다가 피해를 입었을 때는 어떻게 해야 할까?

**4**

어휘

관계

**'㉠ – ㉡'의 관계와 다르게 짝 지은 것은 무엇인가요? (        )**

① 낮 – 밤                    ② 크다 – 작다

③ 여름 – 계절                ④ 비우다 – 채우다

⑤ 차갑다 – 뜨겁다

**5**

어휘

뜻

**㉢의 뜻으로 알맞은 것은 무엇인가요? (        )**

① 걸리는 시간이 짧게.

② 모자람이 없이 넉넉하게.

③ 동작이나 태도가 급하지 아니하고 느리게.

④ 사이에 남이나 다른 사물이 끼이지 않게 바로.

⑤ 수효나 분량, 정도 따위가 일정한 기준보다 넘게.

**어휘 학습**

동영상 강의

직 **直** – 곧다 | 거 **去** – 가다 | 래 **來** – 오다

# 직거래

**가고 오는** 것을 **직접** 하는 것

**사는 사람과 파는 사람이 중간 상인을 거치지 않고 직접 거래하는 것.**

예 요즘은 농민과 소비자의 ❶◻◻◻가 활발히 이루어지고 있다.

답❶ ( )

**확장**

직 **直** (곧다)이 들어간 한자어

## 직선  직 **直** – 곧다 | 선 **線** – 선

**꺾이거나 굽은 데가 없는 곧은 선.**

예 지민이는 공책에 ❷◻◻을 그렸다.

답❷ ( )

## 직진  직 **直** – 곧다 | 진 **進** – 나아가다

**곧게 나아감.**

예 여기서부터 100미터 정도 ❸◻◻하세요.

답❸ ( )

## 정직  정 **正** – 바르다 | 직 **直** – 곧다

**마음에 거짓이나 꾸밈이 없이 바르고 곧음.**

예 ❹◻◻한 사람이 인정받는 사회가 되어야 한다.

답❹ ( )

**이해** 다음 뜻에 알맞은 낱말을 넣어 십자말풀이를 완성하세요.

| 1·2 | | | |
|---|---|---|---|
| | | | |
| | | 3 | |
| | | 4 | |

1 (가로) 꺾이거나 굽은 데가 없는 곧은 선.
2 (세로) 사는 사람과 파는 사람이 중간 상인을 거치지 않고 직접 거래하는 것.
3 (세로) 마음에 거짓이나 꾸밈이 없이 바르고 곧음.
4 (가로) 곧게 나아감.

**적용** 다음 낱말이 들어갈 문장을 찾아 알맞게 선으로 이으세요.

5 직선 ·

6 정직 ·

7 직진 ·

8 직거래 ·

㉮ 비뚤어지지 않게 종이에 (          )을/를 그어 주세요.

㉯ 이쪽으로 쭉 (          )하다 보면 학교가 보이실 거예요.

㉰ 엄마가 어제 (          )(으)로 자전거를 한 대 사 오셨어요.

㉱ 선생님은 너희가 거짓말하지 않는 (          )한 학생들이 되어 주길 바라.

**심화** 9 다음 빈칸에 들어갈 알맞은 낱말은 무엇인가요? (          )

> 차를 타고 가다 보면 교통 규칙을 지키지 않는 사람들을 종종 보게 됩니다. 좌회전을 해야 하는 차들이 길게 줄지어 있으면 옆에 있는 [          ] 차선에서 앞으로 나아가다가, 얌체같이 좌회전 차선으로 끼어들기도 하지요.

① 직선　　　　　② 직진　　　　　③ 직위
④ 직책　　　　　⑤ 직업

# 10

## 운명을 그린 화가 프리다 칼로

## 운명

운 運 - 움직이다
명 命 - 목숨

삶을 지배하는 자연적인 힘. 또는 그 힘으로 말미암아 생기는 여러 가지 일이나 상태.

● **중상**(무거울 중 重, 상처 상 傷) 아주 심하게 다침. 또는 그런 부상.

● **후유증** 어떤 병을 앓고 난 뒤에도 남아 있는 병적인 증상.

● **자화상**(스스로 자 自, 그림 화 畵, 모양 상 像) 스스로 그린 자기의 초상화.

● **불운**(아닐 불 不, 운전할 운 運) 운수가 좋지 않음. 또는 그런 운수.

● **개인전** 한 개인의 작품만을 모아서 하는 전시.

● **처참한** 몸서리칠 정도로 슬프고 끔찍한.

● **절묘하게** 감탄할 만큼 아주 놀랍고 묘하게.

자화상으로 유명한 멕시코의 여성 화가 프리다 칼로는 여섯 살 때 소아마비를 앓았다. 오른쪽 다리를 절게 된 프리다는 '나무다리'라고 놀림을 받기도 했다. 그러나 앞으로 그녀에게 닥쳐올 운명을 생각하면 이 정도는 아무것도 아니었다.

더 큰 사고는 프리다가 열여덟 살 때 일어났다. 교통사고로 왼쪽 다리 열한 곳이 부러지고 오른발은 으스러졌으며, 어깨와 골반까지 다쳤다. 목숨이 붙어 있는 것이 신기할 정도의 **중상**을 입은 것이다. 프리다는 9개월이나 온몸에 깁스를 한 채 누워 있어야 했고, 사고 **후유증**으로 여러 차례 큰 수술을 받아야 했다. 침대에 누워 두 손만 겨우 쓸 수 있던 시절, 프리다는 **자화상**을 그리기 시작했다.

하지만 **불운**은 여기서 끝난 게 아니었다. 프리다는 스물두 살에, 멕시코를 대표하는 화가 리베라와 결혼했지만 행복한 결혼 생활을 하지 못했다. 또 마흔이 넘으면서 건강은 갈수록 나빠져 프리다는 끝내 한쪽 다리를 잘라내야만 했다. 하루의 대부분을 누워서 지낼 수밖에 없었던 탓에, 프리다는 1953년 열렸던 자신의 첫 **개인전**마저 침대에 누운 채 참석할 수밖에 없었다.

**처참한** 운명과 싸워야 했던 프리다는 자화상을 그릴 때 상상과 현실을 **절묘하게** 섞었다. 〈부서진 기둥〉에는 쓸쓸한 하늘과 땅을 배경으로 척추가 있어야 할 자리에 금이 간 그리스 신전의 기둥을 그렸다. 〈상처 입은 사슴〉에는 수없이 많은 화살을 맞은 사슴의 목 위에 자신의 얼굴을 그려 넣었다. 이렇듯 프리다는 자화상을 통해 자신의 불행한 운명을 예술로 표현했다.

1954년 어느 날 새벽, 프리다는 폐렴이 ⓐ 결국 세상을 떠났고, 그녀의 마지막 일기에는 이런 내용이 적혀 있었다.

"이 외출이 행복하기를, 그리고 다시는 돌아오지 않기를."

5

10

15

20

25

## 1 인물

이 글에서 중심이 되는 인물은 누구인지 쓰세요.

(                    )

**2**

글의 특징

**이 글에 대한 설명으로 알맞은 것은 무엇인가요? (        )**

① 프리다 칼로의 삶과 작품에 대해 설명하고 있다.

② 프리다 칼로가 그린 자화상에 대해 비판하고 있다.

③ 프리다 칼로와 경쟁 관계에 있던 작가를 나열하고 있다.

④ 프리다 칼로와 리베라의 행복했던 생활을 소개하고 있다.

⑤ 프리다 칼로가 신체적 아픔을 극복한 과정을 서술하고 있다.

**3**

내용 이해

**프리다 칼로에 대한 설명으로 알맞지 <u>않은</u> 것은 무엇인가요? (        )**

① 여섯 살 때 오른쪽 다리를 절게 되었다.

② 현실 그대로의 모습을 담은 자화상을 그렸다.

③ 1954년 새벽에 폐렴으로 결국 세상을 떠났다.

④ 열여덟 살 때 교통사고로 중상을 입게 되었다.

⑤ 스물두 살 때 멕시코 화가인 리베라와 결혼했다.

어휘

**4**

뜻

**다음과 같은 뜻을 지닌 낱말을 글에서 찾아 세 글자로 쓰세요.**

스스로 그린 자기의 초상화.

(                    )

어휘

**5**

적용

**㉠에 들어갈 말로 알맞은 것은 무엇인가요? (        )**

① 소멸되어          ② 악화되어          ③ 치유되어

④ 쾌차되어          ⑤ 호전되어

↓ 핵심어

운 運 – 움직이다 | 명 命 – 목숨

# 운명

삶을 움직이는 힘

삶을 지배하는 자연적인 힘. 또는 그 힘으로 말미암아 생기는 여러 가지 일이나 상태.

예 사람이 늙어서 죽는 것은 피할 수 없는 ❶◻◻이다.

답❶ (           )

확장

## 운 運 (1. 옮기다  2. 움직이다)이 들어간 한자어

### 운송  운 運 – 옮기다 | 송 送 – 보내다

**사람을 태워 보내거나 물건 따위를 실어 보냄.**

예 저 트럭은 군인들을 위한 물자를 ❷◻◻하는 차량이다.

☑ **비슷한말 수송** 기차나 자동차, 배, 항공기 따위로 사람이나 물건을 실어 옮김.

답❷ (           )

### 운영  운 運 – 움직이다 | 영 營 – 경영하다

**조직이나 기구, 사업체 따위를 운용하고 경영함.**

예 삼촌은 작은 빵집을 ❸◻◻하고 계신다.

답❸ (           )

### 운세  운 運 – 움직이다 | 세 勢 – 기세

**운명이나 운수가 닥쳐오는 기세.**

예 오늘의 ❹◻◻를 보니 좋은 일이 생긴다고 한다.

답❹ (           )

**이해** 다음 낱말과 뜻을 알맞게 선으로 이으세요.

**1** 운세 •

• ㉮ 운명이나 운수가 닥쳐오는 기세.

**2** 운명 •

• ㉯ 사람을 태워 보내거나 물건 따위를 실어 보냄.

**3** 운영 •

• ㉰ 조직이나 기구, 사업체 따위를 운용하고 경영함.

**4** 운송 •

• ㉱ 삶을 지배하는 자연적인 힘. 또는 그 힘으로 말미암아 생기는 여러 가지 일이나 상태.

**적용** 자음자를 보고 빈칸에 들어갈 알맞은 낱말을 쓰세요.

**5** 그 버스는 여행객을 전문적으로 ㅇㅅ하고 있다. (                    )

**6** 새해가 되면 신년 ㅇㅅ을/를 보려는 사람들이 많다. (                    )

**7** 엄마는 작년까지 중소기업을 ㅇㅇ하는 사장님이셨다. (                    )

**8** 할아버지께서는 모든 것이 ㅇㅁ에 달려 있다고 생각하신다. (                    )

**심화** **9** 다음 빈칸에 공통으로 들어갈 알맞은 낱말은 무엇인가요? (          )

> 과연 사람마다 타고난 ☐☐☐이라는 게 있을까? 우리가 살면서 부딪히는 모든 일들은 무언가에 의해 이미 정해진 것일까? 만약 그러한 ☐☐☐이 존재한다면 모든 노력은 헛수고가 되는 것인데, 나는 그렇지 않다고 생각한다. 내가 고민하고 결정하는 순간순간이 모여 내 ☐☐☐이 만들어지는 것이라고 믿는다.

① 운명    ② 운집    ③ 운반
④ 운영    ⑤ 운항

# 우리의 미래를 위협하는 해수면 상승

**핵심어**

## 해수면

해 海 – 바다
수 水 – 물
면 面 – 낯

바닷물의 표면.

---

- **상승**(위 상 上, 오를 승 昇) 낮은 데서 위로 올라감.

- **대두되고** 어떤 세력이나 현상이 새롭게 나타나게 되고.

- **표면**(겉 표 表, 낯 면 面) 사물의 가장 바깥쪽. 또는 가장 윗부분.

- **과도하게** 정도에 지나치게.

- **위협** 힘으로 으르고 협박함.

- **학자**(배울 학 學, 사람 자 者) 학문에 능통한 사람. 또는 학문을 연구하는 사람.

- **해역** 바다 위의 일정한 구역.

- **침수**(잠길 침 沈, 물 수 水) 물에 잠김.

- **무분별한** 사리에 맞게 판단하는 능력이 없는.

- **필사적** 죽을힘을 다하는 것.

---

최근 해수면 **상승**은 커다란 문젯거리로 **대두되고** 있다. 해수면이란 바닷물 **표면**을 말하는데, 지구 온난화로 인해 해수면이 상승하는 것이다. 지금 이 순간에도 남극과 북극에 있던 눈과 얼음이 녹아 바닷물 높이는 계속 상승하고 있다.

지구 온난화는 지구의 온도가 높아지는 현상을 말한다. 식물의 광합성에 꼭 필요한 이산화 탄소가 ㉠**과도하게** 증가하는 것이 지구 온난화의 가장 큰 원인으로 손꼽힌다. 이산화 탄소는 석탄과 석유 등을 사용하는 과정에서 발생한다. ㉡우리 삶을 편리하게 해 주는 자동차나 에어컨, 보일러 등을 많이 사용할수록 이산화 탄소도 많이 배출된다. 그 결과 해수면이 상승하여 우리의 미래를 **위협**하고 있는 셈이다.  5

해수면 상승으로 인한 피해는 더 이상 먼 훗날의 이야기가 아니다. 남태평양의 투발루라는 섬나라는 지난 20년 동안 두 개의 섬이 바다에 잠겼다. 아름다운 섬나라로 알려진 몰디브 또한 가까운 미래에 물에 잠겨 사라질 수 있다고 **학자**들은 경고하고 있다.  10

우리나라도 해수면 상승의 위협으로부터 자유롭지 않다. 연구에 따르면, 우리나라 주변 **해역**에서 상승한 해수면 높이가 지구의 평균보다 높다고 한다. 실제로 제주도 해수면의 상승 속도는 점점 빨라지고 있고, 2100년이면 우리나라에서도 **침수**되는 지역이 발생할 것이라는 경고가 이어지고 있다.  15

2023년 2월, 유엔 사무총장은 회의에서 "떠오르는 바다는 침몰하는 미래입니다."라는 말로 해수면 상승의 위험성을 경고했다. **무분별한** 에너지 사용으로 지구 온난화가 심각해진 지금이야말로 전 세계가 나서서 해수면 상승을 막기 위해 **필사적**으로 노력해야 할 때이다.  20

---

**1**

설명 대상

**이 글에서 설명하는 것은 무엇인지 빈칸에 들어갈 알맞은 말을 세 글자로 쓰세요.**

• (                              ) 상승

**2**

목적

**글쓴이가 이 글을 쓴 목적은 무엇인가요? (          )**

① 이산화 탄소의 장점을 소개하기 위해

② 지구 온난화에 대한 오해를 바로잡기 위해

③ 해수면 상승 문제의 해결책을 제시하기 위해

④ 해수면 상승의 장점과 단점을 알려 주기 위해

⑤ 해수면 상승의 원인과 심각성에 대해 알리기 위해

**3**

세부 내용

**해수면 상승에 대한 설명으로 알맞지 <u>않은</u> 것은 무엇인가요? (          )**

① 바닷물 표면의 높이가 높아지는 것이다.

② 우리나라 주변 해역에서도 일어나고 있다.

③ 광합성을 하는 식물이 증가하면서 일어나는 것이다.

④ 에너지를 과도하게 사용할수록 더 심각해질 수 있다.

⑤ 남극과 북극의 눈과 얼음이 녹으면서 발생하는 것이다.

**4** 어휘

관계

**㉠과 바꾸어 쓸 수 있는 낱말은 무엇인가요? (          )**

① 고르게            ② 알맞게            ③ 일정하게

④ 지나치게          ⑤ 찬란하게

**5** 어휘

적용

**㉡에 어울리는 한자 성어는 무엇인가요? (          )**

① 고생 끝에 즐거움이 옴을 이르는 '고진감래'

② 많으면 많을수록 더욱 좋음을 이르는 '다다익선'

③ 난처한 일이나 불행한 일이 잇따라 일어남을 이르는 '설상가상'

④ 아무리 가르치고 일러 주어도 알아듣지 못함을 이르는 '우이독경'

⑤ 자기가 한 말과 행동에 자기 자신이 곤란하게 됨을 이르는 '자승자박'

## 어휘 학습

동영상 강의

해 海 – 바다 | 수 水 – 물 | 면 面 – 낮

# 해수면

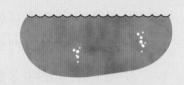

바닷물의 표면

**바닷물의 표면.**

예 **①**[ ][ ]이 높아지면 바닷가 근처의 도시들은 큰 위험에 처할 수 있다.

답**①** (                    )

## 확장

### 해 海(바다)가 들어간 한자어

**해풍** 해 海 – 바다 | 풍 風 – 바람

**바다에서 육지로 불어오는 바람.**

예 강한 **②**[ ]의 영향으로 배가 뜨지 않았다.

☑ **비슷한말 바닷바람** 바다에서 육지로 불어오는 바람.

답**②** (                    )

**해변** 해 海 – 바다 | 변 邊 – 가

**바닷물과 땅이 서로 닿은 곳이나 그 근처.**

예 **③**[ ]의 백사장에서 모래성을 쌓았다.

☑ **비슷한말 바닷가** 바닷물과 땅이 서로 닿은 곳이나 그 근처.

답**③** (                    )

**동해** 동 東 – 동녘 | 해 海 – 바다

**1. 동쪽에 있는 바다.**

예 동해에 해가 솟아올랐다.

**2. 우리나라 동쪽의 바다.**

예 지난여름에 우리 가족은 **④**[ ]에 다녀왔다.

답**④** (                    )

다음 낱말과 뜻을 알맞게 선으로 이으세요.

**1** 동해 •

• ㉮ 바닷물의 표면.

**2** 해풍 •

• ㉯ 동쪽에 있는 바다.

**3** 해변 •

• ㉰ 바다에서 육지로 불어오는 바람.

**4** 해수면 •

• ㉱ 바닷물과 땅이 서로 닿은 곳이나 그 근처.

 빈칸에 들어갈 낱말을 보기 에서 찾아 쓰세요.

> **보기**
>
> 해수면   해풍   해변   동해

**5** 강릉에 가면 (          )에 오징어를 말리는 풍경을 볼 수 있어요.

**6** 강원도에 가서 (          )의 푸른 바다를 보면 마음이 맑아집니다.

**7** 나와 함께 여수 (          )을/를 거닐며 파도치는 소리를 들어 볼래?

**8** 더 이상의 (          ) 상승을 막기 위해 대중교통 이용을 실천해 봅시다.

심화 **9** 다음 빈칸에 들어갈 알맞은 낱말은 무엇인가요? (          )

> 지난겨울 우리 가족은 제주도 여행을 다녀왔습니다. 저는 말타기, 감귤 따기 등 다양한 체험을 하는 것이 즐거웠고, 아빠와 엄마는 제주도의 푸른 바다를 바라보며 [          ]을/를 거니는 것을 좋아하셨습니다. 내년에도 기회가 되면 다시 한번 제주에 가 보고 싶습니다.

① 해변          ② 해일          ③ 해풍

④ 해외          ⑤ 해수면

**12**

## 독점

독 獨 – 홀로
점 占 – 차지하다

1. 혼자서 모두 차지함.
2. 개인이나 하나의 단체가 다른 경쟁자를 배제하고 생산과 시장을 지배하여 이익을 독차지함.

- **고전**(옛 고 古, 법 전 典) 오랫동안 많은 사람에게 널리 읽히고 모범이 될 만한 문학이나 예술 작품.
- **지루할** 시간이 오래 걸리거나 같은 상태가 오래 계속되어 따분하고 싫증이 날.
- **말총** 말의 갈기나 꼬리의 털.
- **이윤** 장사 따위를 하여 남은 돈.
- **인재**(사람 인 人, 재목 재 材) 어떤 일을 할 수 있는 학식이나 능력을 갖춘 사람.
- **제값** 물건의 가치에 맞는 가격.
- **특정한** 특별히 정하여져 있는.
- **관리** 관직에 있는 사람. 일한 대가를 받고 나라의 사무를 보는 사람.

# 과일을 독점한 허생

**고전** 소설 〈허생전〉을 읽었다. 고전이라고 해서 **지루할** 줄 알았는데, 생각보다 재미있어서 단숨에 읽어 나갔다.

주인공인 허생의 아내는 가난한 처지에 돈을 벌지 않고 몇 년째 글만 읽고 있는 남편에게 잔소리를 했다. 허생은 집을 나와 변 씨라는 부자를 찾아가 큰돈을 빌린다. 허생은 그 돈으로 과일과 **말총**을 사서 장사를 해 엄청난 **이윤**을 남긴 후, 변 씨를 찾아가 빌린 돈을 몇 배로 갚는다. 그 후 조선의 숨은 **인재**를 찾는 이완 대장이 허생을 찾아간다. 허생은 이완 대장이 진정으로 조선을 위하는 사람이 아니라며 크게 꾸짖고는 다음 날 사라진다. 5

이 소설에서 특히 흥미로웠던 장면은 허생이 변 씨에게 빌린 돈으로 장사를 하는 부분이었다. 허생은 그 돈으로 먼저 감, 배 등의 과일을 모조리 두 배의 값으로 사들인다. **제값**을 주고 사려 했다면 상인들이 굳이 허생에게 과일을 팔지 않았을 것이기 때문이다. 얼마 후 팔 수 있는 과일이 하나도 없게 되자, ㉠상인들은 허생을 찾아가 열 배의 값을 주고 다시 과일을 사 가게 된다. 10
15

하지만 허생이 과일을 모두 사들여 큰돈을 번 것이 옳은 일이었다고는 할 수 없을 것 같다. 정말 중요한 이유로 과일이 필요한 사람들마저 과일을 비싸게 사야 했을 것이기 때문이다. 요즘이라면 허생처럼 과일을 모두 차지하고 팔 수는 없겠지만, 지금도 어떤 약품이나 컴퓨터 부품 등은 **특정한** 회사만 판매할 수 있다는 이야기를 들은 적이 있다. 20

소설 속 허생은 자신의 행동에 대해 "훗날에라도 어느 **관리**가 나의 이러한 방법을 쓴다면 반드시 그 나라는 병들고 말 것"이라고 말했다. 어떤 이유에서든 ㉡혼자서 모두 차지하는 일은 옳지 못하다는 생각을 하며 읽은 소설이었다.

---

**1** 이 글은 어떤 책을 읽고 쓴 독서 감상문인지 세 글자로 쓰세요.

소재

(                    )

**2**

글의 특징

**이 글에 대한 설명으로 알맞은 것은 무엇인가요? (          )**

① 책의 장단점을 비교하고 있다.

② 책을 쓴 작가에 대해 소개하고 있다.

③ 책을 고르게 된 까닭을 설명하고 있다.

④ 책 속 등장인물의 행동에 대해 공감하고 있다.

⑤ 책의 줄거리와 함께 읽은 느낌을 덧붙이고 있다.

**3**

세부 내용

**이 글을 통해 알 수 있는 〈허생전〉의 내용으로 알맞지 <u>않은</u> 것은 무엇인가요? (          )**

① 허생은 가난했지만 글만 읽고 있었다.

② 허생이 돈을 빌린 사람은 변 씨라는 부자였다.

③ 허생은 감, 배 등의 과일을 제값보다 비싸게 사들였다.

④ 상인들은 허생에게 두 배의 값을 주고 과일을 다시 사 가게 되었다.

⑤ 허생은 엄청난 이윤을 남긴 뒤, 변 씨에게 빌린 돈을 몇 배로 갚았다.

**4**

어휘

적용

**㉠의 상황에서 상인들이 느꼈을 기분을 나타내기에 알맞은 속담은 무엇인가요? (          )**

① 엎드려 절받기

② 되로 주고 말로 받는다

③ 아니 땐 굴뚝에 연기 날까

④ 열 번 찍어 아니 넘어가는 나무 없다

⑤ 남의 잔치에 감 놓아라 배 놓아라 한다

**5**

어휘

관계

**㉡과 바꾸어 쓸 수 있는 말은 무엇인가요? (          )**

① 격려하는                 ② 모방하는                 ③ 독점하는

④ 위로하는                 ⑤ 충고하는

어휘
학습

핵심어

독 獨 - 홀로 | 점 占 - 차지하다

# 독점

혼자서 모두 차지함

1. 혼자서 모두 차지함. 2. 개인이나 하나의 단체가 다른 경쟁자를 배제하고 생산과 시장을 지배하여 이익을 독차지함.

예 동생이 모든 선물을 ❶ ☐ 하였다.

답 ❶ (                    )

확장

## 독 獨(홀로)이 들어간 한자어

### 독립  독 獨 - 홀로 | 립 立 - 서다

1. 다른 것에 속하거나 의존하지 아니하는 상태로 됨.
   예 민수는 결혼 후 집에서 독립했다.

2. 한 나라가 정치적으로 완전한 주권을 행사함.
   예 광복절은 우리나라가 일본으로부터 ❷ ☐ 한 날이다.

답 ❷ (                    )

### 독학  독 獨 - 홀로 | 학 學 - 배우다

스승이 없이, 또는 학교에 다니지 아니하고 혼자서 공부함.

예 진희는 누구에게도 배우지 않고 ❸ ☐ 으로 그림을 배웠다.

답 ❸ (                    )

### 고독  고 孤 - 외롭다 | 독 獨 - 홀로

세상에 홀로 떨어져 있는 듯이 매우 외롭고 쓸쓸함.

예 세상에서 나만 ❹ ☐ 하다고 느껴질 때가 있다.

답 ❹ (                    )

**이해** 다음 뜻에 알맞은 낱말을 넣어 십자말풀이를 완성하세요.

| 1·2 | | | |
|---|---|---|---|
| | | | |
| | | 3 | |
| | | 4 | |

1 (가로) 스승이 없이, 또는 학교에 다니지 아니하고 혼자서 공부함.

2 (세로) 혼자서 모두 차지함.

3 (세로) 세상에 홀로 떨어져 있는 듯이 매우 외롭고 쓸쓸함.

4 (가로) 한 나라가 정치적으로 완전한 주권을 행사함.

**적용** 다음 낱말이 들어갈 문장을 찾아 알맞게 선으로 이으세요.

5 독립 ·

6 독학 ·

7 고독 ·

8 독점 ·

㉮ 우리 회사는 그 기계를 국내에 (          )(으)로 유통하고 있다.

㉯ 사랑하는 사람과 헤어진 뒤 한동안 (          )한 날들을 보냈다.

㉰ 많은 사람이 "대한 (          ) 만세!"를 외치며 태극기를 흔들었다.

㉱ (          )(으)로 배운 실력이 그렇게 뛰어나다니 정말 믿어지지 않는구나.

**심화** 9 빈칸에 들어갈 낱말을 보기 에서 찾아 쓰세요.

보기

독학      독립      독점

반도체를 만들 때 쓰는 '초순수'라는 물은 불순물이 거의 없는, 지구에서 가장 깨끗한 물로 불린다. 그동안은 일본이 반도체용 초순수 기술을 [          ]해 왔는데, 최근 우리나라도 자체 기술로 초순수를 생산하는 데 성공했다고 한다.

(          )

**13**

핵심어

# 방치

방 放 – 놓다
치 置 – 두다

내버려 둠.

---

- **설문**(베풀 설 設, 물을 문 問) 조사를 하거나 통계 자료 따위를 얻기 위하여 어떤 주제에 대하여 문제를 내어 물음.

- **무단** 미리 허락을 받지 않고 마음대로 하는 (것).

- **유발** 어떤 것이 다른 일을 일어나게 함.

- **공유**(한가지 공 共, 있을 유 有) 두 사람 이상이 한 물건을 공동으로 소유함.

- **견인** 차를 끌고 가는 것.

- **단속** 규칙이나 법령, 명령 따위를 지키도록 통제함.

- **절실하다** (문제의 해결이) 지금 당장 매우 필요하다. 몹시 아쉽다.

- **무법자**(없을 무 無, 법 법 法, 사람 자 者) 법을 무시하고 함부로 거칠고 험한 행동을 하는 사람.

---

# 당신의 양심이 방치되고 있습니다

서울시에서 전기 자전거·전동 킥보드와 같은 개인형 이동 장치에 대한 **설문** 조사를 진행하였다. 결과에 따르면, 응답자의 약 80%는 개인형 이동 장치 때문에 통행에 불편을 겪은 적이 있으며, 약 89%는 **무단**으로 방치된 이 장치들을 본 적이 있다고 답했다. 개인형 이동 장치가 높은 속도로 통행하여 위협을 느낀 적이 있다고 응답한 시민도 69%에 달했다. 　5

이제는 서울뿐 아니라 전국 어디서나 개인형 이동 장치를 흔히 볼 수 있다. 개인형 이동 장치는 환경 오염을 ㉠**유발**하는 자동차의 사용을 줄일 수 있다는 점에서 일단 긍정적이라 할 수 있다. 또한 일부 지역에서는 개인이 구입하지 않고도, 저렴한 비용으로 장치를 **공유**하는 서비스도 등장했다. 이에 따라 짧은 거리를 이동할 때 이 장치를 많이 이용하고 있다. 　10

그런데 면허 없이 이 장치를 이용하거나 인도에서의 주행, 과속, 여러 명이 타고 운행하는 등의 불법 이용 문제가 심각한 상황이다. 또 이용을 마치고 아무 곳에나 방치하여 보행자의 안전을 위협하는 경우도 점점 많아지고 있다. 　15

이에 서울시는 출퇴근 시간대의 지하철역 등에 무단으로 방치된 개인형 이동 장치를 즉시 **견인**할 예정이다. 개인형 이동 장치 공유 업체에는 장치의 최고 속도를 낮추고 주차 공간을 늘려 달라고 요청했다. 또한, 불법 이용자에 대한 **단속**을 강화할 계획이라고 밝혔다.

개인형 이동 장치에 대한 불만은 대부분 이용자의 태도 때문에 발생한다. 결국 개인형 이동 장치의 바람직한 이용 문화가 자리 잡으려면 이용자들의 태도 변화가 **절실하다**. 편리함만 생각하며 자신의 양심을 방치한다면, 개인형 이동 장치는 길 위의 **무법자**에 지나지 않게 될 것이다. 　20

---

**1**

문제 상황

### 이 글에서 문제로 삼고 있는 것은 무엇인지 쓰세요.

- 개인형 (　　　　　　　) 장치 사용자의 태도

**2**

**중심 내용**

**이 글에서 글쓴이가 주장하는 것은 무엇인가요? (          )**

① 개인형 이동 장치를 모두 없애야 한다.

② 개인형 이동 장치의 가격을 낮춰야 한다.

③ 개인형 이동 장치의 최고 속도를 높여야 한다.

④ 개인형 이동 장치는 인도에서만 주행해야 한다.

⑤ 개인형 이동 장치 이용자들의 태도 변화가 필요하다.

**3**

**세부 내용**

**개인형 이동 장치에 대한 설명으로 알맞지 않은 것은 무엇인가요? (          )**

① 짧은 거리를 이동할 때 이용한다.

② 자동차의 사용을 줄일 수 있다는 장점이 있다.

③ 저렴한 비용으로 공유할 수 있는 지역이 있다.

④ 안전을 위해서는 여러 명이 타는 것이 바람직하다.

⑤ 아무 곳에나 방치될 경우 보행자들의 안전을 위협할 수 있다.

**어휘**

**4**

**뜻**

**이 글에 쓰인 낱말의 뜻풀이가 바르지 않은 것은 무엇인가요? (          )**

① 견인: 차를 끌고 가는 것.

② 공유: 두 사람 이상이 한 물건을 공동으로 소유함.

③ 설문: 재능이나 실력 따위를 검사하고 평가하는 일.

④ 단속: 규칙이나 법령, 명령 따위를 지키도록 통제함.

⑤ 무단: 미리 허락을 받지 않고 자기 마음대로 하는 (것).

**어휘**

**5**

**적용**

**빈칸에 ㉠을 넣었을 때 어울리지 않는 것은 무엇인가요? (          )**

① 미세 먼지는 여러 질병을 ☐☐☐☐한다.

② 전염병 ☐☐☐☐을 위해 손을 자주 씻어야 한다.

③ 수면 부족은 노화를 ☐☐☐☐하는 것으로 알려져 있다.

④ 질서를 무시하는 사람들 때문에 교통 체증이 ☐☐☐☐된다.

⑤ 알레르기를 ☐☐☐☐하는 식물을 제거하는 사업이 논의되고 있다.

 핵심어

방 放 – 놓다 | 치 置 – 두다

# 방치

내버려 둠

내버려 둠.

예 쓰레기를 ❶◻◻ 하여 온 동네가 지저분해졌다.

답 ❶ ( )

 확장

## 방 放 (놓다)이 들어간 한자어

### 방심 방 放 – 놓다 | 심 心 – 마음

**마음을 다잡지 아니하고 풀어 놓아 버림.**

예 ❷◻ 하면 일을 그르칠 수 있으니 조심해라.

☑ 비슷한말 **부주의** 조심을 하지 아니함.

답 ❷ ( )

### 개방 개 開 – 열다 | 방 放 – 놓다

1. 문이나 어떠한 공간 따위를 열어 자유롭게 드나들고 이용하게 함.

   예 우리 도서관은 다섯 시까지 ❸◻ 되어 있다.

2. 금하거나 경계하던 것을 풀고 자유롭게 드나들거나 교류하게 함.

   예 해외 시장이 개방되면 그 상품을 곧 수출할 예정이다.

답 ❸ ( )

### 추방 추 追 – 쫓다 | 방 放 – 놓다

**일정한 지역이나 조직 밖으로 쫓아냄.**

예 규칙을 어긴 사람은 즉시 ❹◻ 이다.

답 ❹ ( )

**이해** 다음 낱말의 뜻을 보기 에서 찾아 기호를 쓰세요.

> **보기**
> ㉠ 내버려 둠.
> ㉡ 일정한 지역이나 조직 밖으로 쫓아냄.
> ㉢ 마음을 다잡지 아니하고 풀어 놓아 버림.
> ㉣ 문이나 어떠한 공간 따위를 열어 자유롭게 드나들고 이용하게 함.

**1** 개방 (          )      **2** 방치 (          )

**3** 방심 (          )      **4** 추방 (          )

**적용** 빈칸에 들어갈 낱말을 보기 에서 찾아 쓰세요.

> **보기**
> 추방      개방      방치      방심

**5** 상처를 그냥 (        )하면 흉이 생길 수 있다.

**6** 남의 나라에 몰래 머물던 그는 결국 외국으로 (        )당했다.

**7** 지역 주민들을 위해 주말에는 학교 운동장을 (        )하고 있다.

**8** 언제든 적이 쳐들어올 수 있으니 잠시도 (        )해서는 안 된다.

**심화** **9** 다음 빈칸에 들어갈 알맞은 낱말은 무엇인가요? (      )

>      전국의 공영 주차장과 주택 밀집 지역 등 곳곳이 오랜 시간 [　　　]된 차량들 때문에 몸살을 앓고 있습니다. 이런 차량들은 주차난을 더 심각하게 하고, 사고를 유발할 위험마저 있어 문제가 심각합니다. 그러나 차량은 개인 재산이기 때문에 스스로 나서서 이동하도록 유도하고 있는 상황입니다.

① 추방        ② 방해        ③ 방치

④ 방전        ⑤ 개방

# 청렴한 관리였던 맹사성

맹사성은 청백리의 대표적인 인물이다. 재물에 대한 욕심이 없이 곧고 깨끗한 관리를 뜻하는 청백리는, 조선 시대에 ㉠청렴한 신하에게 나라에서 내리던 **칭호**이다.

1360년에 태어난 맹사성은 세종 20년이던 1438년 세상을 떠나기까지 이조 판서, 좌의정 등을 지냈다. 세종은 맹사성이 벼슬을 떠난 후에도, 나라에 중요한 일이 있으면 맹사성에게 의견을 묻기도 했다고 한다.

하루는 고을 **현감**이 고향에 머무는 맹사성을 찾아왔다. 끼니때가 되자 현감은 **내심** 정승의 밥상이니 **산해진미**가 가득할 것이라 기대하였다. 보리밥과 간장, 나물이 전부인 밥상을 보고 당황한 현감에게 맹사성이 말했다.

"어찌 그러시오? 이런 음식도 못 먹는 백성이 얼마나 많은지 모르시오? 백성을 다스리는 자는 모든 일을 **검소**하게 할 것이며, 백성들의 삶도 경험해 봐야 한다오."

이에 그는 크게 깨달음을 얻어 ㉡선정을 베푸는 훌륭한 현감이 되었다고 한다.

맹사성은 허름한 옷차림에 소를 타고 다니기도 해서 사람들이 그를 알아보지 못하는 경우가 많았다. 벼슬이 낮은 사람이 찾아와도 반드시 옷을 제대로 갖추고 대문 밖에 나가 맞이했고, 돌아갈 때도 예의를 갖춰 배웅하고 들어오곤 했다.

맹사성은 욕심 없이 청렴한 삶을 살면서도 자신의 임무를 성실히 수행했다. 〈태종실록〉을 만들 때, 세종이 아버지인 태종의 기록을 보고 싶어 하자 맹사성이 "왕이 **실록**을 보려 하면, 후에 **사관**들은 두려워서 일을 바르게 할 수 없을 것입니다."라며 단호히 거절했다는 일화도 있다. 이러한 맹사성의 태도야말로 우리가 본받아야 할 진정한 삶의 자세이다.

5

10

15

20

- **칭호** 어떠한 뜻으로 일컫는 이름.
- **현감** (옛날에) 지방 행정 단위의 하나인 현의 우두머리.
- **내심**(안 내 內, 마음 심 心) 겉으로 드러나지 아니한 실제의 마음.
- **산해진미**(산 산 山, 바다 해 海, 보배 진 珍, 맛 미 味) 산과 바다에서 나는 온갖 진귀한 물건으로 차린, 맛이 좋은 음식.
- **검소** 사치하지 않고 꾸밈없이 수수함.
- **실록** 역사적인 사실을 있는 그대로 적은 기록.
- **사관** (옛날에) 역사를 기록하던 관리.

**1**
인물

**이 글에서 중심이 되는 인물은 누구인지 쓰세요.**

(             )

**2**

목적

글쓴이가 이 글을 쓴 목적은 무엇인가요? (         )

① 맹사성이 쓴 책을 소개하고, 독서를 권하기 위해

② 맹사성의 청렴했던 삶을 소개하고, 그의 삶을 본받기 위해

③ 맹사성이 지냈던 벼슬을 소개하고, 그의 업적을 기리기 위해

④ 맹사성과 현감의 이야기를 소개하고, 우정의 중요성을 전달하기 위해

⑤ 맹사성의 벼슬이 낮았을 때의 일화를 소개하고, 예절의 중요성을 강조하기 위해

**3**

내용 이해

이 글을 통해 알 수 있는 내용이 <u>아닌</u> 것은 무엇인가요? (         )

① 청백리의 뜻은 무엇일까?

② 맹사성은 언제 세상을 떠났을까?

③ 사람들이 맹사성을 알아보지 못한 까닭은 무엇일까?

④ 현감이 맹사성을 만난 뒤에 얻은 깨달음은 무엇일까?

⑤ 관직을 그만두고 고향에서 지내던 맹사성의 밥상에는 왜 산해진미가 가득했을까?

**4**

어휘

뜻

㉠의 뜻으로 알맞은 것은 무엇인가요? (         )

① 처지가 안되고 애처로운.

② 지금까지 있은 적이 없는.

③ 믿을 수 없을 정도로 색다르고 놀라운.

④ 성품과 행실이 높고 맑으며, 탐욕이 없는.

⑤ 살림살이가 넉넉하지 못하여 몸과 마음이 괴로운 상태에 있는.

**5**

어휘

관계

㉡과 바꾸어 쓸 수 있는 말은 무엇인가요? (         )

① 백성들에게 인기가 많은                  ② 백성들을 사납고 악하게 대하는

③ 백성들에게 세금을 많이 거두는          ④ 백성들을 바르고 어질게 잘 다스리는

⑤ 백성들이 스스로 공부할 수 있도록 도와주는

↓ 핵심어

청 淸 – 맑다 | 렴 廉 – 청렴하다

# 청렴

맑고 청렴함

성품과 행실이 높고 맑으며, 탐욕이 없음.

예 그 검사는 어떤 돈이나 선물도 받지 않는 ❶◻️한 사람이다.

답 ❶ ( )

확장

## 청 淸(맑다)이 들어간 한자어

### 청결 청 淸 – 맑다 | 결 潔 – 깨끗하다

맑고 깨끗함.

예 화장실은 언제나 ❷◻️을 유지해야 한다.

☑ 반대되는 말 불결 어떤 사물이나 장소가 깨끗하지 아니하고 더러움.

답 ❷ ( )

### 청산 청 淸 – 맑다 | 산 算 – 셈

1. 서로 간에 채무·채권 관계를 셈하여 깨끗이 해결함.

    예 이제야 빚을 다 ❸◻️했다.

2. 과거의 부정적 요소를 깨끗이 씻어 버림.

    예 잘못된 과거를 청산해야 밝은 미래가 온다.

답 ❸ ( )

### 청순 청 淸 – 맑다 | 순 純 – 순수하다

깨끗하고 순수함.

예 나는 지호의 ❹◻️한 미소가 좋았다.

답 ❹ ( )

**이해** 다음 낱말의 뜻을 보기 에서 찾아 기호를 쓰세요.

보기
㉠ 맑고 깨끗함.
㉡ 깨끗하고 순수함.
㉢ 과거의 부정적 요소를 깨끗이 씻어 버림.
㉣ 성품과 행실이 높고 맑으며, 탐욕이 없음.

**1** 청렴 (                )          **2** 청결 (                )

**3** 청순 (                )          **4** 청산 (                )

**적용** 빈칸에 들어갈 낱말을 보기 에서 찾아 쓰세요.

보기
청순          청결          청산          청렴

**5** 요리할 때는 손이 항상 (                )해야 한다.

**6** 그동안의 잘못들을 모두 (                )하고 새사람이 되었다.

**7** 나는 (                )하고 아름다운 수지의 미소를 보고 한눈에 반했다.

**8** 그는 다른 관리들과는 다르게 정직하고 (                )해서 백성들의 사랑을 받았다.

**심화** **9** 밑줄 친 말과 바꾸어 쓸 수 있는 낱말을 찾아 세 글자로 쓰세요.

우리나라에서 공무원에게 주는 상 중에 '청백리상'이라는 것이 있습니다. 이 상은 1981년에 만들어진 상으로, 해마다 10년 이상 근무한 공무원 가운데 청렴한 사람을 선발하여 상금과 승진 따위의 혜택을 주는 것입니다. 조선 시대 청백리의 뜻을 살려 '재물에 대한 탐욕이 없이 깨끗한 관리'에게 주는 상이라는 점에서 의미가 있습니다.

(                )

핵심어

## 소멸

소 消 – 사라지다
멸 滅 – 멸망하다

사라져 없어짐.

- **전년**(앞 전 前, 해 년 年) 이해 의 바로 앞의 해.
- **저출산** 아이를 적게 낳는 것.
- **여건** 주어진 조건.
- **육아**(기를 육 育, 아이 아 兒) 어린아이를 기름.
- **휴직**(쉴 휴 休, 벼슬 직 職) 일 정한 기간 동안 직무를 쉼.
- **마련되어** 헤아려져 갖춰져.
- **역부족**(힘 력(역) 力, 아닐 부 不, 만족할 족 足) 힘이나 기 량 따위가 모자람.
- **구호** 요구나 주장 등을 나타 내는 짧은 말이나 글.
- **부담** 어떠한 의무나 책임을 짐.
- **조속히** 이르고도 빠르게.

# 인구 소멸

　최근 우리나라의 인구 ㉮소멸이 빠르게 진행되고 있다. 2022년 우리 나라에서 태어난 아기는 **전년**에 비해 4.4% ㉠줄고, 사망자 수는 17%나 ㉡늘었다. 지난 1년 동안 12만 명이 넘는 인구가 감소한 것이다.

　여성 1명이 ㉢낳을 것으로 예상되는 평균 자녀 수를 '합계 출산율'이 라고 한다. 2022년 기준 우리나라의 합계 출산율은 0.78명으로, 세계의 주요 나라들 중 합계 출산율이 1명이 안 되는 유일한 나라가 되었다. 심 지어 두 번째로 출산율이 낮은 이탈리아의 합계 출산율이 1.24명이니 우리나라의 상황이 얼마나 심각한지 알 수 있다. ⟨5⟩

　인구 소멸의 대표적인 원인은 **저출산**이다. 결혼을 하지 않거나, 하 라도 출산을 꺼리는 경우가 많아지고 있는 것이다. 이는 결혼을 해서 아 이를 낳더라도, 마음 놓고 기르며 일할 수 있는 사회적 **여건**이 부족하다 는 것을 뜻한다. ⟨10⟩

　출산을 꺼리는 원인 중 하나는 여성의 경제 활동이 늘어났지만 여전 히 여성이 일과 **육아**를 같이 하는 것이 어렵다는 것이다. 출산 지원금이 나 남성의 육아 **휴직** 제도 등이 **마련되어** 있어도 저출산 문제를 해결하 기에는 **역부족**이다. 아이를 ㉣기르고 가르치는 데 비용이 많이 들고, 아 이를 안심하고 맡길 수 있는 시설이 부족한 것 또한 문제이다. ⟨15⟩

　한때 우리나라는 인구가 너무 많아, "하나만 낳아 잘 기르자."라는 **구 호**가 있을 정도였다. 하지만 이제는 "제발 하나라도…….."라는 부탁을 해야 할 상황이 되어 버렸다. 그러나 부탁만 해서는 사람들이 아이를 낳 을 리 없다. 정부는 부모의 경제적 **부담**을 줄여 주고, 다자녀 혜택을 강 화하는 등 인구 소멸 문제를 해결하기 위한 구체적인 대책을 **조속히** ㉤마련해야 할 것이다. ⟨20⟩

---

## 1

**이 글에서 문제로 삼고 있는 것은 무엇인지 네 글자로 쓰세요.**

문제 상황

(　　　　　　　　　)

**2** 주제

이 글의 글쓴이가 주장하는 내용은 무엇인가요? (          )

① 인구 소멸 문제를 해결하려면 국가가 육아를 맡아야 한다.
② 인구 소멸 문제를 해결하기 위해 사망자 수를 줄여야 한다.
③ 인구 소멸 문제를 해결하기 위해 합계 출산율을 낮춰야 한다.
④ 인구 소멸 문제를 해결하려는 정부의 구체적인 대책이 필요하다.
⑤ 인구 소멸 문제를 해결하기 위해 남성들도 육아 휴직이 필요하다.

**3** 내용 이해

이 글의 내용과 일치하지 <u>않는</u> 것은 무엇인가요? (          )

① 2022년에 우리나라는 인구가 줄어들었다.
② 우리나라의 합계 출산율은 이탈리아보다 높다.
③ 현재 우리나라의 합계 출산율은 1명이 되지 않는다.
④ 아이들 교육비 부담이 큰 것도 출산율이 낮은 원인 중 하나이다.
⑤ 저출산 문제를 극복하지 않으면 인구 소멸 문제를 해결할 수 없다.

**4** 관계 〔어휘〕

㉠~㉤을 바꾼 말로 알맞지 <u>않은</u> 것은 무엇인가요? (          )

① ㉠ 감소하고          ② ㉡ 증가하였다          ③ ㉢ 출산할
④ ㉣ 키우고          ⑤ ㉤ 취소해야

**5** 적용 〔어휘〕

빈칸에 ㉮를 넣었을 때 어울리는 것은 무엇인가요? (          )

① 두 사람이 그 책장을 옮기기에는 [        ]이다.
② 아빠는 동생을 돌보기 위해 육아 [        ] 중이십니다.
③ 다행히 태풍이 한반도에 상륙하기 전에 [        ]되었다.
④ 그는 어려운 [        ] 속에서도 좌절하지 않고 열심히 살았다.
⑤ 사건의 피해자들은 가해자를 향해 사과하라며 [        ]을 외쳤다.

↓ 핵심어

소 消 – 사라지다 | 멸 滅 – 멸망하다

# 소멸

멸망하여 사라짐

**사라져 없어짐.**

예 인터넷의 발달로 종이 신문은 ❶◻◻의 길을 걷고 있다.

답❶ (                    )

## 소 消(사라지다)가 들어간 한자어

### 소비  소 消 – 사라지다 | 비 費 – 쓰다

**돈이나 물자, 시간, 노력 따위를 들이거나 써서 없앰.**

예 주어진 시간을 다 ❷◻◻해 버렸다.

☑ **반대되는 말 생산** 인간이 생활하는 데 필요한 각종 물건을 만들어 냄.

답❷ (                    )

### 취소  취 取 – 가지다 | 소 消 – 사라지다

**발표한 의사를 거두어들이거나 예정된 일을 없애 버림.**

예 태풍 때문에 어쩔 수 없이 여행을 ❸◻◻해야 했다.

답❸ (                    )

### 해소  해 解 – 풀다 | 소 消 – 사라지다

**어려운 일이나 문제가 되는 상태를 해결하여 없애 버림.**

예 물을 많이 마셔도 갈증이 ❹◻◻되지 않았다.

답❹ (                    )

**이해** 다음 낱말과 뜻을 알맞게 선으로 이으세요.

1 **소멸** •

2 **해소** •

3 **취소** •

4 **소비** •

• ㉮ 사라져 없어짐.

• ㉯ 돈이나 물자, 시간, 노력 따위를 늘이거나 써서 없앰.

• ㉰ 발표한 의사를 거두어들이거나 예정된 일을 없애 버림.

• ㉱ 어려운 일이나 문제가 되는 상태를 해결하여 없애 버림.

**적용** 자음자를 보고 빈칸에 들어갈 알맞은 낱말을 쓰세요.

5 채원이는 친구 선물을 사느라 용돈을 다 ㅅㅂ했다. ( )

6 원영이는 밀린 숙제를 하기 위해 주말 약속을 모두 ㅊㅅ했다. ( )

7 그 단체는 ㅅㅁ되어 가는 우리 문화유산을 보존하고자 애쓰고 있다.

( )

8 동은이는 어떻게 해야 친구들과의 갈등을 ㅎㅅ할 수 있을지 고민이었다.

( )

**심화** 9 다음 빈칸에 들어갈 알맞은 낱말은 무엇인가요? ( )

> 6일 서울 올림픽체육관에서는 광후전자와 심야떡볶이의 배구 경기가 있었다. 광후전자는 치열한 경기 끝에 3 대 2로 승리하며 우승컵을 들어 올렸다. 이 패배로 인해, 심야떡볶이가 남은 경기를 모두 이기더라도 4강에 진출할 가능성은 아예 [      ]되고 말았다.

① 소비　　　　② 해소　　　　③ 소멸

④ 취소　　　　⑤ 소화

## 16

**핵심어**

## 관점

관 觀 – 보다
점 點 – 점

사물이나 현상을 관찰할 때, 그 사람이 보고 생각하는 태도나 방향 또는 처지.

# 관점이 달라지면 책도 다르게 읽힌다

〈심청전〉을 오랜만에 다시 읽었다. 그런데 책을 읽은 뒤의 느낌이 예전과 많이 달랐다.

심청은 어렸을 때 엄마가 돌아가셔서 앞 못 보는 아버지인 심 **봉사**가 심청을 혼자 키웠다. **효녀**로 자란 심청은 정성껏 아버지를 모신다. 그러던 어느 날 심 봉사는 부처님께 **공양미** 삼백 석을 바치면 눈을 뜰 수 있다는 스님의 말을 듣고 **덜컥** 그러겠다고 약속한다. 　　5

결국 돈이 없는 심 봉사 대신 심청이 공양미 삼백 석을 마련해야 했다. 심청은 쌀을 받고 뱃사람들의 **제물**이 되어 인당수에 몸을 던졌다. 심청은 다행히 용왕의 도움을 받아 다시 세상으로 올라오고, 마침내 황제의 아내가 된다. 심청이 늘 아버지를 그리워하자 황제는 **맹인** 잔치를 열어 주었는데, 잔치에 온 심 봉사가 심청의 목소리를 듣고 깜짝 놀라 눈을 뜨게 된다. 　　10

책을 다 읽은 뒤 궁금증이 ⟨　ⓐ　⟩ 이어졌다. 심 봉사는 가난하면서 왜 공양미를 바치겠다고 약속했을까? 심청은 앞 못 보는 아버지 혼자 어떻게 살라고 인당수에 뛰어들 결심을 했을까? 그리고 아버지가 눈을 뜰 수 있을 것이라고 믿고 제물이 되었는데 왜 나중에 맹인 잔치를 열었을까? 　　15

나는 심청의 입장이었다 해도 심청처럼 행동하지 못했을 것 같다. 그리고 그게 옳은 일인지도 잘 모르겠다. 어렸을 때는 감동적이기만 했는데 지금 다시 보니 다르게 느껴지는 것도 이상했다. 　　20

오빠는 내가 세상을 보는 관점이 예전과 ⓒ달라졌기 때문이라고 했다. 사람마다 세상을 바라보는 생각과 태도가 다르고, ㉮같은 사람이라도 시간이 지나면서 관점은 바뀔 수 있다고도 했다. 나는 그 말을 듣고 중학생쯤 되어 이 책을 읽으면 어떤 느낌이 들지 궁금해졌다.

- **봉사** '시각 장애인'을 낮잡아 이르는 말.
- **효녀**(효도 효 孝, 여자 녀 女) 부모를 잘 섬기는 딸.
- **공양미** 부처에게 바치는 쌀.
- **덜컥** 어떤 일이 매우 갑작스럽게 진행되는 모양.
- **제물** 제사 지낼 때 바치는 물건이나 짐승 따위.
- **맹인** '시각 장애인'을 달리 이르는 말.

---

**1**
**인물**

**글쓴이가 읽은 책의 주인공 이름을 두 글자로 쓰세요.**

(　　　　　　)

**2**
주제

이 글의 주제로 가장 알맞은 것은 무엇인가요? (          )

① 우리도 심청처럼 효도해야 한다.

② 심청의 이야기는 언제 읽어도 감동적이다.

③ 인당수에 몸을 던진 심청의 행동은 옳지 않다.

④ 한 사람의 관점은 시간이 지나도 바뀌지 않는다.

⑤ 관점이 변하면 책을 읽은 뒤의 느낌도 달라질 수 있다.

**3**
적용

㉮와 관련한 경험으로 알맞은 것은 무엇인가요? (          )

① 나는 어려서부터 지금까지 같은 책을 좋아해요.

② 저는 그때나 지금이나 저의 행동이 옳았다고 생각해요.

③ 친구와 함께 영화를 봤는데 서로 느낌이 많이 달랐어요.

④ 편식을 하면 안 된다는 걸 알면서도, 버섯에는 손이 잘 안 가요.

⑤ 편해서 좋다고만 생각했는데, 이제는 일회용품 사용을 줄여야겠어요.

**4**
어휘
적용

㉠에 들어갈 관용어로 알맞은 것은 무엇인가요? (          )

① 목을 세우고          ② 꼬리를 물고          ③ 허리가 휘게

④ 어깨가 무겁게          ⑤ 손에 땀을 쥐고

**5**
어휘
관계

㉡과 바꾸어 쓸 수 있는 말은 무엇인가요? (          )

① 가능했기          ② 미안했기          ③ 변화했기

④ 상승했기          ⑤ 정확했기

↓ 핵심어

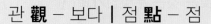
관 觀 – 보다 | 점 點 – 점

# 관점

점찍어 봄

사물이나 현상을 관찰할 때, 그 사람이 보고 생각하는 태도나 방향 또는 처지.

예 그들은 한 가지 사물을 서로 다른 ❶⬚에서 바라보았다.

답❶ (                    )

## 확장

### 관 觀(보다)이 들어간 한자어

---

## 관찰    관 觀 – 보다 | 찰 察 – 살피다

사물이나 현상을 주의하여 자세히 살펴봄.

예 식물을 ❷⬚하여 기록하였다.

답❷ (                    )

---

## 관광    관 觀 – 보다 | 광 光 – 빛

다른 지방이나 다른 나라에 가서 그곳의 풍경, 풍습, 문물 따위를 구경함.

예 여러 지방을 ❸⬚하다 보니, 맛집 정보를 많이 알게 되었다.

답❸ (                    )

---

## 낙관    락(낙) 樂 – 즐겁다 | 관 觀 – 보다

1. 인생이나 사물을 밝고 희망적인 것으로 봄.

   예 유주는 낙관적이어서 언제나 희망을 잃지 않는다.

2. 앞으로의 일 따위가 잘되어 갈 것으로 여김.

   예 ❹⬚적인 태도로 세상을 밝게 봅시다.

답❹ (                    )

**이해** 보기 에서 글자들을 골라, 뜻에 알맞은 낱말을 만드세요.

보기

| 비 | 시 | 관 | 낙 | 측 | 승 | 점 |
|---|---|---|---|---|---|---|
| 찰 | 역 | 분 | 걸 | 장 | 광 | 세 |

**1** 사물이나 현상을 주의하여 자세히 살펴봄. ( )

**2** 인생이나 사물을 밝고 희망적인 것으로 봄. ( )

**3** 다른 지방이나 다른 나라에 가서 그곳의 풍경, 풍습, 문물 따위를 구경함.

( )

**4** 사물이나 현상을 관찰할 때, 그 사람이 보고 생각하는 태도나 방향 또는 처지.

( )

**적용** 빈칸에 들어갈 낱말을 보기 에서 찾아 쓰세요.

보기

낙관      관점      관찰      관광

**5** ( )버스를 타고 경주 여행을 다녀왔다.

**6** 봄꽃을 자세히 ( )하고, 색연필로 그려 보았다.

**7** 아무리 상대가 약하다고 해도 승리를 ( )할 수는 없다.

**8** 그 현상에 대한 두 학자의 ( )이/가 매우 달라서 의견이 일치되기 어렵다.

**심화** **9** 밑줄 친 낱말과 뜻이 반대되는 낱말을 이 글에서 찾아 두 글자로 쓰세요.

열심히 하지도 않고 막연히 좋은 결과가 있을 것이라 생각하며 낙관하는 것도 문제이지만, 하는 일마다 그것은 안 될 일이라며 <u>비관</u>하는 태도도 문제이다. 어느 정도 긍정적인 태도를 갖되, 비판적인 태도도 잃지 말아야 한다.

( )

## 17

**핵심어**

## 폭등

폭 暴 – 갑자기
등 騰 – 오르다

물건의 값이나 주가 따위
가 갑자기 큰 폭으로 오름.

- **가치**(값 가 價, 값 치 値) 사물
  이 지니고 있는 쓸모.
- **종합적** 여러 가지를 한데 모
  아 합한 것.
- **평균적** 수량이나 정도 따위가
  중간이 되는 것.
- **두루** 빠짐없이 골고루.
- **공공요금** 철도, 우편, 전신, 전
  화, 수도, 전기 따위의 공익 사
  업에 대한 요금.
- **취약 계층** 다른 계층에 비해
  무르고 약하여 사회적으로 보
  호가 필요한 계층.
- **업계** 같은 산업이나 상업에
  종사하는 사람들의 활동 분야.
- **자제**(스스로 자 自, 절제할 제
  制) 자기의 감정이나 욕망을
  스스로 억제함.

# 물가의 개념과 물가 폭등

물가란 한마디로 물건의 값을 뜻하는데, 여러 가지 상품의 **가치**를 **종합적**이고 **평균적**으로 보고 판단하는 것이다. 가령 다른 물건의 값은 모두 그대로이고 쌀만 가격이 올랐다면 물가가 올랐다고 하지는 않는다. 하지만 쌀은 물론 생수, 채소, 과일 등 여러 물건의 값이 **두루** 올랐다면 물가가 올랐다고 할 수 있다.                                    5

물가가 오른다는 것은 같은 돈으로 살 수 있는 물건이 줄어든다는 뜻이다. 한 가정에서 벌어들이는 돈이 똑같은 상황에서 물가가 오르면, 살 수 있던 물건 중 일부는 사지 못하거나 살 물건의 개수를 줄여야 한다. 반면 물가가 내리거나, 물가가 오른다 하더라도 벌어들이는 돈이 더 많아지면 살 수 없던 물건을 더 사거나 저축을 할 수도 있다.         10

그런데 최근 물가가 크게 올랐다. 각종 농수산물 가격이나 외식비를 비롯해 전기나 가스와 같은 **공공요금**마저 크게 올랐다. 특히 난방을 해야 하는 겨울철에 가스 요금이 올라 **취약 계층**에 특히 큰 부담이 되고 있다. 또 버스와 지하철 요금도 지속적으로 오르고 있어서 서민들의 근심이 깊어졌다.                                              15

기업들도 물가 폭등에 영향을 받는 것은 마찬가지이다. 특히 식당 **업계**는 가격이 아무리 올라도 음식을 준비하려면 농수산물을 구매할 수밖에 없다. 그렇다고 해서 음식 가격을 올리면 손님이 줄어들 것이기 때문에 ㉠이러지도 저러지도 못하는 상황이다.

이에 따라 정부는 취약 계층을 중심으로 난방비 일부를 지원하고, 도로나 철도 요금은 최대한 올리지 않겠다고 밝혔다. 또한 기업들에게 상품 가격 인상을 **자제**해 줄 것을 당부하면서 물가 폭등으로 인한 국민들의 고통을 함께 짊어질 것을 부탁한 상황이다.            20

**1**

설명 대상

이 글에서 설명하는 것은 무엇인지 두 글자로 쓰세요.

(              )

**2**

내용 이해

**이 글의 내용과 일치하지 <u>않는</u> 것은 무엇인가요? (          )**

① 여러 물건의 값이 두루 오르면 물가가 올랐다고 한다.

② 물가가 오르면 같은 돈으로 살 수 있는 물건이 줄어든다.

③ 난방을 위한 비용이 크게 오르면 취약 계층에 부담이 된다.

④ 정부는 기업들에게 국민들의 고통을 함께 짊어질 것을 당부했다.

⑤ 농수산물 가격이 비싸지면 식당 업계는 음식 가격을 바로 올려 버린다.

**3**

추론

**이 글을 통해 답을 알 수 있는 질문은 무엇인가요? (          )**

① 전기나 가스 요금이 인상된 까닭은 무엇일까?

② 물가가 정확히 어느 정도 올라야 폭등이라고 할까?

③ 물가 폭등에 따른 정부의 대책에는 어떤 것이 있을까?

④ 취약 계층이 난방비를 지원받으려면 어떻게 해야 할까?

⑤ 물가 폭등을 일으키는 국내외 요인에는 어떤 것들이 있을까?

**4**

어휘

뜻

**이 글에 쓰인 낱말의 뜻풀이가 바르지 <u>않은</u> 것은 무엇인가요? (          )**

① 두루: 빠짐없이 골고루.

② 자제: 목표를 향하여 밀고 나아감.

③ 종합적: 여러 가지를 한데 모아 합한 것.

④ 평균적: 수량이나 정도 따위가 중간이 되는 것.

⑤ 업계: 같은 산업이나 상업에 종사하는 사람들의 활동 분야.

**5**

어휘

적용

**㉠의 상황을 나타내기에 알맞은 한자 성어는 무엇인가요? (          )**

① 어부의 이익이라는 뜻의 '어부지리'

② 입은 있어도 말은 없다는 뜻의 '유구무언'

③ 용의 머리와 뱀의 꼬리라는 뜻의 '용두사미'

④ 나아갈 수도 물러설 수도 없다는 뜻의 '진퇴양난'

⑤ 낮에는 농사짓고 밤에는 글을 읽는다는 뜻의 '주경야독'

**어휘 학습**

동영상 강의

폭 暴 – 갑자기 | 등 騰 – 오르다

# 폭등

갑자기 오름

**물건의 값이나 주가 따위가 갑자기 큰 폭으로 오름.**

예 물가 ❶◯◯으로 살기가 매우 어려워졌다.

답 ❶ ( )

**확장**

폭 暴(1. 사납다  2. 갑자기)이 들어간 한자어

## 폭발  폭 暴 – 갑자기 | 발 發 – 피다

1. **속에 쌓여 있던 감정 따위가 일시에 세찬 기세로 나옴.**

   예 쌓여 있던 감정이 ❷◯◯하여 펑펑 울었다.

2. **힘이나 열기 따위가 갑작스럽게 퍼지거나 일어남.**

   예 선물을 이렇게 많이 받다니, 너는 인기 폭발이구나.

답 ❷ ( )

## 폭설  폭 暴 – 갑자기 | 설 雪 – 눈

**갑자기 많이 내리는 눈.**

예 산에 갔다가 ❸◯◯로 발이 묶였다.

답 ❸ ( )

## 난폭  난 亂 – 어지럽다 | 폭 暴 – 사납다

**행동이 몹시 거칠고 사나움.**

예 수하는 성격이 몹시 ❹◯하다.

답 ❹ ( )

**이해** 다음 낱말과 뜻을 알맞게 선으로 이으세요.

**1** 난폭 •

• ㉮ 갑자기 많이 내리는 눈.

**2** 폭발 •

• ㉯ 행동이 몹시 거칠고 사나움.

**3** 폭설 •

• ㉰ 물건의 값이나 주가 따위가 갑자기 큰 폭으로 오름.

**4** 폭등 •

• ㉱ 속에 쌓여 있던 감정 따위가 일시에 세찬 기세로 나옴.

**적용** 빈칸에 들어갈 알맞은 낱말을 보기 에서 찾아 쓰세요.

> **보기**
>
> 폭발        폭등        폭설        난폭

**5** 지우는 친구들로부터 (                    )적인 관심을 받았다.

**6** 그는 가방을 집어던지며 몹시 (                    )하게 굴었다.

**7** 제주도에 (                    )이 내려 비행기가 뜨지 못하고 있다.

**8** 가뭄 때문에 농작물이 적게 수확되어 농산물값이 (                    )할 것이 우려된다.

 **심화** **9** 밑줄 친 부분과 바꾸어 쓸 수 있는 말을 이 글에서 찾아 두 글자로 쓰세요.

> 물가가 갑자기 큰 폭으로 오르는 것을 반기는 사람은 없을 것이다. 하지만 물건값이 엄청나게 떨어지는 것 또한 곤란하다. 잘못하면 이 물건들을 만드는 기업이 살아남을 수 없게 되기 때문이다. 물건을 사는 사람과 파는 사람의 입장을 모두 생각하면 결국 물가의 폭등과 폭락 모두 바람직하다고 볼 수 없는 셈이다.

(                    )

# 18

## 난관

난 難 − 어렵다
관 關 − 가두다

일을 하여 나가면서 부딪치는 어려운 고비.

- **지병**(가질 지 持, 병 병 病) 오랫동안 잘 낫지 아니하는 병.

- **창제** 전에 없던 것을 처음으로 만들거나 제정함.

- **동기** 어떤 일이나 행동을 일으키게 하는 계기.

- **의도** 무엇을 하고자 하는 생각이나 계획. 또는 무엇을 하려고 꾀함.

- **금지령**(금할 금 禁, 그칠 지 止, 하여금 령 令) 금지하는 법령이나 명령.

- **국문**(나라 국 國, 글월 문 文) 나라 고유의 글자. 또는 그 글자로 쓴 글.

- **탄압** 권력이나 무력 따위로 억지로 눌러 꼼짝 못 하게 함.

# 수많은 난관을 이겨 낸 한글

우리가 사용하는 한글의 옛 이름은 '훈민정음'이다. '백성을 가르치는 바른 소리.'라는 뜻의 훈민정음은 이름에서부터 백성을 사랑했던 세종의 마음을 느낄 수 있다.

하지만 한글이 쉽게 만들어진 것은 아니다. 세종은 눈병을 비롯한 각종 **지병**과 싸우며 문자를 만들었다. 게다가 세종이 훈민정음을 만들었을 때 모든 사람이 훈민정음을 반긴 것도 아니었다. 특히 최만리를 비롯한 많은 신하가 중국과의 관계를 내세워 문자 ㉠**창제**를 반대했다. 5

세종은 훈민정음을 만든 **동기**를 밝힌 글에서 "우리나라의 말은 중국과 달라 한자와 서로 통하지 아니하므로, 어리석은 백성이 말하고자 할 바가 있어도 마침내 제 뜻을 펴지 못하는 사람이 많다."라고 했다. 한자를 몰라 뜻을 전하지 못하는 백성들을 위해 문자를 만들었음을 분명히 10 한 것이다. 이어 "내가 이것을 가엾게 생각하여 새로 스물여덟 글자를 만드니, 사람들로 하여금 쉽게 익혀 날마다 쓰는 데 편안하게 하고자 할 따름이다."라고 했다. 사람들이 쉽게 배워서 편히 쓰게 하려는 ㉡**의도**로 문자를 만들었다는 것을 알 수 있는 것이다. 15

하지만 이후에도 훈민정음이 넘어야 할 산은 많았다. 양반들은 여전히 한자를 사용했고, 훈민정음을 '언문'이라고 낮추어 불렀다. 연산군은 언문 **금지령**을 내리기도 했다. 그리하여 훈민정음은 만들어진 지 450년이 지나서야 **국문**으로 인정받았다. 게다가 일제 강점기에 일본은 우리의 말과 글을 사용하지 못하게 **탄압**하기도 했다. 이에 주시경을 비롯한 20 많은 학자가 훈민정음의 우수성을 알리려고 노력했고, '한글'이라는 새로운 이름도 붙여 주었다. 수많은 난관을 이겨 내고 현재까지 이어져 온 만큼, 한글을 소중히 여기며 바르게 사용해야 할 것이다.

## 1

**이 글에서 설명하는 한글의 옛 이름은 무엇인지 네 글자로 쓰세요.**

설명 대상

(                    )

**2**

내용 이해

**이 글의 내용과 일치하지 <u>않는</u> 것은 무엇인가요? (       )**

① 훈민정음은 한글의 옛 이름이다.

② 모든 사람이 세종의 새 문자를 반겼다.

③ 세종은 백성들을 사랑하는 마음으로 문자를 만들었다.

④ 훈민정음 창제 이후에도 양반들은 여전히 한자를 사용했다.

⑤ 일제의 탄압으로 우리의 말과 글을 모두 사용하지 못하던 시기도 있었다.

**3**

추론

**이 글을 통해 답을 알 수 있는 질문은 무엇인가요? (       )**

① '훈민정음'의 뜻은 무엇일까?

② 세종은 눈병 이외에 어떤 지병을 앓았을까?

③ 연산군이 한글 금지령을 내린 까닭은 무엇일까?

④ 일제 강점기에 한글을 탄압한 까닭은 무엇일까?

⑤ 훈민정음의 새로운 이름인 '한글'에는 무슨 뜻이 담겨 있을까?

**4** 어휘

뜻

**㉠의 뜻으로 알맞은 것은 무엇인가요? (       )**

① 토지나 천연자원 따위를 유용하게 만듦.

② 전에 없던 것을 처음으로 만들거나 제정함.

③ 여러 가지 약품을 적절히 조합하여 약을 지음.

④ 아직까지 없던 기술이나 물건을 새로 생각하여 만들어 냄.

⑤ 어떤 사실이나 결과, 작품 따위를 세상에 널리 드러내어 알림.

**5** 어휘

적용

**빈칸에 ㉡을 넣었을 때 어울리지 <u>않는</u> 것은 무엇인가요? (       )**

① 민하는 일이 [      ]한 대로 되지 않자 금세 포기해 버렸다.

② 하늘이는 나쁜 [      ](으)로 그런 질문을 한 것이 아니었다.

③ 완재가 여기에 온 것은 우연이 아니라 [      ]적인 것이었다.

④ 서영이가 풍선을 세차게 흔든 것은 사람들 눈에 띄려는 [      ]였다.

⑤ 아영이는 휴게실에서 [      ]적으로 다른 사람의 휴대 전화를 발견하였다.

난 難 – 어렵다 | 관 關 – 가두다

# 난관

어려움에 갇히다

일을 하여 나가면서 부딪치는 어려운 고비.

예 할아버지께서는 많은 ❶[　]을 극복하고 성공하셨다.

답❶ (　　　　　　)

## 난 難(어렵다)이 들어간 한자어

### 난감  난 難 – 어렵다 | 감 堪 – 견디다

1. 이렇게 하기도 저렇게 하기도 어려워 처지가 매우 딱함.
   예 뜻밖의 부탁을 받고 나니 ❷[　]했다.

2. 맞부딪쳐 견디어 내거나 해결하기가 어려움.
   예 명재는 많은 일을 어떻게 끝내야 할지 난감했다.

답❷ (　　　　　　)

### 난이도  난 難 – 어렵다 | 이 易 – 쉽다 | 도 度 – 법도

어려움과 쉬움의 정도.

예 이번 시험은 저번 시험과 ❸[　　]가 비슷했다.

답❸ (　　　　　　)

### 무난  무 無 – 없다 | 난 難 – 어렵다

1. 별로 어려움이 없음.
   예 우리 팀은 예선을 무난히 통과할 것이다.

2. 이렇다 할 단점이나 흠잡을 만한 것이 없음.
   예 이서는 피아노 연주를 ❹[　]하게 마쳤다.

답❹ (　　　　　　)

**이해** 다음 뜻에 해당하는 낱말을 보기 에서 찾아 쓰세요.

> 보기
>
> 난관 　　　 난감 　　　 무난 　　　 난이도

**1** 별로 어려움이 없음. 　　　　　　　　　　　　　　　 ( 　　　　 )

**2** 어려움과 쉬움의 정도. 　　　　　　　　　　　　　　 ( 　　　　 )

**3** 일을 하여 나가면서 부딪치는 어려운 고비. 　　　　 ( 　　　　 )

**4** 이렇게 하기도 저렇게 하기도 어려워 처지가 매우 딱함. ( 　　　　 )

**적용** 다음 낱말이 들어갈 문장을 찾아 알맞게 선으로 이으세요.

**5** 　난관　 ·

　·　㉮ 그에겐 어려운 ( 　　　　 )이/가 첩첩이 쌓여 있었다.

**6** 　난감　 ·

　·　㉯ 이번 퀴즈는 문제의 ( 　　　　 )에 따라 세 단계로 진행됩니다.

**7** 　무난　 ·

　·　㉰ 어두운 색 바지는 어떤 상의와 입어도 ( 　　　　 )하게 어울린다.

**8** 　난이도　 ·

　·　㉱ 예은이는 쏟아지는 질문에 어떻게 답해야 할지 매우 ( 　　　　 )하였다.

**심화** **9** 다음 빈칸에 들어갈 낱말을 보기 에서 찾아 쓰세요.

> 보기
>
> 난감 　　　 무난 　　　 난관

> 　　교육자이자 문화재 수집가였던 전형필 선생님은 일제 강점기 우리나라의 문화재를 지키기 위해 전 재산을 쓰면서 일생을 바쳤습니다. 그가 수집한 문화재는 〈훈민정음〉 원본을 비롯해 현재 국보 12점, 보물 10점 등 매우 다양합니다. 수많은 □□□을 뚫고 이루어 낸 그의 업적이 아니었다면, 이들 문화재 중 상당수는 일본의 손에 넘어갔을 것입니다.

( 　　　　 )

# 19

## 특산물

특 **特** – 특별하다
산 **産** – 낳다
물 **物** – 물건

어떤 지역의 특별한 산물.

# 제주도 특산물 [ ] 이야기

지난겨울 우리 가족은 이모께서 사시는 제주도에 다녀왔다. 에메랄드 빛 바다도 보고 올레길도 걷고 **오일장**도 들렀다. 시장에서 본 제주도 특산물인 귤은 예쁘고 맛도 좋았다. 게다가 향기도 좋아서 여행하는 ㉠<u>내내</u> 차 안은 귤 향기로 가득했다.

나는 귤의 종류가 정말 다양하다는 것에 매우 놀랐다. 비바람을 맞으며 자란 노지 감귤, 귤나무 아래 타이벡이라는 천을 깔고 기른 타이벡 감귤, 꼭지가 튀어나온 모양이 한라산을 닮은 한라봉, 향이 천 리를 간다는 천혜향, 익으면 껍질이 붉은빛을 띠는 레드향, 여왕의 ㉡<u>품위</u>를 지녔다는 황금향 등등.

이모께서 이것들 말고 다른 귤들도 있다고 하시기에, 어떻게 이렇게 귤의 종류가 많을 수 있는지 여쭈어보았다.

"어떤 귤들은 종류가 다른 귤끼리 **교배**를 해서 만들어진 거야. 쉽게 말하면 사람들이 서로 다른 **종**의 귤을 결혼시켜서 새로운 종이 나온 것이라고 생각하면 돼. 엄마, 아빠 사이에서 지은이가 나온 것처럼?"

나중에 찾아보니, 한라봉은 청견과 폰칸, 천혜향은 오렌지와 귤, 레드향은 한라봉과 귤, 황금향은 천혜향과 한라봉을 교배해 만들었다고 한다. 종이 다른 귤들이 만나 모양이 달라지고, 맛이 더 달콤해지기도 새콤해지기도 하는 것이 신기했다. 아빠께서는 이렇게 말씀하셨다.

"사람도 비슷해. 모르는 사람끼리 만나 결혼을 하고, 지은이처럼 예쁜 아이를 낳는 거야. 지은이가 아빠, 엄마의 한라봉인 **셈**이지."

내가 한라봉처럼 못생겼냐며 **비죽댔지만**, 생각할수록 재미있었다. 그리고 슬쩍 웃음이 났다. 레드향 같은, 천혜향 같은, 황금향 같은 친구들 생각이 나서.

5

10

15

20

---

- **오일장** 닷새에 한 번씩 서는 장.
- **품위**(물건 품 品, 자리 위 位) 남의 존경과 인정을 받을 수 있는 사람됨.
- **교배** 생물의 암과 수를 인공적으로 수정을 하게 하는 것.
- **종**(씨 종 種) 생물 분류의 기초 단위.
- **셈** 어떤 형편이나 결과를 나타내는 말.
- **비죽댔지만** 비웃거나 언짢거나 울려고 할 때 소리 없이 입을 내밀고 실룩거렸지만.

---

## 1

제목

**빈칸에 알맞은 말을 넣어 이 글의 제목을 완성하세요.**

• 제주도 특산물 (                    ) 이야기

**2**

글의 특징

**이 글에 대한 설명으로 알맞은 것은 무엇인가요? (　　　)**

① 여행을 통해 알게 된 내용과 느낌이 드러나 있다.

② 다른 사람의 의견에 대해 반대의 주장을 펼치고 있다.

③ 가고 싶은 여행지에 대해 조사한 내용을 나열하고 있다.

④ 다양한 귤의 종류를 맛이 좋은 순서대로 설명하고 있다.

⑤ 여행하면서 방문한 장소를 공간의 이동에 따라 소개하고 있다.

**3**

추론

**이 글을 읽고 짐작한 것으로 알맞지 <u>않은</u> 것은 무엇인가요? (　　　)**

① 모양 때문에 이름이 지어진 귤이 있다.

② 레드향은 한라봉보다 먼저 만들어졌다.

③ 나무 아래 천을 깔고 기르는 귤이 있다.

④ 황금향은 천혜향보다 나중에 만들어졌다.

⑤ 종이 다른 귤끼리 교배해서 새로운 귤을 만든다.

**4**

어휘

관계

**㉠과 바꾸어 쓸 수 있는 말은 무엇인가요? (　　　)**

① 원래 　　　　　② 겨우 　　　　　③ 줄곧

④ 널리 　　　　　⑤ 제대로

**5**

어휘

뜻

**㉡의 뜻으로 알맞은 것은 무엇인가요? (　　　)**

① 일정한 신분이나 지위.

② 일을 감당해 낼 수 있는 힘.

③ 겉으로 드러나 보이는 모양.

④ 어떤 일을 하는 데 필요한 재주와 능력.

⑤ 남의 존경과 인정을 받을 수 있는 사람됨.

## 핵심어

특 特 – 특별하다 | 산 産 – 낳다 | 물 物 – 물건

# 특산물

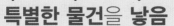
특별한 물건을 낳음

**어떤 지역의 특별한 산물.**

예 굴비는 영광의 ❶ ☐☐☐로 유명합니다.

답 ❶ (                    )

## 확장

### 특 特(특별하다)이 들어간 한자어

**특권** 특 特 – 특별하다 | 권 權 – 권세

**특별한 권리.**

예 그것은 나만 가질 수 있는 ❷ ☐☐이다.

답 ❷ (                    )

**특기** 특 特 – 특별하다 | 기 技 – 재주

**남이 가지지 못한 특별한 기술이나 기능.**

예 하림이의 ❸ ☐☐는 하모니카 연주이다.

답 ❸ (                    )

**독특** 독 獨 – 홀로 | 특 特 – 특별하다

1. **특별하게 다름.**

   예 그의 음악은 정말 독특하다.

2. **다른 것과 견줄 수 없을 정도로 뛰어남.**

   예 고려청자의 ❹ ☐☐한 아름다움에 반해 버렸다.

답 ❹ (                    )

**이해** 다음 낱말과 뜻을 알맞게 선으로 이으세요.

**1**   독특   •

• ㉮ 특별한 권리.

**2**   특권   •

• ㉯ 특별하게 다름.

**3**   특기   •

• ㉰ 어떤 지역의 특별한 산물.

**4**   특산물   •

• ㉱ 남이 가지지 못한 특별한 기술이나 기능.

**적용** 빈칸에 들어갈 낱말을 **보기** 에서 찾아 쓰세요.

> **보기**
>
> 특기        특권        독특        특산물

**5** 민규의 (              )은/는 새소리 흉내 내기이다.

**6** 정열이는 노래할 때 목소리가 정말 (              )한 것 같다.

**7** 공주의 (              )이/가 밤이라 공주에는 밤으로 만든 음식이 많다.

**8** 회원에게는 시설을 무료로 이용할 수 있는 (              )이/가 주어진다.

**심화** **9** 다음 빈칸에 들어갈 알맞은 낱말은 무엇인가요? (              )

> 우리나라는 곳곳마다 그 지역에서 생산되는 특별한 물건이 많습니다. 가평의 잣, 의성의 마늘, 청양의 고추, 성주의 참외, 광양의 매실, 고흥의 유자, 보성의 녹차 등이 바로 그러한 ▢▢▢의 예입니다.

① 특기            ② 특권            ③ 특이함

④ 독특함            ⑤ 특산물

# 친환경 제품이 환경을 오염시킨다?

핵심어

**친환경**

친 親 – 친하다
환 環 – 고리
경 境 – 지경

자연환경을 오염하지 않고 자연 그대로의 환경과 잘 어울리는 일.

환경 오염 문제는 어제오늘의 일이 아니다. 우리 주변만 보더라도 수많은 플라스틱과 비닐이 여기저기에 사용되고 있다. 종이를 만들기 위해 베어 내는 나무의 수는 헤아릴 수조차 없을 정도이다. 그러다 보니 일회용품 사용을 최대한 줄이고, ㉠친환경 제품을 사용하자는 목소리가 점점 커지고 있다. 5

우리가 쉽게 볼 수 있는 친환경 제품에는 텀블러와 에코 백이 있다. 우선 텀블러는 종이나 플라스틱으로 만든 일회용 컵을 대신할 수 있다는 점에서 카페를 이용하는 고객들이 많이 사용하고 있다. 텀블러를 사용하는 손님에게 가격을 할인해 주는 카페도 많다. 또한 가벼운 물건을 넣어 다니기 좋은 에코 백은 장바구니로도 **유용**하게 쓰인다. 텀블러와 10 에코 백을 사용하는 것은 누구나 쉽게 환경을 지키는 방법으로 널리 알려져 있다.

그런데 많은 기업이 회사를 **홍보**하거나 돈을 벌기 위해 텀블러와 에코 백을 만들어 내고 있다. 그리고 지나치게 많아진 친환경 제품들은 오히려 환경을 오염시키는 **주범**이 되었다. 이 제품들을 만들어 내는 과정 15 에서 수많은 오염 물질이 발생하기 때문이다. 환경을 보호하는 효과를 내려면 스테인리스 **재질** 텀블러는 최소 천 번, 면 재질 에코 백은 칠천 번, **유기농** 면 재질 에코 백은 이만 번 이상 재사용해야 한다.

진심으로 환경을 생각한다면 기업들은 친환경 제품을 ㉡**무분별**하게 생산하는 것을 멈추어야 한다. 소비자들 또한 친환경 제품을 계속 사들 20 이지 말고, 가지고 있는 제품을 오래 사용하여 환경을 지킬 수 있도록 노력해야 할 것이다.

● **유용**(있을 유 有, 쓸 용 用) 쓸모가 있음.

● **홍보** 널리 알림.

● **주범**(주인 주 主, 범할 범 犯) 어떤 일에 대하여 좋지 아니한 결과를 만드는 주된 원인.

● **재질**(재목 재 材, 바탕 질 質) 재료가 가지는 성질.

● **유기농** 농약을 쓰지 않고 하는 농업.

● **무분별** 사리에 맞게 판단하는 능력이 없음.

---

**1**

소재

**이 글은 무엇에 대한 글인지 쓰세요.**

• (             ) 제품

**2** 이 글에서 글쓴이가 주장하는 내용으로 알맞은 것을 모두 고른 것은 무엇인가요? ( )

주제

> ㉮ 텀블러와 에코 백을 홍보용으로만 만들어야 한다.
> ㉯ 기업은 친환경 제품의 무분별한 생산을 멈추어야 한다.
> ㉰ 카페는 텀블러 사용 고객에게 주는 혜택을 늘려야 한다.
> ㉱ 소비자는 가지고 있는 친환경 제품을 오래 사용해야 한다.

① ㉮, ㉯       ② ㉯, ㉰       ③ ㉰, ㉱
④ ㉮, ㉰       ⑤ ㉯, ㉱

**3** ㉠에 대한 생각을 알맞게 말한 친구는 누구인가요? ( )

적용

① 재석: 우리 집에도 에코 백이 너무 많으니 모두 버려야겠어.
② 지효: 집에 있는 것은 마음에 들지 않으니 새 텀블러를 사야겠어.
③ 소민: 장바구니를 챙기기 귀찮으니 마트에서 에코 백을 하나 사야겠어.
④ 석진: 회사를 홍보하려고 매년 에코 백을 만드는 것은 아주 좋은 일이야.
⑤ 종국: 작년에 산 텀블러를 오래 사용해야 환경을 지키는 데 도움이 되겠군.

어휘

**4** 다음 내용을 뜻하는 낱말을 이 글에서 찾아 네 글자로 쓰세요.

뜻

> 한 번만 쓰고 버리도록 되어 있는 물건.

( )

어휘

**5** ㉡을 넣어 만든 문장이 자연스럽지 <u>않은</u> 것은 무엇인가요? ( )

적용

① 이제 무분별한 개발은 멈추어야 합니다.
② 그렇게 무분별하게 사기만 하면 어떻게 하니?
③ 좋아 보인다고 무분별하게 따라 해서는 안 된다.
④ 어른 앞에서 무분별한 행동을 하다니 실망이로구나.
⑤ 그는 무분별한 성격 덕분에 거의 실수를 하지 않는다.

어휘
학습

동영상 강의

친 親 – 친하다 | 환 環 – 고리 | 경 境 – 지경

# 친환경

환경과 잘 어울림

친환경
환경부

자연환경을 오염하지 않고 자연 그대로의 환경과 잘 어울리는 일.

예 ❶ ☐☐ 제품을 사용하면 자연을 보호할 수 있다.

답❶ (                    )

확장

## 친 親(1. 친하다  2. 어버이)이 들어간 한자어

### 친밀  친 親 – 친하다 | 밀 密 – 빽빽하다

지내는 사이가 매우 친하고 가까움.

예 지영이와는 예전부터 ❷ ☐한 사이야.

답❷ (                    )

### 친일파  친 親 – 친하다 | 일 日 – 날 | 파 派 – 갈래

주로 19세기 말부터 1945년까지 일본이 한국의 주권과 자유를 억압하는 데에 편들었던 한국 사람들.

예 ❸ ☐☐☐들은 도무지 반성을 할 줄 몰랐다.

답❸ (                    )

### 양친  양 兩 – 둘 | 친 親 – 어버이

부친과 모친을 아울러 이르는 말.

예 ❹ ☐☐ 모두 건강하시니 참으로 다행이다.

☑ 비슷한말 부모 아버지와 어머니를 아울러 이르는 말.

답❹ (                    )

**이해** 다음 낱말과 뜻을 알맞게 선으로 이으세요.

1 친밀 •

2 양친 •

3 친환경 •

4 친일파 •

• ㉮ 부친과 모친을 아울러 이르는 말.

• ㉯ 지내는 사이가 매우 친하고 가까움.

• ㉰ 자연환경을 오염하지 않고 자연 그대로의 환경과 잘 어울리는 일.

• ㉱ 주로 19세기 말부터 1945년까지 일본이 한국의 주권과 자유를 억압하는 데에 편들었던 한국 사람들.

**적용** 빈칸에 들어갈 낱말을 보기 에서 찾아 쓰세요.

보기

| 양친 | 친밀 | 친환경 | 친일파 |

5 그의 조상은 일제에 협력했던 (                    )였다.

6 우리는 짝이 된 이후 더욱 (                    )해진 기분이 들었다.

7 오염 물질이 나오지 않는 (                    ) 자동차를 개발해야 한다.

8 그는 (                    )이/가 선생님이셔서 어릴 때부터 책을 가까이했다.

**심화** 9 다음 글에서 밑줄 친 말과 뜻이 비슷한 말을 찾아 세 글자로 쓰세요.

> 최근에는 친환경 제품을 일상생활 중에서도 쉽게 만날 수 있게 되었다. 미세 플라스틱 걱정이 없는 수세미, 자연에서 얻은 성분으로만 만든 세제와 설거지 비누, 플라스틱 대신 나무로 손잡이를 만든 칫솔 등이 그 예이다. 이것들은 생산과 폐기 과정에서 발생할 수 있는 오염을 최소화한 <u>환경친화</u>적인 제품이다.

(                    )

# 어휘

## 한자 성어

한자 성어는 한자에 기초하여 만들어진 말 중 특별한 뜻을 가지게 된 말입니다.
주로 유래가 있거나 교훈을 담고 있습니다.

# 01

## 괄목상대

괄 刮 – 비비다
목 目 – 눈
상 相 – 서로
대 對 – 대하다

눈을 비비고 상대편을 본다는 뜻으로, 남의 학식이나 재주가 놀랄 만큼 부쩍 늚을 이르는 말.

---

# 평강 공주를 만나 괄목상대한 온달

온달은 고구려 평원왕 때 사람이었대. 온달은 못생겼지만 마음씨가 고왔고, 매우 가난했지만 늘 어머니를 정성껏 모셨어. 사람들은 다 ⊙**해어진** 옷을 입고 다니는 온달을 '바보 온달'이라고 놀렸다는구나.

평원왕은 딸 평강이 **하도** 울어 대니, "이렇게 계속 울기만 하면 나중에 너를 바보 온달에게 시집보내야겠다."라고 자주 말했대. 어느덧 평강 공주가 결혼할 나이가 되자 평강 공주를 양반 가문에 시집보내려 했대. 그런데 평강 공주가,

"아버지는 늘 저를 온달에게 시집보내겠다고 하셨는데, 왜 이제 와서 말씀을 바꾸시나요? 저는 온달에게 시집가겠습니다."

하는 게 아니겠어? 결국 평강 공주는 궁에서 쫓겨나 온달의 집으로 향했어. 온달은 ⓒ**주저했지만** 결국 평강 공주는 온달의 아내가 되었지. 그 후, 평강 공주는 궁에서 가지고 나온 보물을 팔아 살림을 갖추고, 좋은 말을 사서 온달이 말을 잘 타도록 훈련시키며 ⓒ**뒷바라지**했어.

어느 날 나라에서 사냥 대회를 열었는데 온달이 항상 앞서 말을 달리며 사냥도 아주 잘했대. 평원왕은 ㉮그가 '바보 온달'로 불리던 사람이자 자신의 **사위**라는 것을 알게 되어 깜짝 놀랐지.

그 후, 온달은 고구려의 장수가 되어 많은 **공**을 세웠어. 하지만 '승리하지 않으면 돌아오지 않겠다.'라고 다짐했던 신라와의 싸움에서 그만 목숨을 잃고 말아. 이기지 못한 ㉯**한** 때문일까? 사람들이 온달의 ㉰**장사**를 지내려 하는데 관이 움직이지 않았대. 결국 평강 공주가 찾아와 관을 어루만지며,

"죽고 사는 일이 이미 결정 났으니 그만 돌아가십시다!"

하니 드디어 관이 들려 장사를 지낼 수 있었다는구나.

5

10

15

20

- **해어진** 닳아서 떨어진.
- **하도** '해(정도가 매우 심하거나 큼을 강조하여 이르는 말.)'를 강조하여 이르는 말.
- **주저했지만** 머뭇거리며 망설였지만.
- **뒷바라지** 뒤에서 보살피며 도와주는 일.
- **사위** 딸의 남편을 이르는 말.
- **공**(공로 공 功) 일을 마치거나 목적을 이루는 데 들인 노력과 수고.
- **한**(한 한 恨) 몹시 원망스럽고 억울하거나 안타깝고 슬퍼 응어리진 마음.
- **장사** 죽은 사람을 땅에 묻거나 화장하는 일.

---

**1**
인물

**이 글에서 평강 공주의 도움으로 능력을 발휘한 인물은 누구인지 쓰세요.**

(          )

**2**

글의 특징

**이 글에 대한 설명으로 알맞은 것은 무엇인가요? (　　　)**

① 부모님께 효도해야 한다는 교훈을 주고 있다.

② 인물의 삶을 시간 흐름에 따라 소개하고 있다.

③ 고구려에서 사냥 대회가 얼마나 중요했는지 설명하고 있다.

④ 초라해 보이는 사람이라노 무시해서는 안 된다고 주장하고 있다.

⑤ 역사에 기록된 사건이 모두 사실인 것은 아니라고 알려 주고 있다.

**3**

세부 내용

**온달과 평강 공주에 대한 설명으로 알맞지 않은 것은 무엇인가요? (　　　)**

① 온달은 가난했지만 어머니에 대한 효심이 깊었다.

② 평강 공주는 궁에서 쫓겨날 때 보물을 가지고 나왔다.

③ 평강 공주는 평원왕의 뜻을 거부한 탓에 궁에서 쫓겨났다.

④ 고구려의 장수가 된 온달은 신라와의 싸움에서 목숨을 잃었다.

⑤ 온달은 자신을 찾아온 평강 공주를 주저 없이 아내로 받아들였다.

**4**

어휘

뜻

**㉠~㉤의 뜻풀이가 바르지 않은 것은 무엇인가요? (　　　)**

① ㉠: 닳아서 떨어진.

② ㉡: 남에게 재앙이나 불행이 일어나도록 빌고 바랐지만.

③ ㉢: 뒤에서 보살피며 도와주는 일.

④ ㉣: 몹시 원망스럽고 억울하거나 안타깝고 슬퍼 응어리진 마음.

⑤ ㉤: 죽은 사람을 땅에 묻거나 화장하는 일.

**5**

어휘

적용

**㉮에 나타난 평원왕의 마음을 한자 성어와 함께 알맞게 표현한 것은 무엇인가요? (　　　)**

① 온달이 말 하나는 정말 청산유수로군.

② 바보 온달이 주경야독했다더니 역시 내 사위로군.

③ 바보 온달이 이렇게 변하다니 괄목상대할 노릇이군.

④ 내 딸이 이런 사람에게 시집가다니 우이독경이나 다름없어.

⑤ 훌륭한 사람이지만 유비무환이라 했으니, 이 사람을 조심해야겠어.

**어휘 학습**

동영상 강의

괄 刮 – 비비다 | 목 目 – 눈 | 상 相 – 서로 | 대 對 – 대하다

# 괄목상대

눈을 비비고 상대편을 본다는 뜻으로, 남의 학식이나 재주가 놀랄 만큼 부쩍 늚을 이르는 말.

예 오랜만에 친구를 만났더니 수학 실력이 ❶ ☐☐☐☐ 할 정도로 늘었다.

답❶ (                    )

**확장**

## 발전/변화와 관련한 한자 성어

### 개과천선    개 改 – 고치다 | 과 過 – 지나다 | 천 遷 – 옮기다 | 선 善 – 착하다

지난날의 잘못이나 허물을 고쳐 **올바르고 착하게 됨.**

예 우성이가 요즘 어머님께 효도하는 걸 보니 이제 ❷ ☐☐☐☐ 한 모양이야.

답❷ (                    )

### 일취월장    일 日 – 날 | 취 就 – 나아가다 | 월 月 – 달 | 장 將 – 발전하다

나날이 다달이 **자라거나 발전함.**

예 하은이는 피아노 연습을 열심히 하더니 실력이 ❸ ☐☐☐☐ 하는구나.

답❸ (                    )

### 환골탈태    환 換 – 바꾸다 | 골 骨 – 뼈 | 탈 奪 – 빼앗다 | 태 胎 – 잉태하다

사람이 보다 **나은 방향으로 변하여 전혀 딴사람이 됨.**

예 몇 년 만에 돌아온 형준이는 무슨 일이 있었는지 ❹ ☐☐☐☐ 수준으로 변하였다.

답❹ (                    )

**이해** 다음 한자 성어와 뜻을 알맞게 선으로 이으세요.

**1** 일취월장 •

• ㉮ 나날이 다달이 자라거나 발전함.

**2** 환골탈태 •

• ㉯ 지난날의 잘못이나 허물을 고쳐 올바르고 착하게 됨.

**3** 개과천선 •

• ㉰ 사람이 보다 나은 방향으로 변하여 전혀 딴사람이 됨.

**4** 괄목상대 •

• ㉱ 눈을 비비고 상대편을 본다는 뜻으로, 남의 학식이나 재주가 놀랄 만큼 부쩍 늚을 이르는 말.

**적용** 밑줄 친 부분과 비슷한 뜻을 지닌 한자 성어를 보기 에서 찾아 쓰세요.

보기

| 일취월장 | 개과천선 | 환골탈태 | 괄목상대 |

**5** 키가 훌쩍 큰 태호는 전혀 다른 사람 같았다. ( )

**6** 놀부는 자신의 행동을 뉘우치고 착한 사람이 되었다. ( )

**7** 갈수록 실력이 느는 모습을 보니 선생님도 기쁘구나. ( )

**8** 피나는 노력을 한 결과 미주의 기타 연주 실력이 놀랄 만큼 좋아졌다.
( )

**심화** **9** 다음 글과 어울리는 한자 성어는 무엇인가요? ( )

'구르는 돌은 이끼가 안 낀다'라는 속담이 있다. 부지런하고 꾸준히 노력하는 사람은 제자리에 머무르지 않고 계속 발전한다는 뜻의 말이다. 공부뿐 아니라 그림도, 운동도, 악기 연주도 마찬가지이다. 무엇이든 부지런하고 꾸준히 노력했을 때, 나날이 자라고 발전할 수 있을 것이다.

① 개과천선 ② 일취월장 ③ 유구무언
④ 환골탈태 ⑤ 삼삼오오

# 02

## 군계일학

군 群 – 무리
계 鷄 – 닭
일 一 – 하나
학 鶴 – 학

닭의 무리 가운데에서 한 마리의 학이라는 뜻으로, 많은 사람 가운데서 뛰어난 인물을 이르는 말.

- **등지고** 관계를 끊고 멀리하거나 떠나고.
- **재능**(재주 재 才, 능할 능 能) 어떤 일을 하는 데 필요한 재주와 능력.
- **관직** 공무원 또는 관리가 국가로부터 위임받은 일정한 직무나 직책.
- **의젓하고** 말이나 행동 따위가 점잖고 무게가 있고.
- **늠름한** 생김새나 태도가 의젓하고 당당한.
- **처신** 세상을 살아가는 데 가져야 할 몸가짐이나 행동.
- **평범한** 뛰어나거나 색다른 점이 없이 보통인.
- **출중한** 여러 사람 가운데서 특별히 두드러진.

# 군계일학이었던 올곧은 관리, 혜소

옛날 중국 위진 시대 때, 복잡한 세상을 **등지고** 대나무 숲에 모여서 거문고와 술을 즐기던 일곱 명의 선비가 있었습니다. 이 선비 일곱 명을 '죽림칠현'이라고 불렀습니다. 그중에서도 **재능**이 뛰어났던 혜강이라는 선비는 억울하게 죄를 뒤집어쓰고 죽임을 당했습니다.

혜강에게는 아들 혜소가 있었는데, 혜소는 자라면서 뛰어난 재능을 5
보였습니다. 그렇지만 혜소는 아버지의 죄 때문에 **관직**에 나갈 수 없었습니다. 죽림칠현 중 한 사람인 산도가 황제에게 혜소를 추천하고, 황제가 이를 허락한 뒤에야 혜소는 관직에 나갈 수 있었습니다. 혜소가 궁궐로 들어간 뒤 한 사람이 죽림칠현의 선비였던 왕융에게 말했습니다.

"제가 어제 구름처럼 많은 사람 사이에 끼어서 궁궐로 들어가는 혜소 10
를 보았습니다. 그의 **의젓하고 늠름한** 모습은 마치 닭 무리 속에 있는 한 마리의 학과도 같았습니다."

그러자 왕융이 말했습니다.

"그의 아버지인 혜강은 그보다 훨씬 더 뛰어났다네. 자네는 그를 본 적이 없지만 말이야." 15

이후 혜소는 올바르고 곧게 **처신**하는 관리가 되었다고 합니다.

이러한 일화에서 나온 한자 성어가 바로 '군계일학'이라는 말입니다. 군계일학은 '무리 지은 닭 가운데 있는 한 마리의 학.'이라는 뜻으로, 여러 ㉠**평범한** 사람들 가운데 있는 뛰어난 한 사람을 이르는 말입니다. 이와 비슷하게 재능이 뛰어난 사람을 뜻하는 한자 성어로 ㉡'낭중지추'라 20
는 말이 있습니다. 이는 '주머니 속의 송곳.'을 뜻하는 말로 재능이 뛰어나거나 능력이 **출중한** 사람은 숨어 있어도 저절로 드러나 사람들에게 알려짐을 이르는 말입니다.

---

**1** 이 글에서 혜소를 학에 빗대어 표현한 한자 성어는 무엇인지 쓰세요.

설명 대상

(                    )

**2**

내용 이해

**이 글의 내용과 일치하지 <u>않는</u> 것은 무엇인가요? (          )**

① 혜강에게는 아들 혜소가 있었다.

② 산도는 황제에게 혜소를 추천하였다.

③ 혜소는 아버지보다 재능이 더 뛰어났다.

④ 혜소는 많은 사람과 함께 궁궐로 들어갔다.

⑤ 혜강은 억울하게 죄를 뒤집어쓰고 죽임을 당했다.

**3**

추론

**이 글을 읽고 답을 알 수 있는 질문이 <u>아닌</u> 것은 무엇인가요? (          )**

① '죽림칠현'의 뜻은 무엇일까?

② '군계일학'이라는 표현의 뜻은 무엇일까?

③ 혜강은 왜 억울하게 죄를 뒤집어쓰게 되었을까?

④ '군계일학'과 뜻이 비슷한 한자 성어는 무엇일까?

⑤ 혜소는 재능이 뛰어났는데 왜 관직에 나가지 못했을까?

**4**

뜻

**㉠의 뜻으로 알맞은 것은 무엇인가요? (          )**

① 유달리 재치가 뛰어난.

② 보통과 구별되게 다른.

③ 여러 사람 가운데서 특별히 두드러진.

④ 뛰어나거나 색다른 점이 없이 보통인.

⑤ 동일한 종류에 속하는 보통의 것과는 다른 특색이 있는.

**5**

적용

**㉡이 가장 잘 드러난 상황을 찾아 ○표 하세요.**

(1) 그림 대회에 비슷한 작품이 너무 많아서 구별이 잘 안 된다.                    (          )

(2) 그 가수는 노래 실력이 매우 뛰어나서 금세 인기를 얻게 되었다.              (          )

(3) 그 태권도 선수는 실패를 거듭하고도 포기하지 않아 많은 응원을 받았다.  (          )

군 群 – 무리 | 계 鷄 – 닭 | 일 一 – 하나 | 학 鶴 – 학

# 군계일학

닭의 무리 가운데에서 한 마리의 학이란 뜻으로, 많은 사람 가운데서 뛰어난 인물을 이르는 말.

예 합창 대회에서도 준우는 ❶☐☐☐☐ 처럼 돋보였다.

답 ❶ (　　　　　　　　　　)

## 뛰어난 재주와 관련한 한자 성어

### 낭중지추　낭 囊 – 주머니 | 중 中 – 가운데 | 지 之 – 어조사 | 추 錐 – 송곳

주머니 속의 송곳이라는 뜻으로, **재능이 뛰어난 사람**은 숨어 있어도 저절로 사람들에게 알려짐을 이르는 말.

예 ❷☐☐☐☐ 라더니, 그의 피아노 연주 실력은 단연 눈에 띄는구나.

답 ❷ (　　　　　　　　　　)

### 문일지십　문 聞 – 듣다 | 일 一 – 하나 | 지 知 – 알다 | 십 十 – 열

하나를 듣고 열 가지를 미루어 안다는 뜻으로, **지극히 총명함**을 이르는 말.

예 자음과 모음을 알려 주었는데 금세 한글을 읽고 쓰다니 정말 ❸☐☐☐☐ 이로구나.

답 ❸ (　　　　　　　　　　)

### 불세출　불 不 – 아니다 | 세 世 – 세상 | 출 出 – 나다

**좀처럼 세상에 나타나지 아니할 만큼 뛰어남.**

예 이순신 장군은 ❹☐☐☐ 의 영웅이다.

☑ **비슷한말 걸출** 남보다 훨씬 뛰어남. 또는 그런 사람.

답 ❹ (　　　　　　　　　　)

**이해** 다음 한자 성어와 뜻을 알맞게 선으로 이으세요.

**1** 낭중지추 •

• ㉮ 좀처럼 세상에 나타나지 아니할 만큼 뛰어남.

**2** 문일지십 •

• ㉯ 많은 사람 가운데서 뛰어난 인물을 이르는 말.

**3** 불세출 •

• ㉰ 하나를 듣고 열 가지를 미루어 안다는 뜻으로, 지극히 총명함을 이르는 말.

**4** 군계일학 •

• ㉱ 재능이 뛰어난 사람은 숨어 있어도 저절로 사람들에게 알려짐을 이르는 말.

**적용** 자음자를 보고 빈칸에 들어갈 알맞은 한자 성어를 쓰세요.

**5** 지예는 어릴 때부터 똑똑해서 ㅁㅇㅈㅅ하였다. (                    )

**6** 빈센트 반 고흐는 미술사에 ㅂㅅㅊ의 작품을 남겼다. (                    )

**7** 정훈이의 그림은 다른 그림들 사이에서 ㄴㅈㅈㅊ처럼 빛이 났다.

(                    )

**8** 졸고 있는 학생들 사이에서 총명한 눈빛으로 앉아 있던 은조는 ㄱㄱㅇㅎ 같았다.

(                    )

**심화** **9** 다음 글에서 밑줄 친 말과 뜻이 반대되는 한자 성어를 찾아 네 글자로 쓰세요.

> 배우이자 가수인 이○○ 씨가 오늘 낮 인천 공항으로 입국하였다. 세계 투어 콘서트를 성황리에 마친 이○○ 씨는 마스크와 모자 등으로 모습을 감추고 있었다. 그러나 이○○ 씨는 <u>평범한</u> 사람들 사이에서도 군계일학의 외모를 숨길 수는 없었다.

(                    )

# 03

## 남편이 오기를 학수고대하다 돌이 된 아내

## 학수고대

학 鶴 – 학
수 首 – 머리
고 苦 – 괴롭다
대 待 – 기다리다

학의 목처럼 목을 길게 빼고 간절히 기다림.

- **사신**(심부름꾼 使, 신하 臣) (옛날에) 임금이나 나라의 명령을 받고 다른 나라에 파견되는 신하.

- **고심**(쓸 苦, 마음 心) 몹시 애를 태우며 마음을 씀.

- **화친**(화할 和, 친할 親) 나라와 나라 사이에 다툼 없이 가까이 지냄.

- **환심**(기쁠 歡, 마음 心) 기뻐하고 즐거워하는 마음.

- **회유** 어루만지고 잘 달래어 시키는 말을 듣도록 함.

- **망부석** 아내가 멀리 떠난 남편을 기다리다 그대로 죽어서 된 돌.

신라 내물왕 때의 일이야. 어느 날 일본이 **사신**을 보내, "신라의 왕자 한 사람을 보내면 앞으로 쳐들어오지 않겠다."라고 말했대. **고심**하던 왕이 셋째 아들 미해를 보냈는데, 아무리 시간이 지나도 왕자를 돌려보내지를 않더래.

내물왕의 첫째 아들이었던 눌지왕 때에는 고구려가 **화친**을 하자면서 왕의 동생이었던 왕자 보해를 요구했대. 눌지왕이 눈물을 머금고 왕자를 보냈더니, 고구려 역시 왕자를 돌려보내지 않았다는 거야. 눌지왕은 아우 둘을 남의 나라에 보내고 눈물이 마를 날이 없었대. 5

이를 알고 신하 박제상이 고구려로 가서 보해를 구해 냈어. 그리고 일본으로 건너간 박제상은 일본 왕에게 **환심**을 사 미해를 신라로 보내는 데까지 성공했어. 그러나 박제상은 붙잡혀 돌아가지 못한 거야. 10

이때 일본 왕이 박제상에게 미해를 빼돌린 이유를 물었어. 미해를 구하려고 신라를 배신한 척했던 박제상은 "나는 신라의 신하이지 일본 왕의 신하가 아니다."라고 말했대. 그러자 일본 왕은 박제상의 충성스러운 마음에 감동하여 "네가 만약 나의 신하가 된다면 상을 주겠다."라며 **회유**했어. 그러나 박제상은 "신라의 개나 돼지가 될지언정 일본의 벼슬과 돈은 받지 않겠다."라며 ㉠**단호**하게 거절했다는 거야. 화가 난 일본 왕은 박제상을 죽여 버렸어. 15

신라에 남은 박제상의 아내는 매일같이 치술령이라는 고개에 올라 일본을 바라보며 남편을 기다렸어. 그러다 결국 **망부석**이 되어 버렸다는 구나. 사람들은 박제상 아내의 안타까운 사연을 노래로 지어 불렀다고 해. 20

---

**1** **이 글에서 신라의 두 왕자를 구해 낸 인물은 누구인지 이름을 쓰세요.**

인물

(                              )

**2**

내용 이해

**이 글의 내용과 일치하는 것은 무엇인가요? (          )**

① 미해와 보해는 모두 눌지왕의 아들이었다.

② 박제상은 일본 왕의 회유에도 넘어가지 않았다.

③ 일본의 요구에 고심하던 눌지왕은 동생 보해를 보냈다.

④ 박제상의 충성심에 감동한 일본 왕은 그를 풀어 주었다.

⑤ 박제상은 고구려에 가지 않고도 왕자를 구해 낼 수 있었다.

**3**

추론

**이 글을 통해 답을 알 수 있는 질문은 무엇인가요? (          )**

① 박제상은 어떤 방법으로 일본 왕의 환심을 샀을까?

② 박제상이 고구려에서 보해를 구해 낸 방법은 무엇일까?

③ 일본이 미해를 신라에 돌려보내지 않은 까닭은 무엇일까?

④ 사람들이 박제상 아내의 사연으로 만든 노래의 가사는 무엇일까?

⑤ 일본 왕이 박제상에게 자신의 신하가 되라고 회유한 까닭은 무엇일까?

어휘

**4**

뜻

**이 글에 쓰인 낱말의 뜻풀이가 바르지 <u>않은</u> 것은 무엇인가요? (          )**

① 환심: 분개하여 몹시 성을 냄.

② 고심: 몹시 애를 태우며 마음을 씀.

③ 화친: 나라와 나라 사이에 다툼 없이 가까이 지냄.

④ 회유: 어루만지고 잘 달래어 시키는 말을 듣도록 함.

⑤ 사신: 임금이나 나라의 명령을 받고 다른 나라에 파견되는 신하.

어휘

**5**

적용

**빈칸에 ㉠을 넣었을 때 어울리지 <u>않는</u> 것은 무엇인가요? (          )**

① 친구는 [          ]하게 나의 제안을 거절했다.

② 울고 있는 동생을 [          ]하게 안아 주었다.

③ 사람들이 내미는 손을 [          ]하게 뿌리쳤다.

④ 민재의 말투가 [          ]해서 나는 마음이 상했다.

⑤ 그 사람의 [          ]한 태도에 어떤 말도 하지 못했다.

학 鶴 – 학 | 수 首 – 머리 | 고 苦 – 괴롭다 | 대 待 – 기다리다

# 학수고대

**학의 목처럼 목을 길게 빼고 간절히 기다림.**

예 할머니께서는 삼촌이 제대하는 날만을 ❶□□□□하고 계신다.

답❶ (                    )

확장

## 기다림과 관련한 한자 성어

### 함흥차사
함 咸 – 다 | 흥 興 – 일어나다 | 차 差 – 어그러지다 | 사 使 – 부리다

심부름을 가서 **오지 아니하거나 늦게 온 사람**을 이르는 말.

예 아니 2시면 온다던 사람이 3시가 넘도록 ❷□□□□네?

답❷ (                    )

### 일일여삼추
일 一 – 하나 | 일 日 – 날 | 여 如 – 같다 | 삼 三 – 셋 | 추 秋 – 가을

하루가 삼 년 같다는 뜻으로, **몹시 애태우며 기다림**을 이르는 말.

예 내일이면 만날 수 있을 텐데, ❸□□□□□로구나.

답❸ (                    )

### 석고대죄
석 席 – 자리 | 고 藁 – 짚 | 대 待 – 기다리다 | 죄 罪 – 허물

거적을 깔고 엎드려서 임금의 **처분이나 명령을 기다리던 일.**

예 모든 신하들이 궁궐 앞에서 ❹□□□□하고 있었다.

답❹ (                    )

**이해** 다음 뜻에 해당하는 한자 성어를 보기 에서 찾아 쓰세요.

보기

| 함흥차사 | 일일여삼추 | 학수고대 | 석고대죄 |

**1** 학의 목처럼 목을 길게 빼고 간절히 기다림. ( )

**2** 심부름을 가서 오지 아니하거나 늦게 온 사람을 이르는 말.
( )

**3** 거적을 깔고 엎드려서 임금의 처분이나 명령을 기다리던 일.
( )

**4** 하루가 삼 년 같다는 뜻으로, 몹시 애태우며 기다림을 이르는 말.
( )

**적용** 다음 밑줄 친 말이 바르게 쓰였으면 ○표, 바르지 않으면 ✕표 하세요.

**5** 서영이는 합격자 발표만을 <u>학수고대</u>하고 있었다. ( )

**6** 아침에 나간 아영이가 저녁까지도 <u>함흥차사</u>로구나. ( )

**7** <u>일일여삼추</u>라더니 성재는 나를 기다리지도 않고 먼저 갔다. ( )

**8** 자기 실수는 생각하지 않고 <u>석고대죄</u>를 하며 화를 내는구나. ( )

**심화** **9** 다음 글과 어울리는 한자 성어는 무엇인가요? ( )

> 두 차례에 걸친 왕자의 난 이후, 태종 이방원은 형에게서 왕위를 물려받았다. 아버지인 이성계는 이를 못마땅하게 여겨 함흥으로 가 버렸다. 이방원은 아버지를 한양으로 모셔 오려고 함흥으로 여러 번 사신을 보냈다. 그때마다 이성계는 사신들을 죽이거나 옥에 가두어서 아무도 한양으로 돌아가지 못했다.

① 학수고대 ② 석고대죄 ③ 풍전등화
④ 함흥차사 ⑤ 일일여삼추

# 04

## 핵심어

### 맹모삼천

맹 **孟** – 맹자
모 **母** – 어머니
삼 **三** – 셋
천 **遷** – 옮기다

맹자 어머니가 아들을 가르치기 위하여 세 번이나 이사를 하였음을 이르는 말.

- **여의고** 부모나 사랑하는 사람이 죽어서 이별하고.

- **곡**(소리 내어 울 곡 **哭**)**하는** 제사나 장례를 지낼 때 일정한 소리를 내며 우는.

- **장례** 장사를 지내는 일.

- **정중하게** 태도나 분위기가 점잖고 엄숙하게.

- **시늉** 어떤 모양이나 움직임을 흉내 내어 꾸미는 것.

- **학자**(배울 학 **學**, 사람 자 **者**) 학문에 능통한 사람. 또는 학문을 연구하는 사람.

- **급급했습니다** 한 가지 일에만 정신을 쏟아 다른 일을 할 마음의 여유가 없습니다.

# 아들을 위한 맹모삼천

맹자는 세 살 때 아버지를 **여의고** 홀어머니 밑에서 자랐습니다. 맹자의 어머니는 어려운 형편에도 아들 교육에 정성을 쏟았습니다.

아버지가 죽고 나서 맹자가 어머니를 따라 처음으로 이사했던 곳은 공동묘지 근처였습니다. 이사한 뒤 맹자는 묘지 구덩이를 파는가 하면 **곡하는** 소리를 내고 **장례**를 치르는 흉내를 내며 놀았습니다. 5

"아이고! 이제 가면 언제 오나."

그 모습을 보고 '이곳은 내가 자식을 키울 곳이 아니다.'라고 생각한 맹자 어머니는 당장 이사를 서둘렀습니다.

다음으로 이사를 간 곳은 시장 근처였습니다. 그러자 맹자는 천 쪼가리를 주워다가 쌓아 놓고 손뼉을 치고 물건을 파는 흉내를 냈습니다. 10

"쌉니다, 싸! 한번 골라 보세요."

맹자의 어머니는 아들 교육을 위해 다시 한번 이사를 했습니다. 이번에 두 사람은 서당 옆으로 이사를 갔습니다. 이제는 맹자가 **정중하게** 인사를 하거나 글 읽는 **시늉**을 하며 놀기 시작했습니다. 맹자의 어머니는 그제서야 기뻐하며 마음을 놓았습니다. 이러한 어머니의 노력 덕분에 훗 15
날 맹자는 위대한 **학자**가 될 수 있었습니다.

맹자가 살던 당시는 중국이 여러 나라로 나뉘어 전쟁을 벌이던 춘추 전국 시대였습니다. 전쟁 때문에 생활이 어려운 사람이 많았고, 부모들은 자식 교육보다는 먹고살기에 ㉠**급급했습니다**. 이런 상황에서도 맹자의 어머니는 자식 교육을 위해 세 번이나 이사를 했습니다. '맹모삼천'은 20
맹자의 어머니가 아들의 교육을 위해 세 번이나 이사했다는 뜻입니다. '맹모삼천지교'라고도 하는 이 말에는 교육에는 주위 환경이 중요하다는 가르침이 담겨 있습니다.

## 1 주제

이 글에서 맹자 어머니의 이야기를 통해 강조하려는 것은 무엇인지 쓰세요.

• (                    )을/를 위해 중요한 주위 환경

**2**

글의 특징

**이 글에 대한 설명으로 알맞은 것은 무엇인가요? (          )**

① 이사를 하며 느낀 점을 적은 글이다.

② 이사를 하는 방법에 대해 설명하는 글이다.

③ 이사의 문제점과 해결 방법을 제시하고 있다.

④ 이사를 많이 해야 한다고 주장하기 위해 쓴 글이다.

⑤ 실제 있었던 인물에 관한 일화와 그에 담긴 가르침을 설명하고 있다.

**3**

내용 이해

**이 글을 통해 알 수 있는 내용이 <u>아닌</u> 것은 무엇인가요? (          )**

① 맹자는 주위 환경에 영향을 많이 받았다.

② 예전에 장례를 치를 때는 곡하는 소리를 냈다.

③ 맹자의 어머니는 맹자의 교육에 관심이 많았다.

④ 맹자는 어떤 곳에서든 열심히 공부만 하는 아이였다.

⑤ 맹자가 살던 시대에는 생활이 어려운 사람이 많았다.

어휘

**4**

관계

**㉠과 바꾸어 쓸 수 있는 말은 무엇인가요? (          )**

① 바빴습니다

② 한가했습니다

③ 느긋했습니다

④ 너그러웠습니다

⑤ 여유로웠습니다

어휘

**5**

적용

**이 글에 어울리는 속담은 무엇인가요? (          )**

① 산 넘어 산이다

② 개천에서 용 난다

③ 비 온 뒤에 땅이 굳어진다

④ 벼 이삭은 익을수록 고개를 숙인다

⑤ 검은 데 가면 검어지고 흰 데 가면 희어진다

# 어휘 학습

↓ 핵심어

맹 **孟** – 맹자 | 모 **母** – 어머니 | 삼 **三** – 셋 | 천 **遷** – 옮기다

# 맹모삼천

맹자 어머니가 아들을 가르치기 위하여 세 번이나 이사를 하였다는 뜻으로, 교육에는 주위 환경이 중요함을 이르는 말.

예 엄마께서 ❶ ⬜⬜⬜⬜이라며 학원 근처로 이사를 가자고 하셨다.

☑ 비슷한말 **맹모삼천지교** 맹자 어머니가 아들을 가르치기 위하여 세 번이나 이사를 하였음을 이르는 말.

답❶ ( )

## 공부와 관련한 한자 성어

### 주경야독
주 **晝** – 낮 | 경 **耕** – 밭갈다 | 야 **夜** – 밤 | 독 **讀** – 읽다

낮에는 농사짓고, 밤에는 글을 읽는다는 뜻으로, 어려운 여건 속에서도 **꿋꿋이 공부함**을 이르는 말.

예 아버지께서는 퇴근하고 나서도 ❷ ⬜⬜⬜⬜으로 책을 읽으며 공부하신다.

☑ 비슷한말 **형설지공** 반딧불·눈과 함께 하는 노력이라는 뜻으로, 고생을 하면서 부지런하고 꾸준하게 공부하는 자세를 이르는 말.

답❷ ( )

### 청출어람
청 **靑** – 푸르다 | 출 **出** – 나다 | 어 **於** – 어조사 | 남 **藍** – 남빛

쪽에서 뽑아낸 푸른 물감이 쪽보다 더 푸르다는 뜻으로, 제자나 후배가 **스승이나 선배보다 나음**을 비유적으로 이르는 말.

예 바둑 기사 이창호는 스승을 이긴 ❸ ⬜⬜⬜⬜으로 유명하다.

답❸ ( )

### 박학다식
박 **博** – 넓다 | 학 **學** – 배우다 | 다 **多** – 많다 | 식 **識** – 알다

**학식이 넓고 아는 것이 많음.**

예 윤재는 공룡에 관한 책을 많이 읽어서 공룡에 대해서는 아주 ❹ ⬜⬜⬜⬜하다.

답❹ ( )

다음 한자 성어와 뜻을 알맞게 선으로 이으세요.

**1** 　주경야독　 •

**2** 　청출어람　 •

**3** 　박학다식　 •

**4** 　맹모삼천　 •

• ㉮ 학식이 넓고 아는 것이 많음.

• ㉯ 교육에는 주위 환경이 중요함을 이르는 말.

• ㉰ 어려운 여건 속에서도 꿋꿋이 공부함을 이르는 말.

㉱ 제자나 후배가 스승이나 선배보다 나음을 비유적으로 이르는 말.

**적용** 빈칸에 들어갈 알맞은 한자 성어를 보기 에서 찾아 쓰세요.

보기
| 주경야독 | 박학다식 | 맹모삼천 | 청출어람 |
|---|---|---|---|

**5** 강현이는 책을 많이 읽어서 (　　　　　　　　)하고 모르는 게 없어.

**6** 야간 학교에는 (　　　　　　　　)하며 열심히 공부하는 사람이 많다.

**7** '(　　　　　　　　)'(이)라는 말처럼 교육에는 환경이 무엇보다 중요하다.

**8** 머리가 뛰어나고 노력까지 열심히 했던 지우는 (　　　　　　　　)하여 선생님의 실력을 뛰어넘었다.

 **9** 다음 글과 어울리는 한자 성어는 무엇인가요? (　　　　)

> 　올해 60이 넘은 윤○○ 씨가 드디어 고등학교 졸업장을 받게 되었습니다. 윤○○ 씨는 가난 때문에 공부를 하는 대신 공장에 나가 일을 했습니다. 그것이 한이 된 윤○○ 씨는 뒤늦게 공부를 시작했습니다. 윤○○ 씨는 낮에는 병원 청소 일을 하였고, 밤에는 인터넷 강의를 들으며 공부했습니다. 그 결과 윤○○ 씨는 고등 검정고시를 한 번에 통과했습니다.

① 맹모삼천　　　　② 주경야독　　　　③ 청출어람
④ 박학다식　　　　⑤ 장삼이사

# 까마귀의 습성에서 비롯된 '반포지효'

**핵심어**

## 반포지효

반 反 – 돌이키다
포 哺 – 먹이다
지 之 – 어조사
효 孝 – 효도

까마귀 새끼가 자라서 늙은 어미에게 먹이를 물어다 주는 효라는 뜻으로, 자식이 자란 후에 어버이의 은혜를 갚는 효성을 이르는 말.

● **불길한** 운수 따위가 좋지 아니한.

● **숭배** 우러러 공경함.

● **마립간** 신라 때에, '임금'을 이르던 말.

● **설화**(말씀 설 說, 말할 화 話) 각 민족 사이에 전승되어 오는 신화, 전설, 민담 따위를 통틀어 이르는 말.

● **봉양** 부모나 조부모와 같은 웃어른을 받들어 모심.

● **극진한** 어떤 대상에 대하여 정성을 다하는 태도가 있는.

● **사양** 겸손하여 받지 아니하거나 응하지 아니함.

요즘 우리나라에서 까치는 ㉠반가운 소식을 가져오는 '길조'로 여기지만, 까마귀는 **불길한** 기운이 있는 '흉조'로 여깁니다.

하지만 고구려에서는 다리가 세 개인 까마귀의 모습을 그린 삼족오를 태양의 상징으로 여겨 **숭배**했습니다. 또, 신라에서는 까마귀가 소지 **마립간**을 살려 주어 매년 오곡으로 까마귀밥을 지었다는 ㉡**설화**가 남아 있습니다. 이처럼 과거에 까마귀는 우리에게 친근한 동물이었습니다.  5

까마귀는 새끼가 알에서 깨면 60일 동안 정성을 들여서 키웁니다. 반대로 새끼가 다 자라면 60일 동안 먹이를 구해 어미를 정성껏 ㉢**봉양**한다고 합니다. 이런 습성 때문에 까마귀는 **극진한** 효도를 하는 새로 알려지게 되었습니다.  10

이와 관련해서 ㉮'반포지효'라고 하는 말이 있습니다. 어버이에 대한 자식의 효도를 의미하는 이 말은 중국에서 유래했습니다.

중국 진나라의 무제는 '이밀'이라는 신하를 무척 아꼈습니다. 무제가 이밀에게 높은 벼슬을 내렸는데, 이밀은 자신을 어릴 적부터 키워 주신 늙은 할머니를 모시기 위해서 이를 ㉣**사양**했습니다. 무제는 관직을 거절한 이밀에게 크게 화를 내었습니다. 그러자 이밀은,  15

"동물인 까마귀도 자신을 길러 준 어미의 은혜에 ㉤**보답**한다고 합니다. 하오니 사람으로 태어난 제가 늙으신 할머니를 끝까지 봉양할 수 있도록 해 주십시오."

라고 말했답니다. '반포지효'는 이밀이 효를 ㉥**다하기** 위해서 자신을 까마귀에 빗대어 관직을 거절한 데에서 나온 표현입니다.  20

---

**1**

**소재**

**이 글에서 설명한 '반포지효'와 관련 있는 동물은 무엇인지 세 글자로 쓰세요.**

( )

**2** 내용 이해

**이 글의 내용과 일치하지 않는 것은 무엇인가요? (            )**

① 신라에서는 매년 오곡으로 까마귀밥을 지었다.
② 고구려에서는 까마귀의 모습을 그린 삼족오를 숭배했다.
③ 까마귀 새끼는 다 크고 나면 집을 떠나서 돌아오지 않는다.
④ 까마귀는 새끼가 알에서 깨면 60일 동안 정성 들여 키운다.
⑤ 요즘 우리나라에서 까마귀는 불길한 기운이 있는 흉조로 여긴다.

**3** 적용

**㉮에 해당하는 구체적인 사례로 알맞은 것은 무엇인가요? (            )**

① 아픈 동생을 정성껏 돌본 민지
② 아들이 아플 때 밤새 간호한 어머니
③ 도움이 필요한 친구를 먼저 돕는 유정
④ 선생님을 존경하고 심부름을 도맡아 하는 효연
⑤ 할머니께서 허리가 아프실 때 항상 허리를 주물러 드리는 미영

**4** 어휘 뜻

**㉠~㉤과 바꾼 낱말로 알맞지 않은 것은 무엇인가요? (            )**

① ㉠: 불길한　　② ㉡: 이야기　　③ ㉢: 모신다
④ ㉣: 거절　　⑤ ㉤: 갚는다

**5** 어휘 관계

**밑줄 친 말이 ㉥과 비슷한 뜻으로 쓰인 것은 무엇인가요? (            )**

① 선수들은 최선을 다해 운동장을 달렸다.
② 마지막까지 적군의 힘이 다하기를 기다렸다.
③ 건전지가 다했는지 장난감이 그대로 멈춰 섰다.
④ 드디어 무더운 여름이 다하고 시원한 가을이 왔다.
⑤ 할머니는 목숨이 다하는 날까지 아들을 그리워했다.

**어휘 학습**

반 **反** – 돌이키다 | 포 **哺** – 먹이다 | 지 **之** – 어조사 | 효 **孝** – 효도

# 반포지효

까마귀 새끼가 자라서 늙은 어미에게 먹이를 물어다 주는 효라는 뜻으로, 자식이 자란 후에 어버이의 은혜를 갚는 효성을 이르는 말.

예 부모님께 지극정성인 진아를 보면 '❶ ☐☐☐☐'가 떠오른다.

답 ❶ (                    )

**확장**

## 효도/은혜와 관련한 한자 성어

### 각골난망   각 **刻** – 새기다 | 골 **骨** – 뼈 | 난 **難** – 어렵다 | 망 **忘** – 잊다

**남에게 입은 은혜**가 뼈에 새길 만큼 커서 잊히지 아니함.

예 어려울 때 도와주신 은혜는 ❷ ☐☐☐☐하여 절대 잊지 않겠습니다.

☑ **반대되는 말 배은망덕** 남에게 입은 은덕을 저버리고 배신하는 태도가 있음.

답 ❷ (                    )

### 결초보은   결 **結** – 맺다 | 초 **草** – 풀 | 보 **報** – 갚다 | 은 **恩** – 은혜

죽은 뒤에라도 **은혜를 잊지 않고** 갚음을 이르는 말.

예 내가 전쟁터에서 천운으로 살아난 것은 그 노인이 ❸ ☐☐☐☐한 것이 아닐까?

답 ❸ (                    )

### 풍수지탄   풍 **風** – 바람 | 수 **樹** – 나무 | 지 **之** – 어조사 | 탄 **嘆** – 탄식하다

**효도를 다하지 못한 채** 어버이를 여읜 자식의 슬픔을 이르는 말.

예 '❹ ☐☐☐☐'이라는 말이 있듯이, 부모님께서 살아 계실 때 효도를 해야 한다.

답 ❹ (                    )

**이해** 다음 한자 성어의 뜻을 보기 에서 찾아 기호를 쓰세요.

보기
ㄱ 죽은 뒤에라도 은혜를 잊지 않고 갚음을 이르는 말.
ㄴ 남에게 입은 은혜가 뼈에 새길 만큼 커서 잊히지 아니함.
ㄷ 자식이 자란 후에 어버이의 은혜를 갚는 효성을 이르는 말.
ㄹ 효도를 다하지 못한 채 어버이를 여윈 자식의 슬픔을 이르는 말.

**1** 결초보은 (          )       **2** 반포지효 (          )

**3** 각골난망 (          )       **4** 풍수지탄 (          )

**적용** 자음자를 보고 빈칸에 들어갈 알맞은 낱말을 쓰세요.

**5** 너의 도움을 절대 잊지 않고 ㄱㅊㅂㅇ할 거야.          (          )

**6** 저를 구해 주신 은혜는 정말 ㄱㄱㄴㅁ입니다.          (          )

**7** 부모를 ㅂㅍㅈㅎ(으)로 모시는 것은 당연한 도리야. (          )

**8** ㅍㅅㅈㅌ하지 않으려면 부모님께 평소에 잘해야 해. (          )

**심화** **9** 다음 빈칸에 들어갈 한자 성어를 보기 에서 찾아 쓰세요.

보기
반포지효        결초보은        풍수지탄

〈장화홍련〉 설화에서 철산 부사로 부임한 정동우는 억울하게 누명을 쓰고 죽은 장화와 홍련의 억울함을 풀어 주었다. 장화와 홍련은 원한을 풀어 준 정동우의 꿈에 나타나 [          ]하여 은혜를 꼭 갚겠다며 인사를 올리고 홀연히 사라졌다. 그 후 정동우는 '통제사'라는 큰 벼슬까지 지냈다.

(          )

# 어휘

## 속담·관용어

속담은 옛날부터 사람들 사이에서 이야기되는 짧은 말로, 교훈을 담고 있습니다.
관용어는 말버릇처럼 오래 쓰여서 특별한 뜻을 가지게 된 말입니다.

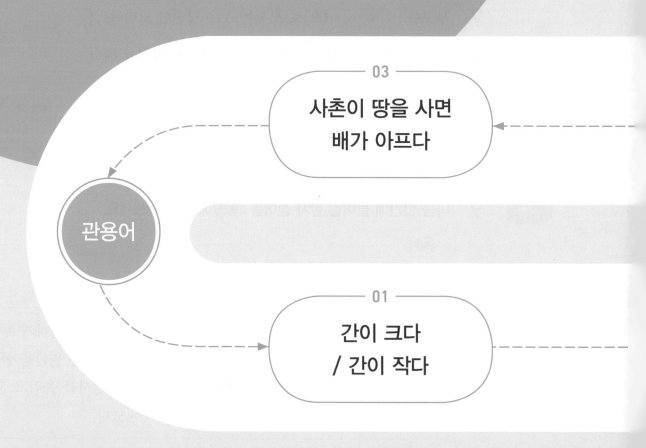

관용어

— 03 —
사촌이 땅을 사면
배가 아프다

— 01 —
간이 크다
/ 간이 작다

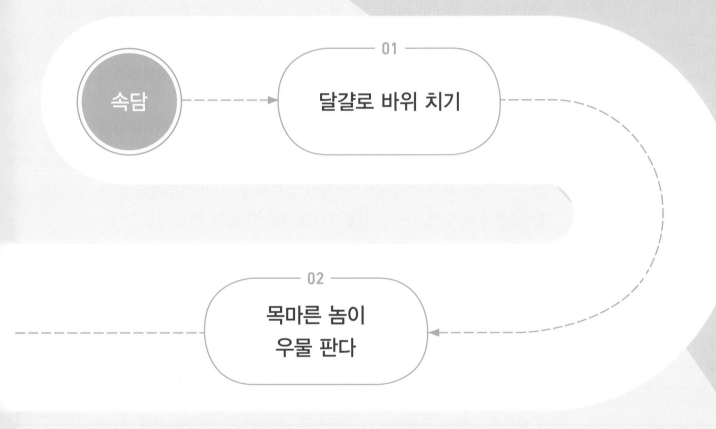

속담

01 달�걀로 바위 치기

02 목마른 놈이 우물 판다

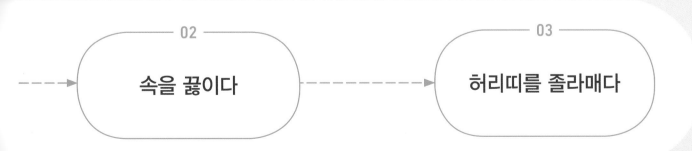

02 속을 끓이다

03 허리띠를 졸라매다

# '달걀로 바위 치기'였지만 즐거웠던 도전

지난 한 주 동안 학교를 떠들썩하게 했던 반 **대항** 피구 대회가 끝났다. 모든 반이 한 번씩 돌아가며 경기를 했는데 우리 3반은 3패로 네 반 중에서 꼴찌였다.

사실 어느 정도 **예상**된 결과이기는 했다. 4반과의 첫 경기를 사흘 앞두고 연습을 하던 중, 승화와 세준이가 부딪쳐서 크게 다쳤기 때문이다. 우리 반 스물네 명 중 열여섯 명이 뛰어야 하는데 빠르고 공도 잘 던지는 두 사람이 경기에 나가지 못하게 된 것이다. 피구엔 영 **소질**이 없는 나까지 선수로 나가야 했으니, 사실 결과는 ㉠불 보듯 뻔했다.

특히 1반과의 마지막 경기는 한 명 차이로 아깝게 지는 **바람**에 교실로 돌아와서도 우리는 내내 아쉬워했다. 끝까지 공을 피해 다니며 살아남았던 유진이는 눈물까지 글썽였다. 그때 교실로 들어오신 선생님께서 말씀하셨다.

"다들 정말 열심히 했는데 우리 반이 꼴찌를 했네. 오늘 가장 빛났던 유진이가 대표로 **소감** 한번 말해 볼까?"

"음……, 일단 너무 속상해요. 저희가 연습도 많이 하고 **전략**도 짰는데 4반한테 크게 지고……. 시합에선 뜻대로 안 됐던 것 같아요."

"그랬구나. 그럼 세준이는?"

"발목을 다쳐서 못 뛰어서 아쉽고, 애들한테 미안해요."

"근데 승화랑 세준이가 응원은 제일 열심히 했어요."

"맞아요. 승화는 깁스 하고도 아까처럼 소리 지르고 뛰어다닐 거면, 그냥 피구 했어도 될 것 같던데요?"

선생님께서는 우리의 도전은 ㉡달걀로 바위 치기였을지 모르지만, 우리가 최선을 다하며 즐거웠으니 그것으로 **충분**하다고 말씀하셨다. 그러고는 1등만이 전부는 아니라며 미소 지으셨다.

5

10

15

20

**1**

중심 사건

## 이 글에서 가장 중심이 되는 사건은 무엇인지 쓰세요.

• 반 대항 (                    ) 대회

**2**

내용 이해

**이 글의 내용과 일치하지 <u>않는</u> 것은 무엇인가요? (          )**

① 우리 반은 피구 대회에서 꼴찌를 했다.

② 첫 경기를 앞두고 세준이는 발목을 다쳤다.

③ 피구 대회에 출전하는 선수는 열여섯 명이었다.

④ 유진이는 마지막 경기가 끝난 후 눈물을 글썽였다.

⑤ 선생님께서는 다음 대회에서 꼭 우승을 하자고 말씀하셨다.

**3**

추론

**세준이가 친구들에게 미안했던 까닭은 무엇일까요? (          )**

① 자기의 실수로 경기에서 졌기 때문에

② 경기가 있는 날 학교에 결석했기 때문에

③ 승화와의 다툼으로 반 분위기를 망쳤기 때문에

④ 경기에 못 나가서 친구들이 대신 뛰어 주었기 때문에

⑤ 연습하다가 장난쳐서 선생님께 꾸중을 들었기 때문에

**4**

어휘

뜻

**㉠의 뜻으로 알맞은 것은 무엇인가요? (          )**

① 계속 이어졌다.

② 씀씀이가 후하고 컸다.

③ 어떤 일에 감격하거나 슬퍼서 눈물이 나오려 했다.

④ 앞으로 일어날 일이 의심할 여지가 없이 아주 명백했다.

⑤ 기대에 차 있거나 안타까운 마음으로 날짜를 꼽으며 기다렸다.

**5**

어휘

적용

**㉡의 속담과 어울리는 상황은 무엇인가요? (          )**

① 윗사람 앞에서 벌벌 떨며 꼼짝 못 하는 신입 사원

② 책장만 대충 넘기며 공부는 하는 둥 마는 둥 하는 학생

③ 잘못을 저지른 대기업에 맞서 이를 바로잡으려는 소비자

④ 공부의 필요성을 아무리 말해도 알아듣지 못하는 어린이

⑤ 자기가 알고 있는 것이 전부인 줄 알고 잘난 척하는 친구

## 어휘 학습

동영상 강의

# 달걀로 바위 치기

**대항해도 도저히 이길 수 없는 경우를 비유적으로 이르는 말.**

예 힘센 진수와 맞서는 것은 ❶ ☐☐로 바위 치기나 다름없다.

답 ❶ ( )

확장

# 불가능함과 관련한 속담

### 밑 빠진 독에 물 붓기

밑 빠진 독에 아무리 물을 부어도 독이 채워질 수 없다는 뜻으로, 아무리 힘이나 밑천을 들여도 **보람 없이 헛된 일이 되는 상태**를 비유적으로 이르는 말.

예 아무리 빵을 사도 내가 원하는 스티커가 안 나오니, 이건 아무래도 밑 빠진 독에 ❷ ☐ 붓기인 것 같다.

답 ❷ ( )

### 쏘아 놓은 살이요 엎지른 물이다

한번 저지른 일을 **다시 고치거나 중지할 수 없음**을 비유적으로 이르는 말.

예 이미 시작된 이상, 쏘아 놓은 살이요 엎지른 ❸ ☐이니 후회한다고 무슨 소용이겠어.

답 ❸ ( )

### 볶은 콩에 싹이 날까

불에다 볶은 콩은 싹이 날 리가 없다는 뜻으로, **아주 가망이 없음**을 비유적으로 이르는 말.

예 대기자 명단에도 이름을 올리지 못했으니 끝났지, 뭐. 볶은 콩에 ❹ ☐이 나겠어?

답 ❹ ( )

**이해** 다음 속담과 뜻을 알맞게 선으로 이으세요.

**1** 달걀로 바위 치기 •

**2** 볶은 콩에 싹이 날까 •

**3** 밑 빠진 독에 물 붓기 •

**4** 쏘아 놓은 살이요 엎지른 물이다 •

• ㉮ 아주 가망이 없음을 비유적으로 이르는 말.

• ㉯ 대항해도 도저히 이길 수 없는 경우를 비유적으로 이르는 말.

• ㉰ 한번 저지른 일을 다시 고치거나 중지할 수 없음을 비유적으로 이르는 말.

• ㉱ 아무리 힘이나 밑천을 들여도 보람 없이 헛된 일이 되는 상태를 비유적으로 이르는 말.

**적용** 다음 상황과 어울리는 속담을 보기 에서 찾아 기호를 쓰세요.

보기
㉠ 달걀로 바위 치기      ㉡ 볶은 콩에 싹이 날까
㉢ 밑 빠진 독에 물 붓기      ㉣ 쏘아 놓은 살이요 엎지른 물이다

**5** 이미 벌어진 일인데 이제 와서 어쩌겠니? ( )

**6** 초보가 삼 년 연속 우승자와 겨룬다고? 절대 못 이기지. ( )

**7** 나에게 관심이 없는 사람에게는 아무리 잘해 주어도 소용없어. ( )

**8** 시험을 다섯 번이나 봤는데 또 떨어졌으면 이제는 가망이 없다. ( )

**심화** **9** 다음 글과 어울리는 속담을 찾아 ○표 하세요.

우리 축구 국가 대표팀이 카타르 월드컵 16강에서 FIFA(피파) 랭킹 1위 브라질에 4대 1로 패하면서 대회를 마무리했다. 브라질과 순위가 27위나 차이 나는 대한민국은 전반에만 네 골을 먹으면서 브라질이라는 높은 벽을 실감했다.

(1) 달걀로 바위 치기 ( )
(2) 공든 탑이 무너지랴 ( )
(3) 쏘아 놓은 살이요 엎지른 물이다 ( )

# 02

# 목마른 놈이 우물을 파다

**목마른 놈이
우물 판다**

제일 급하고 일이 필요한
사람이 그 일을 서둘러 하
게 되어 있다는 말.

먼 옛날 안평국이라는 나라의 왕에게 두 아들이 있었어. 형인 항의는
성품이 **고약했는데**, 아우인 성의는 얼굴도 잘생기고 **인품**도 훌륭해서
왕의 사랑을 받았지. 그래서 왕은 성의를 **세자**로 삼고 싶었지만, 신하들
의 반대로 항의를 세자로 삼을 수밖에 없었어.

그러던 어느 날 왕비가 병을 얻어 죽어 가는데, 한 도사가 '일영주'라   5
는 약을 먹이면 왕비를 살릴 수 있다 하고는 사라졌어. 항의는 일영주를
구할 생각도 하지 않았고, ㉠어머니를 살리고 싶은 마음이 간절한 성의
가 서둘러 길을 떠났지. 성의는 가는 길에 괴물을 만나고, 바다에서 죽
을 뻔하는 등 온갖 **우여곡절**을 겪어. 그리고 마침내 **서역** 땅에 도착해서
보탑존자라는 분으로부터 일영주를 얻게 돼.   10

한편, 항의는 성의가 일영주를 구해 오면 **왕위**를 빼앗길까 봐 걱정스
러웠어. 그래서 사람을 시켜 일영주를 구해 돌아오는 성의의 눈을 칼로
찔러 바다에 빠뜨리고 일영주를 빼앗았어. 항의는 부모님께 성의가 돌
아오지 않았다고 거짓말을 하고 일영주로 어머니의 병을 고쳤어.

바다에서 겨우 **구출된** 성의는 중국에서 지내게 돼. 성의는 맹인이 된   15
채 황제의 궁궐에 머물면서 공주와 친해지게 되었어. 이때 성의를 그리
워하던 성의의 어머니는 편지를 써서 성의가 기르던 기러기 다리에 묶
어 보냈어. 마침 기러기가 성의가 있는 궁궐까지 날아와 그 편지를 전하
게 되지. 공주가 편지를 읽어 주자 성의는 감격해서 두 눈을 뜨게 돼. 결
국 성의는 공주와 결혼하여 황제의 사위가 되었어.   20

성의가 공주와 함께 안평국으로 돌아온다는 소식에 항의는 성의를 죽
이려고 군사를 보냈지. 하지만 성의의 군사가 이를 물리치고, 항의는 결
국 안평국 장수에 의해 죽임을 당했어. 성의는 무사히 부모님을 만나고
훗날 안평국의 왕이 되어 나라를 잘 다스리며 행복하게 살았대.

- **고약했는데** 성미, 언행 따위
  가 사나웠는데.
- **인품**(사람 인 人, 물건 품 品)
  사람이 사람으로서 가지는 품
  격이나 됨됨이.
- **세자** 왕의 자리를 이을 왕자.
- **우여곡절** 뒤얽혀 복잡하여진
  사정.
- **서역**(서녘 서 西, 지경 역 域)
  중국의 서쪽에 있던 나라와
  지역들.
- **왕위**(임금 왕 王, 자리 위 位)
  임금의 자리.
- **구출된** 위험한 상태에서 구해
  진.

## 1
인물

**이 글에서 어머니를 살리고 싶어 서둘러 일영주를 구하러 간 인물은 누구인지 쓰세요.**

(                    )

**2**
내용 이해

**이 글의 내용과 일치하는 것은 무엇인가요? (　　　)**

① 항의는 인품이 훌륭해서 왕의 사랑을 받았다.
② 왕비가 병에 걸리자 한 도사가 약을 가져다주었다.
③ 성의는 많은 고난을 이겨 내고 서역에서 일영주를 얻었다.
④ 성의는 황제의 궁궐에서 공주에게 편지를 읽는 방법을 가르쳤다.
⑤ 성의가 돌아오자 항의는 잘못을 뉘우치고 부모님께 용서를 빌었다.

**3**
적용

**다음 글에서 설명하는 동물을 이 글에서 찾아 세 글자로 쓰세요.**

> 이 동물은 사람이 오고 가기 어려운 곳에 소식을 전하여 주는 동물로 알려져 있다. '안족서신'은 이 동물의 발목에 매달아 보낸 편지를 뜻한다. 〈춘향전〉에도 춘향이 날아가는 이 동물을 보고 한양에 가면 이 도령에게 자신의 소식을 전해 달라는 내용이 나온다.

(　　　　　　　)

**4**
어휘
뜻

**이 글에 쓰인 낱말의 뜻풀이가 바르지 <u>않은</u> 것은 무엇인가요? (　　　)**

① 왕위: 임금의 자리.
② 세자: 왕의 자리를 이을 왕자.
③ 우여곡절 : 뒤얽혀 복잡하여진 사정.
④ 고약했는데: 여럿 가운데 뛰어났는데.
⑤ 인품: 사람이 사람으로서 가지는 품격이나 됨됨이.

**5**
어휘
적용

**㉠의 상황을 나타내기에 알맞은 속담은 무엇인가요? (　　　)**

① 식은 죽 먹기　　　　　　　　② 목마른 놈이 우물 판다
③ 믿는 도끼에 발등 찍힌다　　　④ 미운 아이 떡 하나 더 준다
⑤ 소문난 잔치에 먹을 것 없다

# 목마른 놈이 우물 판다

제일 급하고 일이 필요한 사람이 그 일을 서둘러 하게 되어 있다는 말.

예 누가 나설지는 모르겠다만 결국 목마른 놈이 ❶◻◻ 파게 되는 법이야.

답 ❶ (                    )

확장

## 급한 상황과 관련한 속담

### 번갯불에 콩 볶아 먹겠다

1. 번쩍하는 번갯불에 콩을 볶아서 먹을 만하다는 뜻으로, **행동이 매우 민첩함**을 이르는 말.

2. 하는 짓이 번갯불에 콩을 볶아 먹을 만큼 급하게 군다는 뜻으로, 어떤 행동을 당장 해치우지 못하여 **안달하는 조급한 성질**을 이르는 말.

예 ❷◻◻◻에 콩 볶아 먹을래? 조바심 낼 필요 없어. 때가 되면 누구나 할 수 있는 일이란다.

답 ❷ (                    )

### 우물에 가 숭늉 찾는다

모든 일에는 질서와 차례가 있는 법인데 **일의 순서도 모르고 성급하게 덤빔**을 비유적으로 이르는 말.

예 이 사람 성격 급한 게 ❸◻◻에 가 숭늉 찾게 생겼군.

답 ❸ (                    )

### 마파람에 게 눈 감추듯

음식을 **매우 빨리 먹어 버리는 모습**을 비유적으로 이르는 말.

예 하루 종일 굶었다더니 정말 ❹◻◻◻에 게 눈 감추듯 먹어 치우는구나.

답 ❹ (                    )

**이해** 다음 속담과 뜻을 알맞게 선으로 이으세요.

**1** 우물에 가 숭늉 찾는다 •

**2** 마파람에 게 눈 감추듯 •

**3** 목마른 놈이 우물 판다 •

**4** 번갯불에 콩 볶아 먹겠다 •

• ㉮ 행동이 매우 민첩함을 이르는 말.

• ㉯ 일의 순서도 모르고 성급하게 덤빔을 비유적으로 이르는 말.

• ㉰ 음식을 매우 빨리 먹어 버리는 모습을 비유적으로 이르는 말.

• ㉱ 제일 급하고 일이 필요한 사람이 그 일을 서둘러 하게 되어 있다는 말.

**적용** 빈칸에 들어갈 속담으로 알맞은 것을 **보기** 에서 찾아 기호를 쓰세요.

**보기**

㉠ 우물에 가 숭늉 찾는다  ㉡ 마파람에 게 눈 감추듯

㉢ 목마른 놈이 우물 판다  ㉣ 번갯불에 콩 볶아 먹겠다

**5** 무슨 결혼을 그렇게 서두르니? [＿＿＿＿＿＿]!  (     )

**6** [＿＿＿＿＿＿]더니 쌀도 안 씻었는데 밥을 먹자고?  (     )

**7** [＿＿＿＿＿＿], 그는 허겁지겁 식탁 위의 음식을 집어 먹었다.  (     )

**8** [＿＿＿＿＿＿]고, 용돈이 필요해지자 누나는 스스로 집안일을 하기 시작했다.

(     )

**심화** **9** 빈칸에 들어갈 속담으로 알맞은 것은 무엇인가요? (     )

> 나는 아무리 다양한 치킨을 먹어 보아도 무언가 부족함을 느꼈다. [＿＿＿＿＿]고, 나는 직접 제대로 된 치킨을 만들겠다고 결심했다. 나는 치킨으로 이름난 곳이면 어디든지 달려가 맛보고, 수많은 요리 전문가를 만나 조언을 얻었다. 그리고 마침내 완벽한 치킨을 만들게 되었다.

① 밑 빠진 독에 물 붓기  ② 우물에 가 숭늉 찾는다
③ 마파람에 게 눈 감추듯  ④ 목마른 놈이 우물 판다
⑤ 번갯불에 콩 볶아 먹겠다

# 03

## 사촌이 땅을 사면 배가 아프지

**사촌이 땅을
사면 배가 아프다**

남이 잘되는 것을 기뻐해
주지는 않고 오히려 질투
하고 시기하는 경우를 비
유적으로 이르는 말.

나보다 두 살 어린 동생이 피아노를 친 것은 여섯 살 때부터였다. 흥
미도 없고 실력도 늘지 않았던 나와 달리, 동생은 피아노 실력이 쑥쑥
늘었다. 동생은 내가 끙끙대며 쳤던 노래들을 몇 달 만에 **거뜬히** 쳤다.

나는 피아노를 그만두고 축구 클럽에 다니기 시작했다. 또래들과 공
을 차고 뛰어다니는 것이야말로 내 **적성**에 맞았다. 내 발끝에서 뻗어 나    5
간 공이 그물을 흔들 때마다 기분이 정말 짜릿했다.

지난겨울, 동생이 피아노 **경연** 대회에 나간다며 집에서도 계속 피아
노 연습을 하기 시작했다. 어려운 곡을 골랐는지 같은 부분을 반복해서
치자, 계속 듣고 있기가 힘들었다.

"넌 잘 치지도 못하면서 대회를 나간다고 이렇게 시끄럽게 해?"    10

"아니, 열심히 해야 늘지. 형은 뭐 처음부터 축구 잘했어?"

동생이 오히려 화를 내자 나는 당황해서 **받아치지** 못했다. 그 후로도
우리는 몇 번을 더 다퉜다.

그리고 피아노 경연 대회 날. 열 번째로 무대에 오른 동생은 긴장한
듯했지만, 실수하던 곡을 깔끔하게 연주하고 내려왔다. 동생은 저학년    15
부 금상을 받았다. 트로피와 상품을 품에 안은 동생을 보니 나는 괜히
배가 아팠다. 내가 동생만도 못한 것 같아서 축하한다는 말도, 잘했다는
말도 하지 못했다. 그때 엄마께서 동생에게 물으셨다.

"지훈아, 피아노 계속 열심히 할 거지?"

"저…… 이제 형처럼 축구 할래요. 저번에 형이 골 넣고 칭찬받는 거    20
보고 조금 샘 났거든요. 엄마, 저도 축구 하고 싶어요!"

동생도 나를 보고 부러워했다는 말에 나는 깜짝 놀랐다. 그리고 형답
지 못하게 동생을 ㉠**질투**한 것이 부끄러웠다.

* **거뜬히** 다루기에 거볍고 간편
하거나 손쉽게.

* **적성**(맞을 적 適, 성품 성 性)
어떤 일에 알맞은 성질이나
적응 능력. 또는 그와 같은 소
질이나 성격.

* **경연** 개인이나 단체가 모여
예능, 기능 따위의 실력을 겨
룸.

* **받아치지** 다른 사람의 공격이
나 비판, 농담 따위에 대응하
여 응수하지.

* **질투** 다른 사람이 잘되거나
좋은 처지에 있는 것 따위를
공연히 미워하고 깎아내리려
함.

---

**1**

중심 사건

**이 글에서 가장 중심이 되는 사건은 무엇인지 쓰세요.**

• 동생의 (                    ) 경연 대회

**2**

글의 특징

**이 글에 대한 설명으로 알맞은 것은 무엇인가요? (         )**

① 피아노와 축구의 특징을 비교하여 설명한 글이다.

② 글쓴이가 경험한 내용을 느낌과 함께 표현한 글이다.

③ 모든 사람이 피아노를 배워야 한다고 주장하는 글이다.

④ 피아노보다 축구가 더 좋은 취미라는 것을 설득하는 글이다.

⑤ 동생과 함께 피아노 경연 대회에 나간 경험을 소개하는 글이다.

**3**

내용 이해

**이 글의 내용과 일치하지 않는 것은 무엇인가요? (         )**

① 동생과 나는 두 살 차이이다.

② 나는 축구 경기에서 골을 넣기도 했다.

③ 동생은 집에서 계속 피아노를 연습했다.

④ 경연 대회에서 동생은 조금도 긴장하지 않고 연주했다.

⑤ 나는 경연 대회에서 상을 받은 동생이 부러워 질투가 났다.

**4**

어휘

뜻

**㉠의 뜻으로 알맞은 것은 무엇인가요? (         )**

① 의심스럽게 생각함.

② 어떤 것에 마음이 끌려 주의를 기울임.

③ 마음에 꼭 맞지 아니하여 발칵 역정을 내는 짓.

④ 남의 감정, 의견, 주장 따위에 대하여 자기도 그렇다고 느낌.

⑤ 다른 사람이 잘되거나 좋은 처지에 있는 것 따위를 공연히 미워하고 깎아내리려 함.

**5**

어휘

적용

**이 글에서 형과 동생의 모습을 나타내는 속담으로 알맞은 것은 무엇인가요? (         )**

① 산 넘어 산이다                    ② 하나를 듣고 열을 안다

③ 사촌이 땅을 사면 배가 아프다        ④ 사공이 많으면 배가 산으로 간다

⑤ 하늘이 무너져도 솟아날 구멍이 있다

## 어휘 학습

동영상 강의

# 사촌이 땅을 사면 배가 아프다

남이 잘되는 것을 기뻐해 주지는 않고 오히려 질투하고 시기하는 경우를 비유적으로 이르는 말.

예 아무리 친한 친구라고 해도 사촌이 땅을 사면 ❶ 가 아픈 법이지.

답❶ (　　　　　　　)

**확장**

# 욕심과 관련한 속담

## 걷기도 전에 뛰려고 한다

쉽고 작은 일도 해낼 수 없으면서 **어렵고 큰 일을 하려고 나섬**을 이르는 말.

예 네가 시작한 지 얼마나 됐다고, ❷ □도 전에 뛰려고 하는 거냐?

답❷ (　　　　　　　)

## 바다는 메워도 사람의 욕심은 못 채운다

아무리 넓고 깊은 바다라도 메울 수는 있지만, 사람의 욕심은 끝이 없어 메울 수 없다는 뜻으로, **사람의 욕심은 한이 없음**을 비유적으로 이르는 말.

예 그렇게 가지고도 욕심을 부리다니, 바다는 메워도 사람의 ❸ □은 못 채우나 보구나.

답❸ (　　　　　　　)

## 놓친 고기가 더 커 보인다

현재 가지고 있는 것보다 **먼저 것이 더 좋았다고 생각된다**는 말.

예 너무 아쉬워할 것 없어. 누구나 놓친 ❹ □가 더 커 보이는 법이야.

답❹ (　　　　　　　)

**이해** 다음 속담의 뜻을 보기 에서 찾아 기호를 쓰세요.

보기

㉠ 사람의 욕심은 한이 없음을 비유적으로 이르는 말.

㉡ 현재 가지고 있는 것보다 먼저 것이 더 좋았다고 생각된다는 말.

㉢ 쉽고 작은 일도 해낼 수 없으면서 어렵고 큰 일을 하려고 나섬을 이르는 말.

㉣ 남이 잘되는 것을 기뻐해 주지는 않고 오히려 질투하고 시기하는 경우를 비유적으로 이르는 말.

**1** 걷기도 전에 뛰려고 한다 ( )

**2** 놓친 고기가 더 커 보인다 ( )

**3** 사촌이 땅을 사면 배가 아프다 ( )

**4** 바다는 메워도 사람의 욕심은 못 채운다 ( )

**적용** 다음 밑줄 친 속담이 바르게 쓰였으면 ○표, 바르지 않으면 ×표 하세요.

**5** 누구라도 <u>걷기도 전에 뛸 수는</u> 없으니 처음부터 욕심내지 마. ( )

**6** <u>사촌이 땅을 사면 배가 아프다</u>더니, 네가 1등을 해서 나도 기뻐. ( )

**7** 광고와 달리 별거 없네. <u>놓친 고기가 더 커 보인다</u>는 말이 정말이구나. ( )

**8** <u>바다는 메워도 사람의 욕심은 못 채운다</u>고, 부자인 김 회장이 그렇게 돈에 달려들 줄은 몰랐다. ( )

**심화** **9** 다음 대화의 '다현'에게 어울리는 속담은 무엇인가요? ( )

나리: 이번에 지효가 미술 대회에서 대상을 받았대.

다현: 정말? 와, 대단하네. 하긴 지효 열심히 했지.

나리: 너 지효랑 친하잖아. 근데…… 어째 표정이 안 좋다?

다현: 솔직히 지효가 그렇게 뛰어난 건 아니잖아. 그냥 운이 좋은 거지.

① 식은 죽 먹기 ② 걷기도 전에 뛰려고 한다

③ 놓친 고기가 더 커 보인다 ④ 사촌이 땅을 사면 배가 아프다

⑤ 바다는 메워도 사람의 욕심은 못 채운다

# '□□□'과 관련된 관용어

**핵심어**

### 간이 크다 / 간이 작다

겁이 없고 매우 대담하다. / 대담하지 못하고 몹시 겁이 많다.

우리 몸에서 간은 중요한 역할을 하는 **장기**예요. 우리말에는 간과 관련된 여러 가지 관용어가 있는데, '간'이라는 **기관**을 어떻게 보느냐에 따라서 그 의미가 달라져요.

옛사람들은 간을 마음이나 정신을 **다스리는** 기관으로 보았어요. 한의학에서는 간이 뜨거워지면 간이 커져서 두려움이 없어지고, 간이 차가워지면 오그라들어서 작은 일에도 두려움을 느낀다고 말해요. 그래서 우리 조상들은 예로부터 간이 튼튼하면 용기가 있고 **배짱**이 **두둑하다고** 여겼어요. 그래서 **대담**하고 겁이 없는 사람에게는 '간이 크다'라고 하고, 겁이 많고 잘 놀라는 사람에게는 '간이 작다'라고 했어요. 어두운 밤거리를 걸을 때처럼 몹시 두려워지거나 무서워지면 '간이 콩알만 해졌다'라는 말을 쓰기도 하지요. '간이 떨어지다'는 몹시 놀랐을 때, '간이 서늘하다'는 위험하고 두려워 매우 놀랐을 때 쓰는 관용어예요. 10

또한, 간은 음식물을 먹으면 에너지를 저장하는 역할을 해요. '**기별**'은 소식을 뜻하는데, '간에 기별도 안 간다'라는 말은 말 그대로 간에 소식이 전해지지 않는다는 말이지요. 먹은 것이 너무 적어 먹으나 마나 하다는 뜻에서 '간에 기별도 안 간다'라는 관용어가 나오게 되었어요. 15

간은 사람의 생명을 유지하는 아주 중요한 기관이에요. 그래서 간이 없으면 사람은 살 수 없지요. '간을 빼 먹다'라는 관용어는 '겉으로는 비위를 맞추며 좋게 대하는 척하면서 **요긴한** 것을 다 빼앗다.'라는 뜻이에요. 이와 관련해서 '벼룩의 간을 내먹는다'라는 속담도 있어요. 어려운 20 처지에 있는 사람에게 금품을 뜯어냄을 비유적으로 이르는 말이지요.

5

- **장기** 내장의 여러 기관.
- **기관**(그릇 기 器, 직무 관 官) (생물의 몸에서) 일정한 모양과 기능을 가지고 있는 부분.
- **다스리는** 몸이나 마음을 가다듬거나 노력을 들여서 바로잡는.
- **배짱** 속마음으로 다져 먹은 생각이나 태도.
- **두둑하다고** 넉넉하거나 풍부하다고.
- **대담** 담력이 크고 용감함.
- **기별**(기특할 기 奇, 나눌 별 別) 다른 곳에 있는 사람에게 소식을 전함. 또는 소식을 적은 종이.
- **요긴한** 꼭 필요하고 중요한.

**1** 제목

**빈칸에 알맞은 낱말을 넣어 이 글의 제목을 완성하세요.**

• '(　　　　　　　)'과 관련된 관용어

**2**
글의 특징

**이 글의 특징으로 알맞은 것은 무엇인가요? (          )**

① 간에 관한 일화를 통해 교훈을 주고 있다.

② '간'과 관련된 속담에 대하여 이야기하고 있다.

③ 간을 소중히 여겨야 하는 까닭을 설명하고 있다.

④ '간'과 관련된 여러 가지 관용어를 소개하고 있다.

⑤ 다른 사람의 소중한 것을 빼앗으면 안 된다고 주장하고 있다.

**3**
내용 이해

**이 글의 내용과 일치하지 <u>않는</u> 것은 무엇인가요? (          )**

① 간은 음식물을 먹으면 에너지를 저장하는 역할을 한다.

② '간을 빼 먹다'는 아주 무섭고 놀랐을 때 쓰는 표현이다.

③ 옛사람들은 간을 마음이나 정신을 다스리는 기관으로 보았다.

④ 한의학에서는 간이 뜨거워지면 두려움이 없어진다고 생각한다.

⑤ 어두운 밤거리를 걸어서 무서울 때 '간이 콩알만 해졌다'라고 한다.

**4**
뜻
어휘

**관용어와 뜻을 알맞게 선으로 이으세요.**

(1) 간이 크다 •

(2) 간을 빼 먹다 •

(3) 간이 떨어지다 •

• ㉮ 몹시 놀라다.

• ㉯ 겁이 없고 매우 대담하다.

• ㉰ 겉으로는 비위를 맞추면서 요긴한 것을 다 빼앗다.

**5**
적용
어휘

**다음 글의 상황을 나타내기에 알맞은 관용어는 무엇인가요? (          )**

학교를 마치고 집에 돌아온 연진이는 배가 무척 고팠습니다. 그런데 집에는 간식으로 먹을 것이 없었습니다. 냉장고를 샅샅이 뒤져서 요구르트 한 병을 찾았습니다. 연진이는 요구르트를 마셨지만, 양이 너무 적어서 여전히 배가 고팠습니다.

① 간이 작다

② 간이 떨어지다

③ 간이 서늘하다

④ 간이 콩알만 해지다

⑤ 간에 기별도 안 간다

# 간이 크다 / 간이 작다

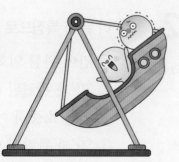

**겁이 없고 매우 대담하다. / 대담하지 못하고 몹시 겁이 많다.**

예 뱀을 맨손으로 잡는다니 간도 크다.

예 나는 ❶이 작아서 무서운 놀이 기구를 못 탄다.

답 ❶ (                    )

확장

## 간과 관련한 관용어

### 간을 졸이다

매우 걱정되고 불안스러워 마음을 놓지 못하다.

예 건강 검진 결과가 좋지 않을까 봐 ❷을 졸였다.

답 ❷ (                    )

### 간도 쓸개도 없다

용기나 줏대 없이 남에게 굽히다.

예 그는 장사를 할 때 간도 ❸ □도 없는 것처럼 굴었다.

답 ❸ (                    )

### 간에 바람 들다

하는 행동이 실없다.

예 그 사람은 간에 ❹ □ 든 것처럼 실없이 웃고 다니고 있다.

답 ❹ (                    )

**이해** | 다음 관용어의 뜻을 보기 에서 찾아 기호를 쓰세요.

> 보기
> ㉠ 하는 행동이 실없다.
> ㉡ 겁이 없고 매우 대담하다.
> ㉢ 용기나 줏대 없이 남에게 굽히다.
> ㉣ 매우 걱정되고 불안스러워 마음을 놓지 못하다.

**1** 간이 크다 (      )     **2** 간을 졸이다 (      )

**3** 간에 바람 들다 (      )     **4** 간도 쓸개도 없다 (      )

**적용** | 밑줄 친 관용어가 바르게 쓰였으면 ○표, 바르지 않으면 ×표 하세요.

**5** 새근새근 잠든 아기를 보며 <u>간을 졸였다</u>.        (      )

**6** 작은 강아지가 짖는 소리에 놀란 그는 <u>간이 크다</u>.        (      )

**7** <u>간에 바람 든</u> 사람도 아니고 왜 종일 이유 없이 웃고 다니니?        (      )

**8** 그렇게 괴롭힘을 당하고도 그 애 편을 드니 넌 <u>간도 쓸개도 없구나</u>.        (      )

**심화** | **9** 빈칸에 들어갈 알맞은 관용어는 무엇인가요? (      )

> 학교 운동장에 작은 고양이 한 마리가 앉아 있었다. 아이들이 모두 고양이 주위로 모여들었는데, 미나가 선뜻 손을 내밀어 고양이의 털을 쓰다듬어 주었다. 다른 아이들은 고양이가 할퀴거나 물면 어떻게 하냐며 바라보고만 있었다. 미나가 이렇게 겁이 없고 용감할 줄은 몰랐다. 미나는 정말 '_____'라는 말이 딱 어울리는 아이 같다.

① 간이 작다          ② 간이 크다

③ 간을 졸이다        ④ 간에 바람 들다

⑤ 간도 쓸개도 없다

# 02

**핵심어**

## 속을 끓이다

마음을 태우다.

# 엄마 속을 끓이게 한 청개구리

옛날 옛적에 말썽쟁이로 소문난 청개구리가 살고 있었다. 무슨 말이든 ㉠반대로만 하는 청개구리 때문에 엄마 개구리는 속을 끓였다. 엄마 개구리가 "애야, 더우니까 연못에 들어와서 수영을 하렴." 하고 말하면 청개구리는 풀숲으로 갔다. 또 엄마 개구리가 "이제 날씨가 추우니까 풀숲으로 가렴." 하고 말하면 청개구리는 연못에 들어갔다. 엄마 개구리가 '개굴개굴' 울라고 하면 청개구리는 '굴개굴개' 하고 울었다. 청개구리는 이렇게 엄마 개구리의 **속을 긁어** 놓았다.

말 안 듣는 청개구리 때문에 엄마 개구리는 속이 상했다. **속이 타다** 못한 엄마 개구리는 결국 큰 병에 걸리고 말았다. 죽음을 **짐작**한 엄마 개구리는 무엇이든 거꾸로만 하는 청개구리가 자신을 산에 묻어 주길 바라며 자기가 죽으면 냇가에 묻어 달라는 **유언**을 남겼다. 그런데 청개구리는 엄마의 마지막 말씀만은 꼭 들어드리겠다며 엄마 개구리를 냇가에 묻었다. 그 뒤로 청개구리는 비만 오면 엄마의 무덤이 떠내려갈까 봐 걱정하며 개굴개굴 더 크게 울었다.

이 이야기에 등장하는 '속'은 마음을 뜻한다. 그래서 '속'이 들어간 표현은 마음의 상태를 나타낼 수 있다. '속을 끓이다'는 '마음을 태우다.', '속이 타다'는 '걱정이 되어 마음이 달다.'라는 의미가 있고, '속을 긁다'는 '남의 속이 뒤집히게 **비위**를 살살 건드리다.'라는 뜻이 담겨 있다. 또 '속이 풀리다'는 '화를 냈거나 토라졌던 감정이 누그러지다.' 또는 '**거북하던** 배 속이 가라앉다.'라는 뜻이 담겨 있으며, '마음이 깨끗하지 아니하고 엉큼하거나 **음흉하다**.'라는 뜻을 지닌 '속이 시커멓다'라는 표현도 있다.

5

10

15

20

- **속을 긁어** 남의 속이 뒤집히게 비위를 살살 건드려.

- **속이 타다** 걱정이 되어 마음이 달다.

- **짐작** 사정이나 형편 따위를 어림잡아 헤아림.

- **유언**(남길 유 遺, 말씀 언 言) 죽음에 이르러 말을 남김. 또는 그 말.

- **비위** 어떤 것을 좋아하거나 싫어하는 성미.

- **거북하던** 몸이 찌뿌드드하고 괴로워 움직임이 자연스럽지 못하거나 자유롭지 못하던.

- **음흉하다** 겉으로는 부드러워 보이나 속으로는 엉큼하고 흉악하다.

## 1 이 글은 무엇에 대한 글인지 쓰세요.

**설명 대상**

· '(                    )'과 관련된 관용어

**2**

글의 특징

이 글의 특징으로 알맞은 것은 무엇인가요? (　　　)

① 글쓴이의 생각과 느낌이 잘 드러나는 글이다.

② 부모님의 말을 잘 들어야 한다고 주장하고 있다.

③ 개구리가 사는 곳에 대해 자세히 설명하고 있다.

④ 실제로 있었던 이야기를 통해 교훈을 주고 있다.

⑤ 전래 동화를 통해 '속'과 관련된 관용어를 소개하고 있다.

**3**

세부 내용

청개구리에 대한 설명으로 알맞지 <u>않은</u> 것은 무엇인가요? (　　　)

① 말썽쟁이로 소문이 나 있다.

② 엄마 개구리의 속을 긁어 놓았다.

③ 엄마 개구리가 말하는 반대로만 했다.

④ 비가 오면 엄마 무덤이 떠내려갈까 봐 걱정하며 울었다.

⑤ 엄마 개구리의 유언에 담긴 뜻을 알고 엄마를 산에 묻었다.

**4** 어휘

관계

㉠과 바꾸어 쓸 수 있는 낱말은 무엇인가요? (　　　)

① 그대로　　　　　　② 거꾸로　　　　　　③ 제대로

④ 비슷하게　　　　　⑤ 가운데로

**5** 어휘

적용

다음 글에서 밑줄 친 엄마의 마음을 나타내기에 알맞은 관용어는 무엇인가요? (　　　)

> 　학교에서 돌아온 1학년 아들이 현관에 서서 엄마를 바라보았다. 엄마는 무슨 일인가 싶어서 아들에게 물었지만, 아들은 대답 없이 고개만 흔들었다. 엄마가 보기엔 분명 아들에게 뭔가 안 좋은 일이 생긴 것 같았다. 그러나 아들은 조용히 자기 방으로 들어가 버렸다. 두 번이나 더 캐물었지만, 아들은 엄마에게 아무 말도 하지 않았다. <u>엄마는 그저 마음이 답답하기만 했다.</u>

① 속을 긁다　　　　　② 속을 끓이다　　　　③ 속이 풀리다

④ 속이 시원하다　　　⑤ 속이 시커멓다

⬇ **핵심어**

# 속을 끓이다

**마음을 태우다.**

예 말 안 듣는 동생 때문에 엄마께서는 속을 ❶ ☐☐☐가 결국 몸져누우셨다.

답 ❶ (                    )

**확장**

## 속과 관련한 관용어

### 속이 뒤집히다

1. **비위가 상하여 욕지기가 날 듯하게 되다.**

   예 고약한 냄새가 나서 속이 뒤집혔다.

2. **몹시 아니꼽게 느껴지다.**

   예 내가 1등을 빼앗기다니, 생각할수록 분해서 속이 ❷ ☐☐혔다.

답 ❷ (                    )

### 속이 보이다

**엉큼한 마음이 들여다보이다.**

예 빤히 속이 ❸ ☐☐☐ 거짓말은 이제 그만해.

답 ❸ (                    )

### 속이 시원하다

**좋은 일이 생기거나 나쁜 일이 없어져서 마음이 상쾌하다.**

예 앓던 이가 빠져서 속이 ❹ ☐☐하다.

답 ❹ (                    )

**이해** 빈칸에 알맞은 말을 넣어 관용어를 완성하세요.

**1** 마음을 태우다. → 속이/을 ( )

**2** 몹시 아니꼽게 느껴지다. → 속이/을 ( )

**3** 엉큼한 마음이 들여다보이다. → 속이/을 ( )

**4** 좋은 일이 생기거나 나쁜 일이 없어져서 마음이 상쾌하다.
→ 속이/을 ( )

**적용** 밑줄 친 관용어가 바르게 쓰였으면 ○표, 바르지 않으면 ×표 하세요.

**5** 혼자 <u>속을 끓이며</u> 생각해 봐도 뾰족한 수가 없었다. ( )

**6** <u>속 보이는</u> 소리를 하는 것을 보니 부탁할 게 있구나? ( )

**7** 평소에 눈엣가시였던 녀석이 사라져서 <u>속이 뒤집혔다</u>. ( )

**8** 보기도 싫던 그 녀석을 다시 만나니 보자마자 <u>속이 시원했다</u>. ( )

**심화** **9** 다음 글에서 밑줄 친 현주의 마음에 어울리는 관용어는 무엇인가요? ( )

> 현주: 나 요즘 친구들이랑 계속 사이가 안 좋아.
> 영민: 왜 그런 거야? 뭐 때문에 사이가 안 좋니?
> 현주: 그게…… <u>내가 뭘 잘못했다는데 아무것도 모르겠어. 그래서 불안하고 걱
> 정이 돼.</u>
> 영민: 그건 참 걱정되겠다. 근데 너 혼자서 그렇게 걱정하지 말고, 친구들과 좀
> 더 이야기해 보는 건 어때?

① 속을 긁다 ② 속이 보이다 ③ 속을 끓이다
④ 속이 뒤집히다 ⑤ 속이 시원하다

# 허리띠를 졸라매야 하는 가난 덕분에

옛날에 가난한 남자가 살았어. 운 좋게 장가는 들었는데 먹고살 방법이 없었대. 남의 집 일을 해서 얻은 곡식이 있으면 먹고 없으면 ⟨ ㉠ ⟩ 배고픔을 참으며 살았지.

그러다 아내가 아이를 낳았는데 미역국은커녕 죽도 끓여 줄 게 없었어. 항아리 바닥에 붙은 밀가루를 긁어 **멀건** 죽을 끓여 아내한테 갖다 줬지 만 아내는 먹지도 못하고 쓰러져 버렸어. 남편도 먹은 게 없어 기운이 다 빠져 가지고 밀가루 항아리를 안은 채 방문 앞에 쓰러져 잠이 들었지.

아내가 겨우 눈을 떴는데 잠든 남편 뒤로 **저승사자**들이 보이더래.

"내 저승사자 수백 년에 이런 **몰골**은 처음이오. 머리는 **쑥밭**이고 옷은 다 찢어지고, 얼굴 뜬 것 좀 보시오. 저런 놈을 어찌 넘어가 저 아낙을 데려가겠소?"

"야, 정말이로구나. 안 되겠다. 저 고개 너머 **유복자** 낳은 김 진사네 과부 며느리 **사주**가 저 아낙과 같으니 대신 잡아가세."

하더니 혀를 차며 집 밖으로 나가더래. 가난 덕분에 목숨을 건지긴 했는 데, 자기 대신 다른 사람이 죽게 됐으니 아내가 얼마나 미안했겠어.

"여보, 얼른 김 진사네 가 보시오. 혹시 그 집에 **초상**이 났거든 여러 말 말고 그 아기 젖은 우리가 먹인다 하시오."

아내 말을 듣고 남편이 가 보니 정말 김 진사네 며느리가 간밤에 아이 를 낳고 죽어 난리가 났네. 남편은 아내의 말대로 갓난아기에게 젖을 먹 여 주겠다 했지. 초상집에서는 엄마 잃은 갓난아이에게 젖을 먹여 주겠 다니 얼마나 고마워. 그래서 남편을 아예 김 진사네 머슴으로 들이게 됐 지. 아내가 제 아이 젖 한 번 줄 때, 그 집 아이는 두 번 주며 **지극정성** 키웠고, 김 진사의 도움으로 잘 살게 되었지. 여기에서 너무 가난하게 살면 저승사자도 놀라 못 데려간다는 말이 나왔어.

5

10

15

20

---

**1**

인물

**아이를 낳은 아내를 데리러 온 것은 누구인지 쓰세요.**

( )

**2**

내용 이해

이 글의 내용과 일치하는 것은 무엇인가요? (          )

① 남편은 아내에게 미역국을 끓여 주었다.

② 아내는 저승사자에게 살려 달라고 빌었다.

③ 남편은 꿈에서 저승사자의 말소리를 들었다.

④ 저승사자는 실수로 김 진사네 며느리를 잡아갔다.

⑤ 아내는 김 진사네 며느리에게 미안해서 그 아이를 정성껏 길렀다.

**3**

추론

이 글을 통해 답을 알 수 있는 질문은 무엇인가요? (          )

① 가난한 총각이 어떻게 장가를 갔을까?

② 과부 며느리의 남편이 죽은 이유는 무엇일까?

③ 김 진사네는 죽은 며느리의 장례를 어떻게 치렀을까?

④ 저승사자들이 아내를 잡아가지 않은 까닭은 무엇일까?

⑤ 김 진사네 머슴으로 들어간 남편은 어떤 일을 하였을까?

**4**

어휘

뜻

이 글에 쓰인 낱말의 뜻풀이가 바르지 <u>않은</u> 것은 무엇인가요? (          )

① 몰골: 얼굴이 잘생긴 남자.

② 지극정성: 더할 수 없이 극진한 정성.

③ 유복자: 태어나기 전에 아버지를 여읜 자식.

④ 초상: 사람이 죽어서 장사 지낼 때까지의 일.

⑤ 쑥밭: 매우 어지럽거나 못 쓰게 된 모양을 비유적으로 이르는 말.

**5**

어휘

적용

㉠에 들어갈 관용어로 알맞은 것은 무엇인가요? (          )

① 꼬리를 빼고

② 옷깃을 여미고

③ 손에 잡힐 듯하게

④ 허리띠를 졸라매고

⑤ 엉덩이가 근질근질하게

## 어휘 학습

동영상 강의

# 허리띠를 졸라매다

**1. 검소한 생활을 하다.**

예 빚을 갚으려면 ❶[ ][ ]를 졸라매야 한다.

**2. 배고픔을 참다.**

예 먹을 것이 없어서 허리띠를 졸라맸다.

답❶ ( )

확장

# 허리와 관련한 관용어

## 허리가 휘다

감당하기 어려운 일을 하느라 힘이 부치다.

예 대학 등록금이 비싸서 ❷[ ]가 휠 지경이다.

답❷ ( )

## 허리를 굽히다

**1. 남에게 겸손한 태도를 취하다.**

예 준호는 허리를 ❸[ ]고 정중히 사과했다.

**2. 정중히 인사하다.**

예 채연이는 선생님을 보자마자 허리를 굽혔다.

답❸ ( )

## 허리를 펴다

어려운 고비를 넘기고 편하게 지낼 수 있게 되다.

예 그 문제가 해결되었으니 이제 허리를 ❹[ ] 잘 수 있겠다.

답❹ ( )

**이해** 다음 관용어와 뜻을 알맞게 선으로 이으세요.

**1** 허리를 펴다 •
                                    • ㉮ 정중히 인사하다.

**2** 허리가 휘다 •
                                    • ㉯ 검소한 생활을 하다.

**3** 허리를 굽히다 •
                              • ㉰ 감당하기 어려운 일을 하느라 힘이 부치다.

**4** 허리띠를 졸라매다 •
                              • ㉱ 어려운 고비를 넘기고 편하게 지낼 수 있게 되다.

**적용** 밑줄 친 관용어가 바르게 쓰였으면 ○표, 바르지 않으면 ×표 하세요.

**5** 직원은 들어오는 모든 손님들에게 <u>허리를 굽혔다</u>. (       )

**6** 살림이 조금도 나아지지 않으니, <u>허리를 펼</u> 수밖에 없다. (       )

**7** 그는 착실히 아르바이트를 해서 <u>허리가 휠</u> 정도로 돈을 모았다. (       )

**8** 이번 달 용돈을 이미 다 써 버려서 <u>허리띠를 졸라매고</u> 살아야 한다. (       )

**심화** **9** 다음 빈칸에 들어갈 알맞은 관용어는 무엇인가요? (       )

> 형에게 한 푼도 받지 못하고 쫓겨난 흥부와 흥부 아내는 배고픈 아이들을 먹이기 위해 나가서 품을 팔기로 하였다. 하지만 부부가 온갖 일을 해도 아이가 많아서 입에 풀칠하기가 쉽지 않았다. 흥부는 가난한 살림에 더욱         했다.

① 허리를 펴야       ② 허리를 꺾어야       ③ 허리를 굽혀야

④ 허리를 쥐고 웃어야       ⑤ 허리띠를 졸라매야

# 어법

어법은 말을 사용하는 바른 규칙입니다. 어법에 맞는 말을 사용해야
정확하게 뜻을 전달할 수 있습니다.

— 01 —

## 문장의
## 종결 표현

# 문장의 종결 표현

**핵심어**

**문장의 종결 표현**

문장을 끝맺는 표현으로, 종결 어미와 억양에 따라 문장의 의미가 달라짐.

● **의사소통** 가지고 있는 생각이나 뜻이 서로 통함.

● **종결**(마칠 종 終, 맺을 결 結) 일을 끝냄.

● **어미**(말씀 어 語, 꼬리 미 尾) 어간에 붙어 그 쓰임에 따라 다양하게 활용되는 부분. '맑다', '맑으며', '맑으니'에서 '다', '으며', '으니' 따위를 이르는 말.

● **객관적** 자기 혼자만의 생각이나 감정에서 벗어나, 있는 그대로인 (것).

● **요구**(중요할 요 要, 구할 구 求) 어떠한 것을 필요하다고 바라거나 요청함.

● **억양** 말을 할 때 소리의 높낮이에 변화를 주는 일.

● **어조**(말씀 어 語, 고를 조 調) 말의 가락.

"숙제를 해라."와 "숙제를 할까?"는 끝부분만 다를 뿐인데 문장의 느낌이 다르다. **의사소통**을 효과적으로 하려면 문장의 끝부분에 오는 표현을 잘 이해해야 한다. 이때 문장을 끝맺는 표현을 '**종결** 표현'이라고 한다. '종결 **어미**'는 어떠한 문장의 끝부분에 오는 말로, 이에 따라 문장의 종류가 달라진다.

문장은 '평서문', '의문문', '명령문', '청유문', '감탄문'의 다섯 가지로 나뉜다. '평서문'은 말하는 이가 내용을 **객관적**으로 이야기하는 문장으로, "저녁을 먹었다."처럼 내용을 전달할 수 있다. '의문문'은 질문을 하는 문장으로, "저녁을 먹었어?"처럼 대답을 **요구**한다. '명령문'은 "저녁을 먹어라."처럼 듣는 이에게 무엇을 시키거나 행동을 요구하는 문장이다. '청유문'은 ㉠듣는 이에게 같이 행동할 것을 요청하는 문장으로, "저녁을 먹자."처럼 표현한다. '감탄문'은 말하는 이의 느낌을 표현하는 문장으로, "저녁을 먹었구나!"와 같이 표현한다.

종결 어미는 말하는 이의 의도에 따라 달라진다. 대답이나 행동을 요구할 수도 있고, 제안을 할 수도 있고, 말하는 이의 느낌을 표현할 수도 있다. 또, 종결 어미로 듣는 이에 대한 높임을 표시하기도 한다. 친구에게는 "입어."라고 하지만, 아버지께는 "입으세요."라고 말하는 것이 그 예이다.

하지만 같은 종결 어미를 사용하더라도 **억양**에 따라 문장의 의미가 달라질 수도 있다. 가령 '공부하고 있어.'라는 문장을 말끝을 올려 말하면 "공부하고 있어?"처럼 의문문이 되기도 하고, 차분하게 말하면 "공부하고 있어."처럼 평서문이 되기도 한다. 또, 강한 **어조**로 말하면 "공부하고 있어!"처럼 명령문이 되기도 한다.

5

10

15

20

**1**
핵심어

**이 글에서 가장 중심이 되는 것은 무엇인지 쓰세요.**

• 문장의 (                              )

**2**

내용 이해

이 글의 내용으로 알맞지 <u>않은</u> 것은 무엇인가요? (        )

① 문장은 다섯 가지로 분류할 수 있다.

② 문장을 끝맺는 표현을 '종결 표현'이라고 한다.

③ 문장 끝부분에 오는 말을 '종결 어미'라고 한다.

④ 말하는 이의 의도에 따라 종결 어미가 달라진다.

⑤ 같은 종결 어미를 사용하면 문장의 종류도 같다.

**3**

적용

㉠의 의도를 담아 말하지 <u>않은</u> 친구는 누구인가요? (        )

① 은비: 우리 함께 청소하자.

② 채원: 우리 같이 숙제하자.

③ 예나: 이제 밥 먹으러 가자.

④ 민주: 나는 공부를 열심히 한다.

⑤ 유진: 지금 나랑 노래를 부르자.

**4**

적용

다음 문장의 종류는 무엇인가요? (         )

> 활짝 핀 벚꽃이 정말 아름답구나!

① 평서문            ② 의문문            ③ 명령문

④ 청유문            ⑤ 감탄문

**5**

적용

다음 문장이 명령문이 되도록 알맞은 말에 ○표 하세요.

> 들어가서 방 청소를 ( 하자. / 할까? / 해라. / 했구나! / 한다. )

## 어법 학습

동영상 강의

**Q** 장군이 명령할 때 외칠 말은 무엇인가요?

❶ 돌격할까?

❷ 돌격하라.

## ◯ 문장의 종결 표현

### 1. 개념

문장을 끝맺는 표현으로, 종결 어미와 억양에 따라 문장의 의미가 달라짐.

### 2. 종류

| 구분 | 설명 | 종결 어미 | 예 |
|------|------|-----------|-----|
| 평서문 | 내용을 객관적으로 이야기하는 문장 | -ㅂ니다, -아 요/-어요, -아/ -어, -다 등 | • 저녁을 먹는다.<br>• 하늘에 달이 떴어요. |
| 의문문 | 질문을 하여 대답을 요구하는 문장 | -ㅂ니까, -아 요/-어요, -아/ -어, -니, -냐 등 | • 저녁을 먹었니?<br>• 청소를 했습니까? |
| 명령문 | 무엇을 시키거나 행동을 요구하는 문장 | -ㅂ시오, -세 요, -아/-어, -아 라/-어라 등 | • 저녁을 먹어라.<br>• 안으로 들어가십시오. |
| 청유문 | 같이 행동할 것을 요청하는 문장 | -ㅂ시다, -아 요/-어요, -자 등 | • 저녁을 먹자.<br>• 질서를 지킵시다. |
| 감탄문 | 말하는 이의 느낌을 표현하는 문장 | -군요, -구나, -구먼, -아라/ -어라, -군 등 | • 저녁을 먹는구나!<br>• 노을이 아름다워라! |

**이해** 문장과 문장에 대한 설명이 알맞게 연결되도록 선으로 이으세요.

**1** 　평서문　 •

• ㉮ 같이 행동할 것을 요청하는 문장

**2** 　의문문　 •

• ㉯ 말하는 이의 느낌을 표현하는 문장

**3** 　명령문　 •

• ㉰ 질문을 하여 대답을 요구하는 문장

**4** 　청유문　 •

• ㉱ 내용을 객관적으로 이야기하는 문장

**5** 　감탄문　 •

• ㉲ 무엇을 시키거나 행동을 요구하는 문장

**적용** 다음 문장의 종류는 무엇인지 보기 에서 찾아 쓰세요.

> **보기**
>
> | 의문문 | 감탄문 | 평서문 | 청유문 | 명령문 |

**6** 이 나무의 이름은 뭐야?　　　　　　　　　　( 　　　　　 )

**7** 오늘 기분이 정말 좋구나!　　　　　　　　　( 　　　　　 )

**8** 그럼 다 같이 노래를 불러 봅시다.　　　　　( 　　　　　 )

**9** 늦게까지 놀지 말고 어서 들어가서 자라.　　( 　　　　　 )

**심화** **10** 다음 글에 사용되지 <u>않은</u> 문장의 종류를 찾아 ○표 하세요.

> 　오늘은 소희네 가족이 봄나들이를 가기로 한 날입니다. 그런데 아침부터 비가 많이 내려서 밖에 나가지 못하게 되었습니다. 소희와 소희의 동생은 창밖을 바라보며 무엇을 할지 궁리하기 시작했습니다.
> 　"비가 정말 많이 오는구나! 비가 오는데 오늘은 뭘 해야 할까?"
> 　"언니, 같이 보드게임 하자."
> 　"좋아. 진 사람이 이긴 사람의 소원을 들어주기로 하자."

( 평서문, 의문문, 청유문, 명령문, 감탄문 )

# 02

**핵심어**

### 구개음화

낱말의 끝소리가 'ㄷ, ㅌ'일 때, 모음 'ㅣ'나 '히'를 만나 'ㄷ, ㅌ'이 'ㅈ'이나 'ㅊ'이 되는 현상으로, '입천장소리되기'라고도 함.

## ☐☐☐ 현상

'굳이'는 어떻게 **발음**하는 것이 맞을까? [구디]나 [굳이]는 틀린 발음이고, [구지]라고 발음해야 한다. 'ㄷ'을 그대로 발음하거나 'ㄷ'이 뒤의 모음으로 그대로 넘어가지 않고, 'ㅈ'으로 바뀌어 소리가 나는 것이다. 이런 **현상**을 ㉠'구개음화'라고 한다.

'구개음화'는 '구개음이 아닌 소리가 구개음으로 변하는 현상'을 말한다. 여기서 ㉡'구개음'이란 혓바닥과 입천장 앞쪽 사이에서 나는 소리로, 자음 중 'ㅈ, ㅉ, ㅊ'이 이에 해당한다. 그래서 구개음화 현상을 '입천장소리되기 현상'이라고도 한다.

구개음화는 구개음이 아니었던 'ㄷ, ㅌ'이 모음 'ㅣ'나 '히'를 만나서 구개음인 'ㅈ, ㅊ'으로 소리 나는 현상이다. 이런 현상이 나타나는 까닭은 소리를 좀 더 쉽게 내기 위해서이다.

'ㄷ, ㅌ' 다음에 'ㅣ'가 아닌 다른 모음이 오면 'ㄷ'과 'ㅌ'을 그대로 이어서 발음한다. 그래서 '받아'는 [바다]로 '밭에'는 [바테]로 소리가 난다. 하지만 '굳이'나 '같이'처럼 'ㄷ, ㅌ' 다음에 모음 'ㅣ'가 나오면 받침 'ㄷ'은 [ㅈ]으로, 'ㅌ'은 [ㅊ]으로 바뀌어 소리 난다. '굳이'는 [고지], '같이'는 [가치]로 소리 나는 것이다.

또한 **끝소리** 'ㄷ' 뒤에 '히'가 이어질 때에도 받침 'ㄷ'이 [ㅊ]으로 바뀌어 소리 난다. '굳히다'가 [구치다]로, '묻히다'가 [무치다]로 소리 나는 것이 그 예이다. '굳'과 '묻'의 받침인 'ㄷ'이 뒤에 오는 'ㅎ'의 **영향**으로 'ㅌ'으로 바뀌었다가, 모음 'ㅣ'의 영향을 받아 [ㅊ]으로 소리 나는 것이다. 이러한 현상도 구개음화에 **해당한다**.

5

10

15

20

● **발음**(필 발 發, 소리 음 音) 음성을 냄. 또는 그 음성.

● **현상**(나타날 현 現, 형상 상 象) 실제로 나타나 보이는 사물의 모양과 상태.

● **끝소리** 음절의 구성에서 마지막 소리인 자음. '감', '공'에서 'ㅁ', 'ㅇ' 따위임.

● **영향** 어떤 사물의 효과나 작용이 다른 것에 미치는 일.

● **해당한다** 어떤 범위나 조건 따위에 바로 들어맞다.

---

### 1
**제목**

**이 글의 제목으로 어울리도록 빈칸에 들어갈 알맞은 말을 네 글자로 쓰세요.**

• ( ) 현상

## 2

내용 이해

**이 글의 내용으로 알맞지 않은 것을 두 가지 고르세요. (　　,　　)**

① 구개음에 해당하는 자음은 'ㄷ', 'ㅌ'이다.
② 구개음화 현상은 '입천장소리되기 현상'이라고도 한다.
③ 구개음은 혓바닥과 입천장 앞쪽 사이에서 나는 소리이다.
④ 'ㄷ' 다음에 '히'가 오면 구개음화 현상이 일어나지 않는다.
⑤ 구개음화는 구개음이 아닌 소리가 구개음으로 변하는 현상이다.

## 3

세부 내용

**㉠의 현상이 일어나는 까닭으로 알맞은 것은 무엇인가요? (　　　)**

① 혓바닥이 짧아서
② 겹받침이 모음과 만나서
③ 앞말 끝에 자음이 없어서
④ 소리를 좀 더 쉽게 내기 위해서
⑤ 낱말을 재미있게 발음하기 위해서

## 4

적용

**㉡에 해당하는 자음에 모두 ○표 하세요.**

ㄷ　ㅁ　ㅅ　ㅈ　ㅉ　ㅊ　ㅌ　ㅎ

## 5

적용

**다음 낱말의 발음이 알맞지 않은 것은 무엇인가요? (　　　)**

① 맏이 → [마지]
② 여닫이 → [여다지]
③ 밭이 → [바지]
④ 걷히다 → [거치다]
⑤ 등받이 → [등바지]

## 어법 학습

동영상 강의

**Q** 두 친구가 만나면 어떤 소리가 날까요?

나는 끝소리 'ㄷ'
나는 모음 'ㅣ'

**①** [지]

나야, 나!

**②** [찌]

나라고?

## ◯ 구개음화

### 1. 개념

낱말의 끝소리가 'ㄷ', 'ㅌ'일 때, 모음 'ㅣ'나 '히'를 만나 'ㄷ', 'ㅌ'이 'ㅈ'이나 'ㅊ'이 되는 현상으로, '입천장소리되기'라고도 함.

### 2. 쓰임

**①** ㄷ + ㅣ → [지]

| 낱말 | 해돋이 | 발음 | [해도지] |
|------|--------|------|----------|
| 예 | 우리 가족은 해돋이[해도지]를 보기 위해 바다에 갔다. | | |

**②** ㄷ + 히 → [티] → [치]

| 낱말 | 걷히다 | 발음 | [거치다] |
|------|--------|------|----------|
| 예 | 비가 그치자 구름이 걷히고[거치고] 햇살이 비쳤다. | | |

### 3. 주의할 점

구개음화는 소리를 좀 더 쉽게 내려고 일어나는 현상이므로 글자를 쓸 때는 소리 나는 대로 쓰지 않고, 원래 형태를 살려서 써야 함.

**이해** **1** 빈칸에 들어갈 알맞은 말을 보기 에서 찾아 '구개음화'의 뜻을 완성하세요.

> **보기**
>
> ㄷ    ㅈ    ㅊ    ㅌ    ㅎ

> '구개음화'란 낱말의 끝소리가 '(        )', '(        )'일 때 뒤에 모음 'ㅣ'나 '(        )'가 오면 '(        )'이나 '(        )'으로 바뀌어 소리 나는 현상으로, '입천장소리되기 현상'이라고도 한다.

**적용** 낱말을 소리 나는 대로 알맞게 쓴 것에 ○표, 알맞지 않은 것에 ×표 하세요.

**2** 곧이 → [고디]                                                       (        )

**3** 솥에 → [소체]                                                       (        )

**4** 붙이다 → [부치다]                                                  (        )

**5** 해돋이 → [해도지]                                                  (        )

**6** 피붙이 → [피부티]                                                  (        )

**7** 돋아나다 → [도자나다]                                            (        )

**심화** **8** 다음 ㉠, ㉡을 어떻게 소리 내어 읽어야 하는지 쓰세요.

> 옛날에 한 농부가 게으른 세 아들에게 유언을 남겼어요.
> "얘들아, 내가 포도밭에 보물을 묻어 두었으니 꼭 찾아내거라."
> 아버지가 돌아가신 후 세 아들은 ㉠같이 밭을 파헤치기 시작했어요. 하지만 아무리 땅을 파도 보물이 나오지 않자 아들들은 불평을 했어요.
> "㉡굳이 보물을 포도밭에 숨기셔서 이렇게 힘들게 땅을 파야 하다니."

(1) ㉠: [                    ]

(2) ㉡: [                    ]

# 03

# 문장 성분의 호응

**문장 성분의 호응**

문장에서 앞에 어떤 말이 오고 짝인 말이 뒤따라오는 것.

'나는 딸기를 별로 좋아한다.'라는 문장은 왜 **어색하게** 느껴질까? 문장에 나오는 말끼리 서로 어울리지 않기 때문이다. 이러한 문장은 어색하게 느껴질 뿐만 아니라 말하는 이의 의도를 제대로 전달할 수 없다.

문장에서 앞에 어떤 말이 오고 짝인 말이 뒤따라오는 것을 '호응'이라고 한다. 문장의 호응은 문장 **성분**끼리 잘 맞거나 어울리는 것을 말한다. 호응이 제대로 이루어지지 않으면 잘못된 문장이 된다.    5

문장 성분은 한 문장을 구성하는 **요소**로, 문장에서 일정한 역할을 한다. '무엇이 어찌한다'에서 '주어'는 '무엇이'에 해당하는 말이고, '서술어'는 '어찌한다'에 해당한다. 목적어는 '무엇이 무엇을 어찌한다'라는 문장에서 '무엇을'에 해당하는 말이다.    10

문장 성분의 호응이 알맞은지 **판단**하려면 먼저 주어와 서술어의 호응을 살펴봐야 한다. "하늘에 구름과 참새가 날아간다."는 주어인 '구름과'와 서술어인 '날아간다'가 호응하지 않는다. 이 문장은 "하늘에 구름이 떠 있고 참새가 날아간다."라고 해야 알맞다. "㉠나의 꿈은 과학자가 되고 싶다."도 주어인 '꿈은'과 서술어인 '되고 싶다'가 호응하지 않는 문장    15
이다.

또한, 꾸며 주는 말과 서술어가 호응하는지 살펴봐야 한다. 꾸며 주는 말인 '결코', '전혀', '별로'는 '아니다', '없다', '못하다'와 같이 **부정**의 뜻을 지닌 서술어와 호응한다. '나는 결코 거짓말을 했다.'라는 문장은 '나는 결코 거짓말을 하지 않았다.'라고 써야 호응이 알맞다. '왜냐하면'은    20
'때문이다'와 호응하는 말이다.

그 밖에도 시간을 나타내는 말과 서술어가 호응하는지, 높임의 대상을 나타내는 말과 서술어가 호응하는지 등을 생각하며 문장을 써야 한다.

- **어색하게** 격식이나 규범, 관습 따위에 맞지 아니하여 자연스럽지 아니하게.

- **성분** 한 문장을 구성하는 요소.

- **요소** 무엇을 이루는 데 반드시 있어야 할 중요한 물질이나 조건.

- **판단** 사물을 인식하여 논리나 기준 등에 따라 판정을 내림.

- **부정**(아닐 부 否, 정할 정 定) 그렇지 아니하다고 단정하거나 옳지 아니하다고 반대함.

---

**1**

핵심어

**이 글에서 가장 중심이 되는 것은 무엇인지 쓰세요.**

• 문장 성분의 (                    )

**2** 내용 이해

이 글의 내용으로 알맞지 <u>않은</u> 것은 무엇인가요? (        )

① 주어와 서술어는 호응해야 한다.

② 꾸며 주는 말과 서술어는 호응해야 한다.

③ 문장 성분에는 주어, 서술어, 목적어 등이 있다.

④ 시간을 나타내는 말은 호응 관계를 살펴볼 필요가 없다.

⑤ 문장의 호응이 제대로 이루어지지 않으면 잘못된 문장이 된다.

**3** 적용

문장 성분의 호응에 대해 <u>잘못</u> 말한 것은 무엇인가요? (        )

① '결코'는 '할 수 있다'와 호응을 이루는 말이야.

② '왜냐하면 나는 배가 고프다.'는 잘못된 문장이야.

③ 꾸며 주는 말인 '전혀'는 서술어 '아니다'와 호응해.

④ '나는 어제 책을 읽는다.'에서 '어제'와 '읽는다'는 서로 호응하지 않아.

⑤ '아버지께서 저녁을 먹는다.'는 높임의 대상을 나타내는 말과 서술어가 호응하지 않아.

**4** 적용

㉠을 문장의 호응이 알맞도록 고쳐 쓰세요.

> 나의 꿈은 과학자가 되고 싶다.

⑴ (                              ) 과학자이다.

⑵ 나는 과학자가 (                              ).

**5** 적용

문장의 호응이 바르지 <u>않은</u> 것을 모두 고르세요. (      ,      )

① 할머니께서 나를 부르셨다.

② 나는 어제 책을 읽을 것이다.

③ 비가 내리고 바람이 세차게 불었다.

④ 숲속에는 다람쥐와 참새가 날아다닌다.

⑤ 선민이는 거북이를 별로 좋아하지 않는다.

**어법 학습**

동영상 강의

**Q** 선장의 짝꿍은 누구일까요?

누가 올까?

결코

나는 긍정의 뜻을 지녔어.

~이다

① 이다

나는 부정의 뜻을 지녔어.

~아니다

② 아니다

## ⭕ 문장 성분의 호응

### 1. 개념

문장에서 앞에 어떤 말이 오고 짝인 말이 뒤따라오는 것.

### 2. 종류

| 주어와 서술어의 호응 | 📖 화단에 새싹과 꽃이 피었다.<br>→ 화단에 새싹이 돋아나고 꽃이 피었다. |
|---|---|
| | 📖 도둑이 경찰에게 잡았다.<br>→ 도둑이 경찰에게 잡혔다. |
| 꾸며 주는 말과 서술어의 호응 | 📖 왜냐하면 나는 배가 고프다.<br>→ 왜냐하면 나는 배가 고프기 때문이다. |
| | 📖 그것은 결코 옳은 행동이다.<br>→ 그것은 결코 옳은 행동이 아니다. |
| 시간을 나타내는 말과 서술어의 호응 | 📖 철수가 어제 노래를 부른다.<br>→ 철수가 어제 노래를 불렀다. |
| 높임의 대상을 나타내는 말과 서술어의 호응 | 📖 어머니께 선물을 주었다.<br>→ 어머니께 선물을 드렸다. |

### 3. 주의할 점

호응이 되지 않으면 문장이 어색해지거나 전달하려는 뜻이 잘못 전해질 수 있으므로 문장의 호응 관계가 올바른지 확인해야 함.

**이해** 문장의 호응이 바른 것에 ○표, 바르지 않은 것에 ✕표 하세요.

**1** 내일 학교에서 수학 시험을 보았다. ( )

**2** 어머니께서 나에게 생일 선물을 주셨다. ( )

**3** 하늘에는 구름과 갈매기들이 날고 있었다. ( )

**4** 비록 힘들었지만 끝까지 포기하지 않았다. ( )

**적용** 다음 밑줄 친 부분을 문장 성분의 호응이 바르게 되도록 고쳐 쓰세요.

**5** 오늘은 <u>눈과 바람이 불었다.</u>
→ ( ) 바람이 불었다.

**6** 나의 꿈은 멋진 가수가 <u>되고 싶다.</u>
→ ( ).

**7** 공부를 열심히 했지만 전혀 기억이 <u>난다.</u>
→ ( ).

**8** 힘껏 도망쳤지만, 토끼는 결국 독수리에게 <u>잡았다.</u>
→ ( ).

**심화** **9** 다음 글에서 문장 성분의 호응이 바르지 <u>않은</u> 문장의 기호를 쓰세요.

> ㉠나는 오늘 친구들과 수영장에 다녀왔다. ㉡나는 물을 별로 무서워해서 수영하는 것을 좋아한다. ㉢나와 친구들은 시간 가는 줄도 모르고 물놀이를 하였다. 우리는 저녁때가 다 되어서야 집으로 돌아갔다. ㉣오늘 친구들과 함께한 추억은 절대 잊지 못할 것 같다. 이번 여름이 지나가기 전에 또 친구들과 수영장에 가고 싶다.

**이해** ( )

# 04

## 다의어와 동형어

'다의어'는 두 가지 이상의 뜻을 가진 낱말이고, '동형어'는 형태는 같지만 의미의 관련이 없는 전혀 다른 낱말임.

□□□와 □□□

두 가지 이상의 뜻을 가진 낱말을 '다의어'라고 한다. '다의어 관계'는 낱말 사이에 의미의 **유사성**이 있는 **관계**를 뜻한다. 다의어는 기본적인 의미를 중심으로, 중심 의미로부터 **연상**되는 주변적인 의미를 지닌다.

'머리'라는 낱말을 예로 들면, '머리가 크다.'에서 머리는 '목 위의 머리'를 뜻한다. '머리가 길다.'라는 문장에서는 '머리카락'을 뜻하고, '머리가 좋다.'라는 문장에서는 '**지능**'을 뜻한다. 세 문장에 쓰인 '머리'는 모두 신체 부위인 머리와 관련이 있다. 첫 번째 문장에 쓰인 뜻이 가장 기본적인 의미이고, 두 번째와 세 번째 문장에서는 그로부터 **확장**된 주변적인 의미로 쓰였다.

글자의 형태는 같지만, 완전히 뜻이 다른 말은 '동형어'라고 한다. '동형어'는 '형태는 같지만 뜻이 다른 말.'이라는 뜻이다. 동물의 '다리'와 건너는 '다리'처럼 우연히 글자의 형태가 같을 뿐 의미의 유사성은 없는 관계를 '동형어 관계'라고 한다.

다의어와 동형어를 **구별**하려면 의미들 사이에 비슷한 점이 있는지 생각해 보아야 한다. 즉 의미가 서로 관련되어 있으면 다의어, 전혀 관련이 없으면 동형어라고 할 수 있다. 또한, 국어사전에서 낱말을 찾아봤을 때, 다의어는 하나의 낱말에 여러 가지 뜻이 묶여 있지만 동형어는 다른 낱말로 따로 실려 있다.

예를 들어서, '돈을 쓰다.', '힘을 쓰다.', '세제를 쓰다.'에서 '쓰다'는 모두 무엇인가를 이용하거나 사용한다는 점에서 유사성이 있다. 그러므로 세 문장의 '쓰다'는 [ ㉠ ] 관계이다. 하지만 '맛이 쓰다.', '모자를 쓰다.', '글을 쓰다.' 등은 '쓰다'라는 낱말 사이에 아무런 유사점이 없다. 따라서 세 문장의 '쓰다'는 서로 [ ㉡ ] 관계인 것이다.

5

10

15

20

- **유사성** 서로 비슷한 성질.

- **관계** 둘 이상의 사람, 사물, 현상 따위가 서로 관련을 맺거나 관련이 있음.

- **연상** 하나의 관념이 다른 관념을 불러일으키는 현상.

- **지능**(알 지 知, 능할 능 能) 사물이나 현상을 이해하고 환경에 반응하는 능력.

- **확장** 범위, 규모, 세력 따위를 늘려서 넓힘.

- **구별**(구역 구 區, 다를 별 別) 성질이나 종류에 따라 갈라놓음.

---

## 1 제목

**빈칸에 알맞은 말을 넣어 이 글의 제목을 완성하세요.**

· (           )와 (           )

**2**

내용 이해

**이 글의 내용으로 알맞지 <u>않은</u> 것은 무엇인가요? (          )**

① 동형어는 형태는 같지만 뜻이 다른 말이다.

② 국어사전에 다의어는 하나의 낱말로 묶여 있다.

③ 국어사전에 동형어는 다른 낱말로 따로 실려 있다.

④ 다의어는 기본적인 의미와 주변적인 의미를 지니고 있다.

⑤ 다의어 관계는 형태만 같고 의미의 유사성은 없는 관계이다.

**3**

적용

**㉠과 ㉡에 들어갈 말로 알맞은 말에 ○표 하세요.**

⑴ ㉠: ( 다의어, 동형어 )

⑵ ㉡: ( 다의어, 동형어 )

**4**

관계

**다음 문장에서 밑줄 친 낱말의 관계가 나머지 넷과 <u>다른</u> 것은 무엇인가요? (          )**

① 나무에 <u>밤</u>이 가득 열렸다. / 칠흑 같은 <u>밤</u>이 되었다.

② 고운 <u>말</u>을 쓰도록 합시다. / 학기 <u>말</u>이 다가오고 있다.

③ 과식을 해서 <u>배</u>가 부르다. / 이 기둥은 <u>배</u>가 불룩하다.

④ 우리 동네 뒷산에는 <u>솔</u>이 많다. / <u>솔</u>로 먼지를 떨어냈다.

⑤ 나는 <u>눈</u>이 나빠서 안경을 쓴다. / 벌써 하얗게 <u>눈</u>이 덮였다.

**5**

적용

**다음 빈칸에 공통으로 들어갈 말은 무엇인가요? (          )**

⑴ 짐이 많은데 [          ]은/는 부족하다.

⑵ 나는 어릴 적에 할머니 [          ]에서 자랐다.

⑶ 모래 놀이를 했더니 [          ]이/가 더러워졌다.

① 발                    ② 배                    ③ 손

④ 머리                  ⑤ 다리

## 어법 학습

동영상 강의

**Q** 사람 '다리'와 다의어 관계에 있는 낱말은 무엇일까요?

❶ 건너는 '다리'　　　❷ 책상 '다리'

## ◯ 다의어

**1. 개념**: 여러 가지 뜻을 가진 낱말.

**2. 예시**

| | | |
|---|---|---|
| 다리 | ① 사람이나 동물의 몸통 아래 붙어 있는 신체의 부분.<br>例 나는 다리가 튼튼하다. | 중심<br>의미 |
| | ② 물체의 아래쪽에 붙어서 그 물체를 받치거나 직접 땅에 닿지 아니하게 하거나 높이 있도록 버티어 놓은 부분.<br>例 책상 다리가 삐걱거린다. | 주변<br>의미 |
| | ③ 안경의 테에 붙어서 귀에 걸게 된 부분.<br>例 다리가 부러진 안경을 고쳤다. | |

## ◯ 동형어

**1. 개념**: 형태는 같지만 뜻이 서로 다른 낱말.

**2. 예시**

| | |
|---|---|
| 말¹ | 사람의 생각이나 느낌 따위를 표현하고 전달하는 데 쓰는 음성 기호.<br>例 주변이 시끄러워서 말이 잘 안 들려. |
| 말² | 말과의 포유류.<br>例 말이 평화롭게 풀을 뜯고 있었다. |
| 말³ | 고누나 윷놀이 따위를 할 때 말판에서 정해진 규칙에 따라 옮기는 패.<br>例 도가 나와서 말을 한 칸 옮겼다. |

**이해** 다음 밑줄 친 낱말의 뜻으로 알맞은 것에 ○표 하세요.

**1** 겨울이 되어 공기가 아주 <u>차다</u>.
⑴ 발로 내어 지르거나 받아 올리다. ( )
⑵ 몸에 닿은 물체나 대기의 온도가 낮다. ( )

**2** 효연이는 한강에서 자전거를 <u>탔다</u>.
⑴ 탈것이나 짐승의 등 따위에 몸을 얹었다. ( )
⑵ 불씨나 높은 열로 불이 붙어 번지거나 불꽃이 일어났다. ( )

**3** 할머니 댁에 가는 길에 <u>차</u>가 고장 나서 저녁 늦게 도착했다.
⑴ 차나무의 어린잎을 달이거나 우린 물. ( )
⑵ 바퀴가 굴러서 나아가게 되어 있는, 사람이나 짐을 실어 옮기는 기관. ( )

**적용** 다음 두 낱말이 다의어 관계이면 '다', 동형어 관계이면 '동'이라고 쓰세요.

**4** 온통 <u>눈</u>이 쌓여서 <u>눈</u>이 부셨다. ( )

**5** 책상 <u>다리</u>에 <u>다리</u>를 부딪혀서 멍이 들었다. ( )

**6** 돈을 계획적으로 <u>쓰려면</u> 용돈 기입장을 <u>써야</u> 한다. ( )

**7** 우리끼리라서 <u>말</u>인데, 재아는 <u>말</u>이 너무 많지 않니? ( )

**심화** **8** ㉠~㉢의 알맞은 뜻을 찾아 기호를 쓰세요.

> 모내기는 벼를 일단 다른 곳에서 키운 뒤 봄이 되면 벼를 논에 ㉠<u>손</u>으로 옮겨 심는 것을 말한다. 모내기는 ㉡<u>손</u>이 많이 가지만 일정한 간격을 두고 벼를 심을 수 있어서 나중에 잡초를 제거하기에 유리하다. 또한, 모판에 벼를 키우는 동안 논에 보리 같은 다른 작물을 재배할 수도 있다. 모내기를 하려면 많은 ㉢<u>손</u>이 필요했기 때문에 "모내기 때는 고양이 손도 빌린다."라는 속담도 있다.

⑴ 일을 하는 사람. ( )
⑵ 사람의 팔목 끝에 달린 부분. ( )
⑶ 어떤 일을 하는 데 드는 사람의 힘이나 노력, 기술. ( )

# 어휘 찾아보기

# 어휘 찾아보기

# 동아출판 초등 무료 스마트러닝

동아출판 초등 **무료 스마트러닝**으로 쉽고 재미있게!

## 과목별·영역별 특화 강의

### 수학 개념 강의

### 국어 독해 지문 분석 강의

### 구구단 송

### 그림으로 이해하는 비주얼씽킹 강의

### 과학 실험 동영상 강의

### 과목별 문제 풀이 강의

**서비스 제공 교재** 큐브 | 백점 과학 | 빠작 초등 국어 | 초능력 | 초고필 | 하이탑 초등 과학

독해력을 키우는 **바른 어휘 학습**

# 동아출판
# 초등 무료
# 스마트러닝

무료
스마트
러닝

동아출판 초등 **무료 스마트러닝**으로 쉽고 재미있게!

초등 ▼

전체 교재　　학습 자료　　스마트러닝

전체　　빠작　　큐브 수학　　자습서& 평가문제집　　초능력

검색 자료 215　　　　　　　　옵션

## 큐브 유형 2-1 동영상 강의
각종 경시대회에 출제되는 응용, 심화 문제를 통해 실력을 한 단계 높일 수 있습니다.

## 과목별·영역별 특화 강의

### 수학 개념 강의

### 국어 독해 지문 분석 강의

### 구구단 송

### 그림으로 이해하는 비주얼씽킹 강의

### 과학 실험 동영상 강의

### 과목별 문제 풀이 강의

**서비스 제공 교재**　큐브 | 백점 과학 | 빠작 초등 국어 | 초능력 | 초고필 | 하이탑 초등 과학

독해력을 기우는 **바른 어휘 학습**

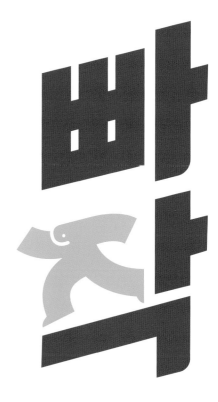

# 정답과 해설

초등 국어

# 어휘 X 독해 4단계

3·4학년

동아출판

# 정답과 해설

**천연기념물이 된 화석**

**글의 종류**
설명문

**글의 특징**
천연기념물로 지정된 화석에 대해 설명하는 글입니다.

**주제**
천연기념물로 지정된 공룡 코리아케라톱스 화성엔시스의 화석

1 이 글은 천연기념물로 지정된 '화석' 코리아케라톱스 화성엔시스에 대해 설명하는 글입니다.

2 두 번째 문단을 보면, 이 화석은 공룡의 발자국이나 알 화석이 아닌 골격 화석이 천연기념물로 지정된 첫 번째 사례임을 알 수 있습니다.

3 이 글은 천연기념물이 된 코리아케라톱스 화성엔시스 화석에 대해 설명하고 있습니다. 그러므로 이 화석이 전시되어 있는 사진을 함께 제시하면 이 글을 쉽게 이해하는 데 도움이 됩니다.

❤ 오답 풀이

① 화석이 화성시 전곡항 주변에서 발견되긴 했지만, 이곳의 일몰 사진은 이 글과 관계가 없습니다.

②, ③ 코리아케라톱스 화성엔시스 화석은 공룡알이나 공룡 발자국이 아니므로, 각 사진은 이 글의 이해를 돕기 위한 적절한 자료가 아닙니다.

④ 천연기념물로 지정된 화석에 대해 설명한 글이지만, 최초로 천연기념물로 지정된 숲 사진을 활용할 필요는 없습니다.

4 '정밀하게'는 '아주 정교하고 치밀하여 빈틈이 없고 자세하게.'라는 뜻을 지닌 낱말입니다. '꽉 짜이지 아니하여 어울리는 맛이 없고 빈틈이 있게.'는 '엉성하게'의 뜻풀이로, '정밀하게'와 반대되는 뜻입니다.

(어휘력 더하기) '정밀하다'의 '정(精)'은 '정할 정/찧을 정'이라는 한자로, '깨끗하다', '정성스럽다', '(쌀을) 찧다', '훌륭하다', '정교하다' 등의 다양한 뜻을 지니고 있습니다. '정성(온갖 힘을 다하려는 참되고 성실한 마음.)', '정미소(쌀 찧는 일을 전문적으로 하는 곳.)' 등의 낱말에 이 한자가 사용됩니다.

5 '보물'은 '썩 드물고 귀한 가치가 있는 귀하고 소중한 물건.'이라는 뜻을 지닌 낱말이므로, 쓸모 없어서 내다 버려야 하는 물건이라는 말은 알맞지 않습니다. 빈칸에는 '사람이 쓰려고 만든, 일정한 모양이 있는 온갖 것.'을 뜻하는 '물건'이나 '헐거나 낡은 물건.'을 뜻하는 '고물'이 들어가는 것이 알맞습니다.

(어휘력 더하기) 이 글의 '보물'이나 이 문제에서 바르게 사용된 '보물' 모두 보석 같은 실제 보물을 뜻하는 것은 아닙니다. 그런 귀한 가치가 있는 물건이라는 의미를 빗대어 표현하기 위해 사용한 것입니다. 낱말이 이러한 방식으로 쓰일 때 '비유적 의미'로 사용된다고 합니다.

(어휘 학습)

**이해**

1 '강화'는 '세력이나 힘을 더 강하고 튼튼하게 함.'이라는 뜻을 지닌 낱말입니다.

2 '화석'은 '아주 옛날의 생물의 뼈나 몸의 흔적이 돌이 되어 남아 있는 것.'이라는 뜻입니다.

3 '화장'은 '화장품을 바르거나 문질러 얼굴을 곱게 꾸밈.'이라는 뜻을 지닌 낱말입니다.

4 '화학'은 '물질의 성분, 구조, 물질들의 반응 등을 연구하는 자연 과학의 한 분야.'라는 뜻을 지닌 낱말입니다.

**적용**

5 이모가 곱게 꾸미고 회사에 간 상황이므로 '화장'이 들어가기에 알맞습니다.

6 회사의 경쟁력을 더 강하게 만들자는 상황이므로 '강화'가 들어가기에 알맞습니다.

7 정연이가 전공한 학문을 나타내는 낱말이 들어가야 하므로 '화학'이 알맞습니다.

8 공룡이 멸종하여 이제는 돌이 되어 남은 흔적으로나마 확인할 수 있다는 것이므로 '화석'이 들어가기에 알맞습니다.

**심화**

9 '오래전에 살았던 고생물의 뼈나 활동 흔적', '공룡 발자국', '익룡의 발자국'이라는 내용을 보고, 공통으로 들어갈 낱말이 '화석'이라는 것을 짐작할 수 있습니다.

016~017 쪽
1 인상 2 ③ 3 ①
4 ④ 5 ②

**우유 가격 인상이 끼치는 영향**

**글의 종류**
기사문

**글의 특징**
우유 가격 인상에 따라 관련 제품들의 가격도 인상되는 상황을 보도한 글입니다.

**주제**
우유 가격 인상에 따른 문제점

1 이 글은 '우유 가격 인상'에 따라 관련된 제품들의 가격도 인상되는 상황을 보도한 기사문입니다.

2 이 글은 우유 가격 인상이 우유를 재료로 하는 제품들의 가격 인상으로 이어질 것이라면서, 이로 인해 자영업자들의 고민이 깊어지고 있음을 알리는 기사문입니다. 따라서 우유 가격 인상이 끼칠 영향에 대해 알리는 글이라 할 수 있습니다.

✔ 오답 풀이
① 원유의 가격이 오를 것이 예상되지만, 그 까닭은 글에서 확인할 수 없습니다.
② 우유의 가격이 올라서 문제라는 내용을 담고 있으므로, 가격을 올려야 한다고 주장하는 글이 아닙니다.
④ 우유가 들어간 빵, 커피, 아이스크림 등의 가격이 오를 것이라 말하고 있을 뿐, 우유가 들어간 음식을 만드는 방법은 나와 있지 않습니다.
⑤ 우유 가격이 오르면 우유가 들어가는 아이스크림의 가격도 오를 수밖에 없다고 했으므로, 우유 가격과 아이스크림 가격이 밀접한 관계임을 알 수 있습니다.

3 원유의 가격이 리터당 100원 정도 오른 것이지, 현재 리터당 가격이 얼마인지 나와 있지는 않습니다.

4 ㉠의 '오를'은 '값이나 수치, 온도, 성적 따위가 이전보다 많아지거나 높아질.'이라는 뜻입니다. ④의 '올랐어'는 '탈것에 탔어.'라는 뜻이므로, ㉠과는 의미가 다릅니다.

**어휘력 더하기** '오르다'는 여러 가지 뜻을 지닌 다의어입니다. '오르다'의 중심 의미는 '사람이나 동물 따위가 아래에서 위쪽으로 움직여 가다.'이며, ㉠과 ①, ②, ③, ⑤의 '오르다'가 이 뜻으로 쓰였습니다. ④의 뜻은 '오르다'의 중심 의미와 관련 있는 주변 의미로 쓰였습니다.

5 ㉡ '저렴한'은 '물건 따위의 값이 싼.'이라는 뜻을 지닌 낱말입니다.

✔ 오답 풀이
① '서로 비슷한.'이라는 뜻을 지닌 낱말은 '유사한'입니다.
③ '보통보다 훨씬 뛰어난.'이라는 뜻을 지닌 낱말은 '특이한'입니다.
④ '드물어서 특이하거나 매우 귀한.'이라는 뜻을 지닌 낱말은 '희귀한'입니다.
⑤ '다른 나라로부터 국내로 사들인.'이라는 뜻을 지닌 낱말은 '수입한'입니다.

**어휘력 더하기** '저렴'의 '저(低)'는 '낮을 저'라는 한자입니다. 이 한자는 '저음(낮은 소리.)', '고저(높음과 낮음.)', '최저(가장 낮음.)', '저온(낮은 온도.)' 등의 낱말에도 쓰입니다.

018 쪽
❶ 인상   ❷ 인도
❸ 인용   ❹ 할인

019 쪽  이해 적용 심화
1 인상 2 인도 3 할인
4 인용 5 인용 6 할인
7 인도 8 인상 9 인상

어휘 학습

**이해**
1 '물건값, 봉급, 요금 따위를 올림.'이라는 뜻을 지닌 낱말은 '인상'입니다.
2 '이끌어 지도함.'이라는 뜻을 지닌 낱말은 '인도'입니다.
3 '일정한 값에서 얼마를 뺌.'이라는 뜻을 지닌 낱말은 '할인'입니다.
4 '남의 말이나 글을 자신의 말이나 글 속에 끌어 씀.'이라는 뜻을 지닌 낱말은 '인용'입니다.

**적용**
5 기사가 다양한 인물들의 말을 가져다 쓰고 있는 것이므로, '인용'이 들어가기에 적절합니다.
6 딸기의 가격이 싸다는 내용으로 보아 '할인'이 들어가기에 적절합니다.
7 마을 어르신이 이끌어 주신 덕분에 큰길을 찾을 수 있었다는 뜻이므로, '인도'가 들어가기에 알맞습니다.
8 택시의 요금이 이용하기 부담스럽다는 내용이므로, '인상'이 들어가기에 알맞습니다.

**심화**
9 '인하'는 '물건 따위를 끌어 내림.' 또는 '가격 따위를 낮춤.'이라는 뜻을 지닌 낱말입니다. 그러므로 '물건 따위를 끌어 올림.' 또는 '물건값, 봉급, 요금 따위를 올림.'이라는 뜻을 가진 '인상'이 뜻이 반대되는 말임을 알 수 있습니다.

020~021 쪽

1 복원  2 ⑤  3 ④

4 ④  5 ③

## 미술품 복원이란?

**글의 종류**
설명문

**글의 특징**
훼손된 미술품들을 원래의 모습으로 되돌려 놓는 미술품 복원에 대해 설명하는 글입니다.

**주제**
미술품 복원

1 이 글은 '미술품 복원'에 대해 설명한 글입니다.

2 두 번째, 세 번째 문단을 통해 미술품 복원이란 원래의 모습을 잃거나 훼손된 미술품을 원래대로 되돌리는 것임을 알 수 있습니다.

✔ 오답 풀이
① 두 번째 문단을 보면, 미술품도 오랜 시간이 흐르면 작품이 그려진 바탕이나 물감에 변화가 일어나 원래의 모습을 잃게 된다고 했습니다. 그러므로 미술품 또한 노화를 겪는다는 것을 알 수 있습니다.
② 세 번째 문단을 보면, 미술품을 복원하기 위해서는 미술품에 사용된 재료가 무엇인지 꼼꼼히 살펴야 한다고 했습니다.
③ 마지막 문단을 보면, 인공 지능과 3D 프린터를 이용하면 사라졌던 작품이 세상에 다시 태어날 수도 있다는 것을 알 수 있습니다. 하지만 미술품 복원은 새로운 미술품을 만들어 내는 것은 아닙니다.
④ 네 번째 문단을 보면 〈최후의 만찬〉의 복원은 화가들이 덧칠한 수준이라는 비판을 받았다고 했습니다. 그러므로 새로운 모습을 드러내기 위해 덧칠을 하는 것은 미술품 복원이라 할 수 없습니다.

3 네 번째 문단을 보면 미술품 복원이 항상 성공하는 것은 아님을 알 수 있으며 성공 조건도 나와 있지 않습니다.

✔ 오답 풀이
① 첫 번째 문단을 보면, 사람뿐 아니라 집이나 자동차도 노화를 겪는다는 것을 알 수 있습니다.
② 두 번째 문단을 보면, 미술품은 오랜 시간 보관되어 오면서 훼손이 일어나기도 한다는 것을 알 수 있습니다.
③ 세 번째 문단을 보면, 미술품 복원은 작품을 원래대로 되돌린다는 점에서 의사가 환자를 치료하는 과정과 비슷하다고 했습니다.
⑤ 마지막 문단을 보면 엑스선(X선)을 이용해 작품이 얼마나 훼손되었는지를 조사할 수 있다는 것을 알 수 있습니다.

4 '노화'는 '나이가 많아지면서 육체적·정신적 기능이 약해지는 것.'을 뜻합니다.

✔ 오답 풀이
④ '사물의 모양이나 성질이 변하지 아니함.'이라는 뜻을 지닌 낱말은 '불변(아닐 불 不, 변할 변 變)'입니다.

5 '제거하기'는 '없애 버리기.'라는 뜻이므로, '제거하기'와 바꾸어 쓸 수 있는 말은 '없애기'입니다.

**어휘력 더하기** '제거하다'와 '없애다'처럼 뜻이 서로 비슷한 말을 '유의어'라고 합니다. 유의 관계에 있는 낱말들은 기본적인 의미가 같기 때문에 바꾸어 써도 뜻이 통합니다.

---

**어휘 학습**

**022 쪽**

❶ 복원  ❷ 복귀
❸ 회복  ❹ 복창

**023 쪽**  이해  적용  심화

1 ㉣  2 ㉢  3 ㉠

4 ㉡  5 복귀  6 복원

7 회복  8 복창

9 복귀한다

**이해**

1 '회복'은 '원래의 상태로 돌이키거나 원래의 상태를 되찾음.'을 뜻합니다.

2 '복창'은 '남의 말을 그대로 받아서 다시 욈.'을 뜻합니다.

3 '복원'은 '원래대로 회복함.'을 뜻합니다.

4 '복귀'는 '본디의 자리나 상태로 되돌아감.'을 뜻합니다.

**적용**

5 산에 갔던 사람들이 숙소로 돌아오고 있는 상황이므로, '복귀'가 들어가기에 적절합니다.

6 화재로 불타 버렸던 숭례문이 예전 모습을 되찾았다는 의미이므로, '복원'이 들어가기에 적절합니다.

7 대회에서 우승하여 예전의 명예를 되찾았다고 했으므로, '회복'이 들어가기에 적절합니다.

8 체육 선생님의 구령을 그대로 따라서 말했다는 의미이므로, '복창'이 들어가기에 적절합니다.

**심화**

9 '돌아온다'는 원래 있던 곳으로 다시 오거나 다시 그 상태가 된다.'라는 뜻이므로 '본디의 자리나 상태로 되돌아간다.'라는 뜻의 '복귀한다'와 바꾸어 쓸 수 있습니다.

## 024~025 쪽

1 공정 2 ⑤ 3 ③
4 ② 5 ④

### 공정 무역 초콜릿

**글의 종류**
설명문

**글의 특징**
이 글은 초콜릿이 만들어지는 과정에서 발생하는 문제점을 제시하고, 그 해결책으로 등장한 '공정 무역 초콜릿'에 대해 설명하는 글입니다.

**주제**
초콜릿 생산 과정의 문제와 공정 무역 초콜릿

1 이 글은 초콜릿이 만들어지는 과정에서 발생하는 문제점을 제시하고, 그 해결책으로 등장한 '공정 무역 초콜릿'에 대해 설명하고 있습니다.

2 두 번째 문단을 보면, 세계적인 초콜릿 회사들은 카카오 농장에서 어린이들이 힘들게 일하는 상황을 알면서도, 더 싼 가격에 카카오 열매를 구입하기 위해 이 사실을 모른 척하고 있음을 알 수 있습니다.

3 두 번째 문단을 보면, 카카오 농장에서 일하는 어린이들이 카카오 열매 자루를 나르고, 농약을 뿌리거나, 카카오 열매를 자르는 고된 일을 하고 있음을 알 수 있습니다.

✔ **오답 풀이**

① 카카오나무의 크기는 이 글을 통해 알 수 없습니다. ② 마지막 문단을 보면, 공정 무역 초콜릿을 사면 모두에게 이롭다고는 했지만, 어디서 살 수 있는지는 나와 있지 않습니다. ④ 공정 무역이 이루어지는 다른 제품에 대한 정보는 이 글에서 찾을 수 없습니다. 참고로 커피, 쌀 등의 농산물은 공정 무역 대상 제품입니다. ⑤ 세 번째 문단을 보면, 공정 무역이란 생산자에게 정당한 대가를 지불하는 무역임을 알 수는 있지만, 그것이 얼마인지는 나와 있지 않습니다.

4 '재주는 곰이 넘고 돈은 주인이 받는다'는 속담은 '수고하여 일한 사람은 따로 있고, 그 일에 대한 보수는 다른 사람이 받는다.'는 뜻입니다.

✔ **오답 풀이**

①은 '잘 아는 일이라도 세심하게 주의를 하라는 말.'입니다. ③은 '아무도 안 듣는 데서라도 말조심해야 한다는 말.'입니다. ④는 '욕을 당한 자리에서는 아무 말도 못 하고 뒤에 가서 불평함을 비유적으로 이르는 말.'입니다. ⑤는 '모든 일은 근본에 따라 거기에 걸맞은 결과가 나타남을 비유적으로 이르는 말.'입니다.

5 ⓛ '무역'은 '나라와 나라 사이에 서로 물품을 사고파는 일.'이라는 뜻입니다.

✔ **오답 풀이**

① '서로 마음과 힘을 하나로 합함.'이라는 뜻을 지닌 낱말은 '협동'입니다. ② '기운을 못 펴게 세력으로 내리누름.'이라는 뜻을 지닌 낱말은 '압박'입니다. ③ '둘 이상이 서로 북돋우며 다 같이 잘 살아감.'이라는 뜻을 지닌 낱말은 '상생'입니다. ⑤ '국내의 상품이나 기술을 외국으로 팔아 내보냄.'이라는 뜻을 지닌 낱말은 '수출'입니다.

**어휘력 더하기** '무역'과 뜻이 비슷한 낱말로 '교역'을 들 수 있습니다. 이 낱말은 '주로 나라와 나라 사이에서 물건을 사고팔고 하여 서로 바꿈.'이라는 뜻을 지니고 있습니다. 이때 공통적으로 들어가는 '역' 자는 '바꿀 역(易)'이라는 한자입니다.

**어휘 학습**

## 026 쪽

❶ 공정 ❷ 공공
❸ 공개 ❹ 공휴일

## 027 쪽 이해 적용 심화

1 공정 2 공휴일
3 공공 4 공개 5 ㉰
6 ㉮ 7 ㉯ 8 ㉱
9 ③

**이해**

1 '공평하고 올바름.'을 뜻하는 낱말은 '공정'입니다.

2 '국가나 사회에서 정하여 다 함께 쉬는 날.'을 뜻하는 낱말은 '공휴일'입니다. 특히 법으로 정해진 공휴일은 '법정 공휴일'이라고 합니다.

3 '국가나 사회의 구성원에게 두루 관계되는 것.'을 뜻하는 낱말은 '공공'입니다.

4 '어떤 사실이나 사물, 내용 따위를 여러 사람에게 널리 터놓음.'을 뜻하는 낱말은 '공개'입니다.

**적용**

5 공원은 여러 사람이 함께 이용하는 장소이므로, '공공'이 들어가는 것이 알맞습니다.

6 김홍도의 그림이 사람들 앞에 나타났으므로, '공개'가 들어가는 것이 알맞습니다.

7 국민의 세금을 거두어들이는 일은 공평해야 하므로, '공정'이 들어가는 것이 알맞습니다.

8 도서관이 쉬는 날을 알려 주는 문장이므로, '공휴일'이 들어가는 것이 알맞습니다.

**심화**

9 성별이나 장애 여부, 나이 때문에 차별받지 않는 세상이라는 뜻이 되어야 하므로 '공평하고 올바름.'이라는 뜻의 '공정'이 들어가는 것이 알맞습니다.

**대체 에너지**

**글의 종류**
설명문

**글의 특징**
화석 연료를 대체할 새로운
에너지의 종류를 설명하는
글입니다.

**주제**
대체 에너지의 종류 및 장단
점

1  이 글은 대체 에너지의 종류 및 장단점에 대해 설명한 글입니다.

2  이 글은 대체 에너지의 예로 태양 에너지, 풍력 에너지, 폐기물 에너지를 들고 각각의 장
점과 단점을 설명하는 글입니다.

3  태양 에너지는 가정집은 물론 공장 등에서도 널리 이용되는 대체 에너지이므로 ②는 잘못
된 설명입니다.

  ✅ 오답 풀이
  ① 태양 에너지는 연료도 필요 없고 소음도 발생하지 않는 대체 에너지입니다.
  ③ 지구의 공전과 자전으로 태양의 위치가 늘 바뀌므로 태양 에너지는 태양의 위치나 날씨에 영향을 받는다는 단
     점이 있습니다.
  ④ 태양 에너지는 물을 데우거나 난방 등에 이용할 수 있다는 장점이 있습니다.
  ⑤ 태양 에너지로 전기를 만드는 시설을 설치하기 위해서는 많은 공간과 비용이 필요하다고 했습니다.

4  ㉠ '지속적'의 '지속'은 한자로 '가질 지(持), 이을 속(續)'입니다. '어떤 상태가 오래 계속되
는 것.'이라는 뜻을 지녔습니다.

  ✅ 오답 풀이
  ① '짧은 기간에 걸치는 것.'이라는 뜻을 지닌 낱말은 '단기적'입니다.
  ③ '전체 가운데 한 부분이 되는 것.'이라는 뜻을 지닌 낱말은 '부분적'입니다.
  ④ '사물을 있는 그대로 그려 내는 것.'이라는 뜻을 지닌 낱말은 '사실적'입니다.
  ⑤ '그렇지 않다고 단정하거나 옳지 않다고 반대하는 것.'이라는 뜻을 지닌 낱말은 '부정적'입니다.

  **어휘력 더하기**  한자로 된 낱말에 '적(的)'을 붙이면 '그 성격을 띠는', '그에 관계된', '그 상태로 된'이라는 뜻을 더
하게 됩니다. 이러한 낱말의 예로 '국가적', '문화적', '전국적' 등이 있습니다.

5  ㉡ '발생하는'은 '어떤 일이나 사물이 생겨나는.'이라는 뜻이므로, '없던 것이 있게 되는.'이
라는 뜻의 '생겨나는'과 바꾸어 쓸 수 있습니다.

  ✅ 오답 풀이
  ① '늘어나는'은 '부피나 분량 따위가 본디보다 커지거나 길어지거나 많아지는.'이라는 뜻입니다.
  ② '사라지는'은 '현상이나 물체의 자취 따위가 없어지는.'이라는 뜻입니다.
  ④ '줄어드는'은 '부피나 분량 따위가 본디보다 작아지거나 짧아지거나 적어지는.'이라는 뜻입니다.
  ⑤ '태어나는'은 '사람이나 동물이 형태를 갖추어 어미의 태(胎)로부터 세상에 나오는.'이라는 뜻입니다.

**어휘
학습**

**이해**
1  '교대'는 '어떤 일을 여럿이 나누어서 차례에 따라 맡아 함.'이라는 뜻을 지닌 낱말입니다.

2  '대변'은 '어떤 사람이나 단체를 대신하여 그의 의견이나 태도를 표함.'이라는 뜻입니다.

3  '세대'는 '같은 시대에 살면서 공통의 의식을 가지는 비슷한 연령층의 사람 전체.'라는 뜻
을 지닌 낱말입니다.

4  '대체'는 '다른 것으로 대신함.'이라는 뜻을 지닌 낱말입니다.

**적용**
5  대신할 수 있는 방안을 마련해야 할 상황이므로, '대체'가 적절합니다.

6  지수가 수영이의 입장을 대신 말하고 있는 것이므로, '대변'이 적절합니다.

7  일이 힘들어 맡은 차례를 바꿀 시간만을 기다리고 있으므로 '교대'와 바꾸어 쓸 수 있습니다.

8  나이가 들어 젊은 연령층의 말을 이해하기 힘들다고 하였으므로, '세대'와 바꾸어 쓸 수 있
습니다.

**심화**
9  '대신'은 '어떤 대상의 자리나 구실을 바꾸어서 새로 맡음.'이라는 뜻을 가졌으므로 '다른
것으로 대신함.'을 뜻하는 '대체'가 뜻이 비슷한 말입니다.

### 집을 수리하며 사람과 정치에 대해 깨닫다

**글의 종류**
수필

**글의 특징**
집을 수리하며 얻은 깨달음을 사람과 정치에 적용하여 서술한 글입니다.

**주제**
집을 고치며 얻은 깨달음

1 이 글은 집을 '수리'하며 얻은 깨달음을 사람과 정치에 적용하여 쓴 수필입니다.

2 마지막 문단을 보면, 백성들을 해치는 무리들을 내버려 두면 나라가 위태롭게 되고 그런 뒤에 급히 바로잡으려 해 보아야 썩어 버린 재목처럼 때는 늦게 된다고 했습니다.

3 글쓴이는 잘못을 발견했을 때 미루지 말고 빨리 고치면 해를 입지 않고 다시 바른 사람이 될 수 있다고 했으므로, ①의 지영이가 알맞게 말한 친구입니다.

✔ 오답 풀이
② 내 잘못을 중요하게 생각하는 것은 좋은 자세이지만, 이 글과는 관계가 없습니다.
③ 이 글은 집을 수리한 경험을 통해 얻은 깨달음을 사람과 정치에 적용시켜 보고 있을 뿐, 집을 수리하는 것과 자신을 돌아보는 일 중 어느 쪽이 더 중요한지는 말하고 있지 않습니다.
④ 백성들이 곤궁해진 뒤에 그들을 해치려는 무리들이 나타나는 것이 아니라, 백성들을 해치려는 무리들을 내버려 두면 백성들이 곤궁하여 고통스러운 상황에 빠지게 된다고 했습니다.
⑤ 사람도 잘못을 알고 바로 고쳐 나간다면 해를 입지 않고 다시 바른 사람이 될 수 있다고 했지, 사람이 해를 입어야만 바른 사람이 된다고 말하지는 않았습니다.

4 ㉠ '갈았다'는 '이미 있는 사물을 다른 것으로 바꾸었다.'라는 뜻이므로, '사람이나 사물을 다른 사람이나 사물로 대신했다.'라는 뜻을 지닌 '교체했다'와 바꾸어 쓸 수 있습니다.

✔ 오답 풀이
① 강조했다: 어떤 부분을 특별히 강하게 주장하거나 두드러지게 했다.
③ 대처했다: 어떤 정세나 사건에 대하여 알맞은 조치를 취했다.
④ 발견했다: 미처 찾아내지 못하였거나 아직 알려지지 아니한 사물이나 현상, 사실 따위를 찾아냈다.
⑤ 제작했다: 재료를 가지고 기능과 내용을 가진 새로운 물건이나 예술 작품을 만들었다.

5 ㉡에는 일이 이미 잘못된 뒤에는 손을 써도 소용이 없음을 비꼬는 말인 '소 잃고 외양간 고친다'가 어울립니다.

✔ 오답 풀이
①: 무슨 일이든지 시작하기가 어렵지 일단 시작하면 일을 끝마치기는 그리 어렵지 않음을 비유적으로 이르는 말.
②: 미천한 집안이나 변변하지 못한 부모에게서 훌륭한 인물이 나는 경우를 이르는 말.
④: 잘되리라고 믿고 있던 일이 어긋나거나 믿고 있던 사람이 배반하여 오히려 해를 입음을 비유적으로 이르는 말.
⑤: 아무리 재주가 뛰어나다 하더라도 그보다 더 뛰어난 사람이 있다는 뜻으로, 스스로 뽐내는 사람을 경계하여 이르는 말.

**어휘 학습**

**이해**
1 '선정'은 '백성을 바르고 어질게 잘 다스리는 정치.'라는 뜻을 지닌 낱말입니다.

2 '정부'는 '행정을 맡아보는 국가 기관.'이라는 뜻을 지닌 낱말입니다.

3 '정책'은 '정치적 목적을 실현하기 위한 방책.'이라는 뜻을 지닌 낱말입니다.

4 '정치'는 '나라를 다스리는 일.'이라는 뜻을 지닌 낱말입니다.

**적용**
5 사회 문제를 해결하려면 나라를 올바르게 다스려야 하므로, '정치'가 들어가야 합니다.

6 실외 마스크 착용 의무를 해제한다고 밝힌 주체가 나와야 하므로, '정부'가 들어가기에 적절합니다.

7 사회적 약자들을 위한 방책이 필요한 상황이므로, '정책'이 들어가야 합니다.

8 세종 대왕이 백성을 생각하는 마음으로 나라를 어질게 다스렸다는 의미이므로, '선정'이 들어가기에 적절합니다.

**심화**
9 투표를 통해 간접적으로 참여할 수 있는 것은 '정치'이며, 이러한 정치 제도를 대의 민주제라고 합니다. 그러므로 빈칸에 공통으로 들어갈 낱말은 '정치'가 적절합니다.

## 백두산에 이상 징후가 나타났다

**글의 종류**
설명문

**글의 특징**
백두산 폭발과 관련한 이상 징후들에 대한 정보를 담은 글입니다.

**주제**
백두산 폭발에 대한 정보와 전망

1 이 글은 백두산 폭발과 관련한 '이상' 징후들을 다룬 설명문입니다.

2 이 글은 백두산 폭발에 대한 정보를 제공하기 위해 쓴 설명문입니다.

> ✔ 오답 풀이
> ② 백두산 폭발을 막을 수 있는 방법은 제시되어 있지 않습니다.
> ③ 세 번째 문단을 보면, 정확히 100년 주기는 아니더라도, 백두산이 다시 폭발할 가능성은 매우 높음을 알 수 있습니다.
> ④ 네 번째 문단을 보면, 백두산이 폭발할 경우 남북한이 큰 피해를 입게 된다는 것은 알 수 있지만, 대처 방안은 설명하고 있지 않습니다.
> ⑤ 두 번째 문단을 보면, 946년 대폭발 때 일본에 영향이 있었던 것으로 보이는 기록은 있지만, 주변 나라에 미치는 영향을 예측하는 내용은 찾을 수 없습니다.

3 마지막 문단을 보면, 백두산이 정확히 언제 폭발할지 알 수 있는 과학적 근거는 없음을 알 수 있습니다.

4 ㉠ '세기'는 '백 년을 단위로 하는 기간.'이라는 뜻을 지닌 낱말입니다. 다음 문장에 있는 '100년 주기'라는 부분을 바탕으로 '세기'의 뜻을 짐작할 수 있습니다.

> ✔ 오답 풀이
> ① '적당한 때나 기회.'라는 뜻을 지닌 낱말은 '시기'입니다.
> ② '문제가 되고 있는 그 시기.'라는 뜻을 지닌 낱말은 '시대'입니다.
> ④ '사람이 태어나서 죽을 때까지의 기간.'이라는 뜻을 지닌 낱말은 '세상'입니다.
> ⑤ '어떤 시각에서 어떤 시각까지의 사이.'라는 뜻을 지닌 낱말은 '시간'입니다.

> **어휘력 더하기** '세기'는 하나의 낱말이 여러 가지 뜻을 가진 다의어입니다.
> 1. 백 년을 단위로 하는 기간. ⑩ 지구 온난화 때문에 지구의 평균 기온이 지난 세기보다 높아졌다.
> 2. 백 년 동안을 세는 단위. ⑩ 우리는 21세기의 주인공이다.
> 3. 일정한 역사적 시대나 연대. ⑩ 전기의 발명은 인류 역사에 새로운 세기를 열었다.

5 '타격'은 '어떤 일에서 크게 기를 꺾음. 또는 그로 인한 손해·손실.'이라는 뜻이므로, 골키퍼가 상대 선수가 찬 공을 타격했다는 표현은 어색합니다. 이 경우는 '방어'가 들어가기에 적절합니다. '야구에서 투수가 던진 공을 배트로 치는 일.'도 '타격'이 지닌 여러 가지 뜻 중 하나입니다.

**어휘 학습**

**이해**

1 '이상'은 '정상적인 상태와 다름.'을 뜻합니다.

2 '경이'는 '놀랍고 신기하게 여김. 또는 그럴 만한 일.'을 뜻합니다.

3 '차이'는 '서로 같지 아니하고 다름.'을 뜻합니다.

4 '이의'는 '다른 의견이나 의사.'를 뜻합니다.

**적용**

5 기계가 작동을 멈추게 된 상황이므로, '이상'이 들어가기에 알맞습니다.

6 하은이가 모든 시험에서 100점을 받았다는 것은 놀랍고 신기한 일이므로, '경이'가 들어가기에 알맞습니다.

7 문장에 반대되는 뜻을 이어 주는 말 '지만'이 있으므로, '동의'의 반대말 '이의'가 들어가기에 알맞습니다.

8 우리는 모두 다르다는 것을 인정한다는 내용이므로, '차이'가 들어가기에 알맞습니다.

**심화**

9 이틀 사이에 최고 온도가 20도 넘게 떨어진 정상적이지 않은 기후 현상을 설명하고 있으므로, 빈칸에 들어갈 낱말은 '이상'이 알맞습니다.

040~041 쪽

1 세계화    2 ①

3 ⑤    4 ③    5 ②

## 한국어의 세계화

**글의 종류**
설명문

**글의 특징**
한국어의 세계화 상황에 대해 설명하는 글입니다.

**주제**
세계로 뻗어 나가는 한국어

1 이 글은 세계로 뻗어 나가고 있는 한국어에 대해 설명하고 있는 글이므로, 글의 제목은 '한국어의 세계화'가 적절합니다.

2 이 글은 세계 속으로 뻗어 나가는 한국어의 상황에 대해, 한국어를 세계에서 일곱 번째로 많이 배운다는 미국의 뉴스, 현재 84개국 244곳에 설립된 세종학당, 한국어가 실린 옥스퍼드 영어 사전, 한국어를 공식 표기 문자로 사용하는 찌아찌아족의 예를 들어 가며 설명하고 있습니다.

3 네 번째 문단을 보면 찌아찌아족이 한글을 공식 표기 문자로 사용하기 시작한 것은 2009년입니다. 2022년 8월에는 한글 학교가 들어섰다고 했습니다.

✅ 오답 풀이
① 첫 번째 문단을 보면 한국어가 2022년 세계에서 일곱 번째로 많이 배우는 언어임을 알 수 있습니다.
② 세 번째 문단을 보면 '오빠, 언니'는 2021년 옥스퍼드 영어 사전에 실렸다고 했습니다.
③ 두 번째 문단을 보면 세종학당에서 수업을 듣기 위해 대기하고 있는 사람의 수만 1만 명이 넘을 정도로 한국어가 큰 인기를 누리고 있음을 알 수 있습니다.
④ 첫 번째 문단을 보면 한국 정부가 한국어와 한국 문화를 전 세계에 알리기 위해 노력했다는 것을 확인할 수 있습니다.

4 ㉠ '설립'은 '기관이나 조직체 따위를 만들어 일으킴.'이라는 뜻을 지닌 낱말입니다.

✅ 오답 풀이
① '영업을 처음 시작함.'이라는 뜻을 지닌 낱말은 '개업'입니다.
② '여럿 가운데서 필요한 것을 골라 뽑음.'이라는 뜻을 지닌 낱말은 '선택'입니다.
④ '재료를 가지고 기능과 내용을 가진 새로운 물건을 만듦.'이라는 뜻을 지닌 낱말은 '제작'입니다.
⑤ '사람이나 작품 따위를 일정한 조건 아래 널리 알려 뽑아 모음.'이라는 뜻을 지닌 낱말은 '모집'입니다.

5 ㉡ '번역하면'은 '어떤 언어로 된 글을 다른 언어의 글로 옮기면.'이라는 뜻이므로, '옮기면'과 바꾸어 쓸 수 있습니다.

✅ 오답 풀이
① '고치면'은 '수정하면', '수리하면'과 뜻이 비슷한 낱말입니다.
③ '지우면'은 '제거하면', '삭제하면'과 뜻이 비슷한 낱말입니다.
④ '늘어나면'은 '증가하면'과 뜻이 비슷한 낱말입니다.
⑤ '줄어들면'은 '감소하면'과 뜻이 비슷한 낱말입니다.

042 쪽

❶ 세계화    ❷ 세상
❸ 출세    ❹ 행세

043 쪽    이해  적용  심화

1 ㉡    2 ㉠    3 ㉣
4 ㉢    5 세상   6 행세
7 출세  8 세계화
9 세계화

**어휘 학습**

**이해**

1 '세상'은 '사람이 살고 있는 모든 사회를 통틀어 이르는 말.'을 뜻합니다.

2 '출세'는 '사회적으로 높은 지위에 오르거나 유명하게 됨.'을 뜻합니다.

3 '행세'는 '해당되지 아니하는 사람이 어떤 당사자인 것처럼 처신하여 행동함.'을 뜻합니다.

4 '세계화'는 '국가나 민족에 매이지 않고 세계적으로 되게 하는 것.'을 뜻합니다.

**적용**

5 몇 년 동안 떠돌아다녔던 장소가 들어가야 하므로, '세상'이 알맞습니다.

6 그가 부자처럼 행동하며 사람들을 속였다고 했으므로, 빈칸에는 '행세'가 들어가기에 적절합니다.

7 공부를 해서 얻을 수 있는 것이 들어가야 하므로, '출세'가 알맞습니다.

8 우리 문학을 외국어로 번역하는 일이라고 했으므로, 빈칸에는 '세계화'가 들어가기에 적절합니다.

**심화**

9 축제 명칭에 '세계'를 넣어 변경한 점, 외국인이 공감할 수 있는 프로그램과, 첨단 기술을 활용한 콘텐츠를 확대한다고 한 점을 볼 때 빈칸에 들어갈 낱말은 '세계화'가 적절합니다.

044~045 쪽

1 직거래   2 ④

3 ①   4 ③   5 ④

## 중고 물품 직거래란?

**글의 종류**
설명문

**글의 특징**
인터넷을 통한 중고 물품 직거래의 특징과 가치를 설명하는 글입니다.

**주제**
중고 물품 직거래의 특징과 가치

1 중고 물품 직거래의 특징과 가치에 대해 설명한 글이므로 이 글의 제목은 '중고 물품 직거래란?'이 알맞습니다.

2 두 번째 문단을 보면, 학용품이나 장난감과 같은 저렴한 물건들뿐 아니라, 고가의 스마트폰이나 자동차에 이르기까지 중고 물품 직거래가 이루어진다고 했습니다.

3 네 번째와 다섯 번째 문단을 보면, 중고 물품 직거래를 통해 수입은 물론 지구 환경을 지키고, 한정된 자원의 절약 등 중고 물품 직거래의 의의에 대한 답을 찾을 수 있습니다.

   ☑ 오답 풀이
   ② 네 번째 문단에서, 중고 물품 직거래를 통해 지구 환경을 지키는 데 기여할 수 있다고 했지만, 지구 환경을 지키는 다른 방법은 확인할 수 없습니다.
   ③ 첫 번째 문단에서, 스마트폰 애플리케이션을 통해 손쉽게 중고 물품 직거래가 가능해졌다고 했지만, 애플리케이션을 만드는 방법은 이 글을 통해 알 수 없습니다.
   ④ 세 번째 문단에서, 어린이들도 중고 물품 직거래를 이용하고 있다는 내용은 확인할 수 있지만, 어린이들이 가장 많이 거래하는 중고 물품이 무엇인지는 알 수 없습니다.
   ⑤ 이 글의 마지막 문장에서, 중고 물품 거래와 관련된 피해도 늘고 있어 주의해야 한다고는 했지만, 피해를 입었을 때 어떻게 해야 하는지는 이 글을 통해 알 수 없습니다.

4 ㉠ '판매'는 '상품 등을 팖.'이라는 뜻이고, ㉡ '구매'는 '상품 등을 사들임.'이라는 뜻이므로, ㉠과 ㉡은 서로 뜻이 반대되는 관계입니다. 하지만 ③ '여름'과 '계절'의 관계는 포함되는 낱말의 관계입니다.

   **어휘력 더하기** '여름'은 '계절' 중 하나로, '봄', '여름', '가을', '겨울'이 '계절'에 포함됩니다. 이러한 낱말 관계를 '상하 관계'라고 합니다. 이때 '봄', '여름', '가을', '겨울'처럼 어떤 낱말에 포함되는 낱말을 '하의어', '계절'처럼 다른 낱말을 포함하는 낱말을 '상의어'라고 부릅니다.

5 ㉢ '직접'은 '사이에 남이나 다른 사물이 끼이지 않게 바로.'라는 뜻입니다.

   ☑ 오답 풀이
   ① '걸리는 시간이 짧게.'라는 뜻을 가진 낱말은 '빨리'입니다.
   ② '모자람이 없이 넉넉하게.'라는 뜻을 가진 낱말은 '충분히'입니다.
   ③ '동작이나 태도가 급하지 아니하고 느리게.'라는 뜻을 가진 낱말은 '서서히'입니다.
   ⑤ '분량, 정도 따위가 일정한 기준보다 넘게.'라는 뜻을 가진 낱말은 '많이'입니다.

046 쪽

❶ 직거래   ❷ 직선
❸ 직진   ❹ 정직

047 쪽   이해  적용  심화

1 직선 2 직거래
3 정직 4 직진 5 ㉮
6 ㉣ 7 ㉯ 8 ㉰
9 ②

 어휘 학습

**이해**

1 '꺾이거나 굽은 데가 없는 곧은 선.'이라는 뜻을 지닌 낱말은 '직선'입니다.

2 '사는 사람과 파는 사람이 중간 상인을 거치지 않고 직접 거래하는 것.'이라는 뜻을 지닌 낱말은 '직거래'입니다.

3 '마음에 거짓이나 꾸밈이 없이 바르고 곧음.'이라는 뜻을 지닌 낱말은 '정직'입니다.

4 '곧게 나아감.'이라는 뜻을 지닌 낱말은 '직진'입니다.

**적용**

5 비뚤어지지 않게 그어야 하는 것이므로 '직선'이 알맞습니다.

6 선생님이 학생들에게 거짓말을 하지 않기를 바란다는 내용이 앞에 나오므로 '정직'이 알맞습니다.

7 학교로 가는 길을 알려 주는 내용이므로 '직진'이 알맞습니다.

8 엄마가 자전거를 사 오셨다는 내용이므로 '직거래'가 알맞습니다.

**심화**

9 앞으로 나아가다가 좌회전 차선으로 끼어든다는 내용을 볼 때 빈칸에 들어갈 적절한 낱말은 '직진'입니다.

**운명을 그린 화가 프리다 칼로**

**글의 종류**
전기문

**글의 특징**
멕시코의 화가 프리다 칼로의 삶과 예술을 담은 글입니다.

**주제**
프리다 칼로의 불운한 삶과 예술 세계

---

**1** 이 글은 멕시코의 화가 '프리다 칼로'의 삶과 예술을 담은 글입니다.

**2** 이 글은 자신의 불행했던 운명을 예술로 표현한 프리다 칼로의 삶과 작품에 대해 설명하는 글입니다.

✔ **오답 풀이**

② 프리다의 자화상에 대한 소개가 있지만, 그림에 대한 비판은 나와 있지 않습니다.
③ 프리다와 경쟁 관계에 있던 작가는 나와 있지 않습니다.
④ 프리다는 화가였던 리베라와 결혼했지만 결혼 생활은 불행했다고 했습니다.
⑤ 프리다가 자신의 신체적 아픔을 예술로 표현했다는 내용은 나와 있지만, 그것을 극복하는 과정에 대해서는 나와 있지 않습니다.

**3** 네 번째 문단을 보면, 프리다의 자화상은 상상과 현실이 절묘하게 섞여 있다고 했습니다.

✔ **오답 풀이**

① 첫 번째 문단에 프리다가 여섯 살 때 소아마비를 앓고 오른쪽 다리를 절게 되었다는 내용이 있습니다.
③ 마지막 문단에 프리다가 폐렴 때문에 세상을 떠났다는 내용이 나와 있습니다.
④ 두 번째 문단에 프리다가 당한 큰 사고에 대한 내용이 나와 있습니다. 프리다는 교통사고로 크게 다쳐서 9개월이나 온몸에 깁스를 한 채 누워 있었다는 내용이 나와 있습니다.
⑤ 세 번째 문단에 프리다가 화가 리베라와 결혼했다는 내용이 나와 있습니다.

**4** '스스로 그린 자기의 초상화.'를 뜻하는 낱말은 '자화상'입니다.

**어휘력 더하기** '초상화', '자화상'에는 '畵(화)' 자가 쓰였습니다. 이 글자는 그림이라는 뜻을 지니고 있어서 '화가(그림 그리는 것을 직업으로 하는 사람.)', '만화(이야기 따위를 간결하고 익살스럽게 그린 그림.)', '초상화(사람의 얼굴을 중심으로 그린 그림.)', '풍경화(자연의 경치를 그린 그림.)', '명화(아주 잘 그린 그림. 또는 유명한 그림.)' 등의 낱말에 들어갑니다.

**5** ㉠ 뒤에 프리다가 세상을 떠났다는 내용이 이어지고 있는 것으로 보아, 폐렴의 상태가 더욱 나빠졌다는 뜻의 낱말이 들어가야 함을 알 수 있습니다. '악화되어'란 '병의 증세가 나빠져서.'라는 뜻을 지닌 낱말입니다.

✔ **오답 풀이**

① '소멸되어'는 '사라져 없어지게 되어.'라는 뜻입니다. ③ '치유되어'는 '치료하여 병이 낫게 되어.'라는 뜻입니다. ④ '쾌차되어'는 '병이 깨끗이 낫게 되어.'라는 뜻입니다. ⑤ '호전되어'는 '병의 증세가 나아지게 되어.'라는 뜻입니다.

---

**050 쪽**

❶ 운명  ❷ 운송
❸ 운영  ❹ 운세

**051 쪽**  이해 적용 심화

**1** ㉮  **2** ㉴  **3** ㉳

**4** ㉯  **5** 운송  **6** 운세

**7** 운영  **8** 운명  **9** ①

**어휘 학습**

**이해**

**1** '운세'는 '운명이나 운수가 닥쳐오는 기세.'라는 뜻을 지닌 낱말입니다.

**2** '운명'은 '삶을 지배하는 자연적인 힘. 또는 그 힘으로 말미암아 생기는 여러 가지 일이나 상태.'라는 뜻을 지닌 낱말입니다.

**3** '운영'은 '조직이나 기구, 사업체 따위를 운용하고 경영함.'이라는 뜻을 지닌 낱말입니다.

**4** '운송'은 '사람을 태워 보내거나 물건 따위를 실어 보냄.'이라는 뜻을 지닌 낱말입니다.

**적용**

**5** 버스가 여행객을 태워 보낸다는 뜻이므로, '운송'이 들어가기에 적절합니다.

**6** 새해가 되면 사람들이 보려는 것이므로, '운세'가 들어가기에 적절합니다.

**7** 엄마께서 중소기업의 사장님이셨으므로, '운영'이 들어가기에 적절합니다.

**8** 할아버지께서는 모든 것이 이것에 달려 있다고 생각하시는 것이므로, '운명'이 들어가기에 적절합니다.

**심화**

**9** 내용으로 볼 때 빈칸에는 나의 의지와 관계없이 태어나면서부터 이미 정해진 것을 뜻하는 낱말이 들어가야 합니다. 그러므로 빈칸에는 '운명'이 공통으로 들어갑니다.

1 해수면    2 ⑤

3 ③    4 ④    5 ⑤

**우리의 미래를 위협하는 해수면 상승**

**글의 종류**
설명문

**글의 특징**
해수면 상승의 원인과 심각성에 대해 설명한 글입니다.

**주제**
해수면 상승의 원인과 심각성

1 이 글은 '해수면 상승'의 원인과 심각성에 대해 설명하는 글입니다.

2 이 글은 해수면 상승의 원인과 심각성에 대해 알리고, 에너지의 무분별한 사용을 줄여야 함을 이야기하고 있습니다.

3 두 번째 문단을 보면, 이산화 탄소는 식물의 광합성에 필요한 물질이라고 했습니다. 그러나 광합성을 하는 식물이 증가했다는 것을 원인으로 해수면 상승이 일어났다는 내용은 찾을 수 없습니다.

✔ 오답 풀이
① 첫 번째 문단을 보면, '바닷물의 표면'이 '해수면'임을 알 수 있으므로, '해수면 상승'은 바닷물 표면이 높아지는 것임을 알 수 있습니다.
② 네 번째 문단을 보면, 우리나라 주변 해역에서 상승한 해수면 높이가 지구의 평균보다 높다고 했습니다.
④ 마지막 문단을 보면, 우리가 무분별하게 사용하는 에너지로 지구 온난화가 심각해졌다고 했습니다. 따라서 에너지를 과도하게 사용할수록 해수면은 더욱 빠르게 상승할 것입니다.
⑤ 첫 번째 문단을 보면, 지구 온난화로 인해 해수면 상승이 일어나고 있음을 알 수 있습니다.

4 ㉠ '과도하게'는 '정도에 지나치게.'라는 뜻이므로, '지나치게'와 바꾸어 쓸 수 있습니다.

✔ 오답 풀이
① '고르게'는 '여럿이 다 높낮이, 크기, 양 따위의 차이가 없이 한결같게.', ② '알맞게'는 '일정한 기준, 조건, 정도 따위에 넘치거나 모자라지 아니한 데가 있게.', ③ '일정하게'는 '어떤 것의 크기, 모양, 범위, 시간 따위가 하나로 정하여져 있게.' ⑤ '찬란하게'는 '빛이 번쩍거리거나 수많은 불빛이 빛나는 상태이게.'라는 뜻입니다.

5 ㉡의 상황은 자신의 행동으로 인해 스스로 곤란해지는 상황이라 할 수 있으므로 '자승자박'이 어울립니다. '자승자박'은 '자기의 줄로 자기 몸을 옭아 묶는다.'라는 뜻입니다.

✔ 오답 풀이
① 고진감래(쓸 고 苦, 다할 진 盡, 달 감 甘, 올 래 來): 쓴 것이 다하면 단 것이 온다는 뜻으로, 고생 끝에 즐거움이 옴을 이르는 말.
② 다다익선(많을 다 多, 많을 다 多, 더할 익 益, 착할 선 善): 많으면 많을수록 더욱 좋음.
③ 설상가상(눈 설 雪, 위 상 上, 더할 가 加, 서리 상 霜): 눈 위에 서리가 덮인다는 뜻으로, 난처한 일이나 불행한 일이 잇따라 일어남을 이르는 말.
④ 우이독경(소 우 牛, 귀 이 耳, 읽을 독 讀, 경서 경 經): 쇠귀에 경 읽기라는 뜻으로, 아무리 가르치고 일러 주어도 알아듣지 못함을 이르는 말.

**어휘 학습**

**054쪽**
❶ 해수면    ❷ 해풍
❸ 해변    ❹ 동해

**055쪽**  이해  적용  심화

1 ㉡    2 ㉢    3 ㉣
4 ㉮    5 해풍  6 동해
7 해변  8 해수면
9 ①

**이해**
1 '동해'는 '동쪽에 있는 바다.'라는 뜻입니다.
2 '해풍'은 '바다에서 육지로 불어오는 바람.'이라는 뜻입니다.
3 '해변'은 '바닷물과 땅이 서로 닿은 곳이나 그 근처.'라는 뜻입니다.
4 '해수면'은 '바닷물의 표면.'이라는 뜻입니다.

**적용**
5 오징어를 말리는 풍경을 볼 수 있다고 했으므로, 빈칸에 들어갈 낱말은 '해풍'입니다.
6 푸른 바다가 있는 곳이 '강원도'라고 했으므로, 빈칸에 들어갈 낱말은 '동해'입니다.
7 파도치는 소리를 들으며 걸을 만한 곳이므로, 빈칸에 들어갈 낱말은 '해변'입니다.
8 지구 온난화를 막기 위한 방안을 제시하는 것으로 보아, 빈칸에 들어갈 낱말은 '해수면'이 알맞습니다.

**심화**
9 제주도의 푸른 바다를 바라보며 거니는 것이라고 했으므로, 빈칸에 들어갈 알맞은 낱말은 '해변'임을 알 수 있습니다. '해변'은 '바닷물과 땅이 서로 닿은 곳이나 그 근처.'를 뜻하는 낱말입니다.

056~057쪽

**1** 허생전 **2** ⑤

**3** ④ **4** ② **5** ③

## 과일을 독점한 허생

**글의 종류**
독서 감상문

**글의 특징**
〈허생전〉의 줄거리와 책을 읽은 소감을 쓴 글입니다.

**주제**
〈허생전〉을 읽은 소감

**1** 이 글은 연암 박지원의 〈허생전〉을 읽고 쓴 독서 감상문입니다.

**2** 이 글은 〈허생전〉을 읽고 쓴 독서 감상문으로, 책의 줄거리와 함께 책을 읽은 느낌을 덧붙이고 있는 글입니다.

✔ **오답 풀이**

① 글쓴이가 생각보다 책이 재미있어서 단숨에 읽어 나갔다고는 했지만, 장단점을 비교하고 있지는 않습니다.
② 이 글에는 작가에 대한 소개가 없습니다.
③ 이 글에는 책을 고르게 된 까닭이 나와 있지 않습니다.
④ 글쓴이는 허생이 과일을 모두 사들여 엄청난 이윤을 남긴 것이 옳은 일이었다고 할 수는 없을 것 같다고 했습니다. 그러므로 등장인물의 행동에 공감하고 있다고 볼 수 없습니다.

**3** 허생에게 두 배의 값으로 과일을 판 상인들은 팔 수 있는 과일이 없자 도리어 열 배의 값을 주고 과일을 다시 사 가게 됩니다.

**4** '되로 주고 말로 받는다'는 조금 주고 그 대가로 몇 곱절이나 많이 받는 경우를 비유적으로 이르는 말입니다.

✔ **오답 풀이**

① '엎드려 절받기'는 상대편은 마음에 없는데 자기 스스로 요구하여 대접을 받는 경우를 비유적으로 이르는 말입니다.
③ '아니 땐 굴뚝에 연기 날까'는 원인이 없으면 결과가 있을 수 없음을 비유적으로 이르는 말입니다.
④ '열 번 찍어 아니 넘어가는 나무 없다'는 '아무리 뜻이 굳은 사람이라도 여러 번 권하거나 꾀고 달래면 결국은 마음이 변한다.'라는 뜻을 지닌 속담입니다.
⑤ '남의 잔치에 감 놓아라 배 놓아라 한다'는 남의 일에 공연히 간섭하고 나섬을 비유적으로 이르는 말입니다.

**어휘력 더하기** '되로 주고 말로 받는다'의 '되'와 '말'은 곡식 따위를 담아 분량을 헤아리는 데 쓰는 그릇이자 단위의 이름입니다. 부피를 재는 단위로 '홉', '되', '말', '섬' 등이 있습니다. 한 홉은 약 180밀리리터로, 열 홉이 한 되, 열 되가 한 말, 열 말이 한 섬이 됩니다.

**5** '혼자서 모두 차지함.'이라는 뜻을 지닌 낱말은 '독점'입니다.

✔ **오답 풀이**

① '격려하는'은 '용기나 의욕이 솟아나도록 북돋게 하는.'이라는 뜻을 지녔고, ② '모방하는'은 '다른 것을 본뜨거나 본받는.'이라는 뜻을 지녔습니다. ④ '위로하는'은 '따뜻한 말이나 행동으로 괴로움을 덜어 주거나 슬픔을 달래 주는.'이라는 뜻을, ⑤ '충고하는'은 '남의 결함이나 잘못을 진심으로 타이르는.'이라는 뜻을 지녔습니다.

**어휘 학습**

**058쪽**

❶ 독점 ❷ 독립
❸ 독학 ❹ 고독

059쪽 이해 적용 심화

**1** 독학 **2** 독점 **3** 고독
**4** 독립 **5** ㉰ **6** ㉤
**7** ㉯ **8** ㉮ **9** 독점

**이해**

**1** '스승이 없이, 또는 학교에 다니지 아니하고 혼자서 공부함.'이라는 뜻을 지닌 낱말은 '독학'입니다.

**2** '혼자서 모두 차지함.'이라는 뜻을 지닌 낱말은 '독점'입니다.

**3** '세상에 홀로 떨어져 있는 듯이 매우 외롭고 쓸쓸함.'이라는 뜻을 지닌 낱말은 '고독'입니다.

**4** '한 나라가 정치적으로 완전한 주권을 행사함.'이라는 뜻을 지닌 낱말은 '독립'입니다.

**적용**

**5** 사람들이 태극기를 흔들며 외치는 말이므로 '독립'이 들어가는 것이 알맞습니다.

**6** 빈칸 뒤에 '배운'이라는 낱말이 있으므로, '독학'이 들어가는 것이 알맞습니다.

**7** 사랑하는 사람과 헤어졌다는 내용에는 '고독'이 어울립니다.

**8** '혼자서 모두 차지함.'이라는 뜻의 '독점'이 어울립니다.

**심화**

**9** 글의 내용으로 보아, 최근 우리나라가 초순수를 생산하는 데 성공하기 전까지는 일본만이 초순수 기술을 가지고 있었던 것을 알 수 있습니다. 그러므로 빈칸에 들어가기에 알맞은 낱말은 '독점'입니다.

**당신의 양심이 방치되고 있습니다**

**글의 종류**
논설문

**글의 특징**
개인형 이동 장치의 문제점을 지적하고, 이용자들의 태도 변화가 필요함을 주장하는 글입니다.

**주제**
개인형 이동 장치의 문제점과 이용자들의 태도 변화의 필요성

1 이 글은 '개인형 이동 장치'의 문제점에 대해 지적하고, 이용자들의 태도 변화가 필요함을 주장하는 논설문입니다.

2 글쓴이는 개인형 이동 장치에 대한 불만이 대부분 이용자들의 태도 때문에 발생한다고 생각합니다. 마지막 문단의 '개인형 이동 장치의 바람직한 이용 문화가 자리 잡으려면 이용자들의 태도 변화가 절실하다.'라는 문장이 글쓴이의 주장임을 알 수 있습니다.

**✅ 오답 풀이**
① 개인형 이동 장치의 문제점을 지적하고는 있지만, 모두 없애야 한다고 주장하는 것은 아닙니다.
② 두 번째 문단에서 개인이 구입하지 않고도 장치를 저렴한 비용으로 공유하는 서비스도 등장했다고 했습니다. 이를 통해 개인형 이동 장치의 가격이 높을 것임을 추론할 수는 있으나, 글쓴이가 개인형 이동 장치의 가격을 낮춰야 한다고 주장하고 있지는 않습니다.
③ 첫 번째, 세 번째 문단을 보면, 개인형 이동 장치가 높은 속도로 통행하는 것을 문제로 지적하였지 최고 속도를 높여야 한다고 주장하고 있지는 않습니다.
④ 세 번째 문단을 보면, 인도에서 개인형 이동 장치를 주행하는 것은 불법이라는 것을 알 수 있습니다.

3 세 번째 문단을 보면, 개인형 이동 장치에 여러 명이 탄 채 운행하는 것은 불법임을 알 수 있습니다.

4 '설문'은 '조사를 하거나 통계 자료 따위를 얻기 위하여 어떤 주제에 대하여 문제를 내어 물음.'이라는 뜻을 지닌 낱말입니다. '재능이나 실력 따위를 검사하고 평가하는 일.'이라는 뜻을 지닌 낱말은 '시험'입니다.

**어휘력 더하기** '설문'의 '문'은 '물을 문(問)'이라는 한자입니다. '묻다'라는 뜻을 지닌 이 한자가 사용된 낱말에는 '문제(해답을 요구하는 물음.)', '문답(물음과 대답.)', '문의(물어서 논의함.)', '질문(알고자 하는 바를 얻기 위해 물음.)' 등이 있습니다.

5 '유발'은 '어떤 것이 다른 일을 일어나게 함.'이라는 뜻인데, 손을 자주 씻는 행위는 오히려 전염병을 방지하는 행동이므로 ②의 빈칸에는 '예방(질병이나 재해 따위가 일어나기 전에 미리 대처하여 막는 일.)'이 어울립니다.

**어휘력 더하기** '유발'의 '유'는 '꾈 유(誘)'라는 한자입니다. '유혹(꾀어서 정신을 혼미하게 하거나 좋지 아니한 길로 이끎.)', '유인(주의나 흥미를 일으켜 꾀어냄.)', '권유(어떤 일 따위를 하도록 권함.)' 등의 낱말에 이 한자가 쓰입니다.

**어휘 학습**

062 쪽

❶ 방치   ❷ 방심
❸ 개방   ❹ 추방

063 쪽  이해 적용 심화

1 ㉣ 2 ㉠ 3 ㉢

4 ㉡ 5 방치 6 추방

7 개방 8 방심 9 ③

**이해**
1 '개방'은 '문이나 어떠한 공간 따위를 열어 자유롭게 드나들고 이용하게 함.'이라는 뜻을 지닌 낱말입니다.
2 '방치'는 '내버려 둠.'이라는 뜻을 지닌 낱말입니다.
3 '방심'은 '마음을 다잡지 아니하고 풀어 놓아 버림.'이라는 뜻을 지닌 낱말입니다.
4 '추방'은 '일정한 지역이나 조직 밖으로 쫓아냄.'이라는 뜻을 지닌 낱말입니다.

**적용**
5 상처를 내버려 두면 흉이 생길 수 있다는 것이므로, '방치'가 들어가기에 적절합니다.
6 남의 나라에 몰래 머물던 사람이 어떤 명령을 받은 상황에는 '추방'이 어울립니다.
7 지역 주민들을 위해 학교 운동장에 어떤 행동을 하였다는 상황이므로, '개방'이 들어가기에 적절합니다.
8 언제든 적이 쳐들어올 수 있어서 마음을 놓을 수 없는 상황이므로 '방심'이 들어가기에 적절합니다.

**심화**
9 오래 내버려 둔 차량들로 인해 문제가 발생했으므로, '방치'가 들어가기에 적절합니다.

**064~065 쪽**

1 맹사성  2 ②

3 ⑤  4 ④  5 ④

## 청렴한 관리였던 맹사성

**글의 종류**
전기문

**글의 특징**
청렴한 관리였던 맹사성의 모습을 담은 글입니다.

**주제**
맹사성의 청렴한 삶

1 이 글에서 중심이 되는 인물은 청백리였던 '맹사성'입니다.

2 이 글은 청백리였던 맹사성의 청렴했던 삶을 소개하고 그의 삶을 본받자는 목적으로 쓴 전기문입니다.

3 고향에 머물던 맹사성을 만나러 온 현감은 산해진미가 나오기를 기대했지만, 맹사성의 밥상은 초라했습니다. 따라서 이 글에서 맹사성의 밥상에 산해진미가 가득한 까닭을 찾을 수는 없습니다.

✅ **오답 풀이**

① 첫 번째 문단에서 청백리는 '재물에 대한 욕심이 없이 곧고 깨끗한 관리'를 뜻하는 말이라는 것을 알 수 있습니다.

② 두 번째 문단에서 맹사성이 세종 20년이던 1438년에 세상을 떠났음을 확인할 수 있습니다.

④ 세 번째 문단에서 맹사성을 만난 현감은, 백성을 생각하며 검소한 삶을 실천하는 맹사성을 보고 깨달음을 얻어 그후 훌륭한 현감이 되었음을 알 수 있습니다.

⑤ 네 번째 문단에서 맹사성이 허름한 옷차림에 소를 타고 다니는 등 높은 벼슬아치답지 않은 옷차림과 행동을 했기 때문에 사람들이 알아보지 못한 경우가 많았음을 알 수 있습니다.

4 '청렴한'은 '성품과 행실이 높고 맑으며, 탐욕이 없는.'이라는 뜻을 지닌 낱말입니다.

✅ **오답 풀이**

① '처지가 안되고 애처로운.'이라는 뜻을 지닌 낱말은 '불쌍한'입니다.

② '지금까지 있은 적이 없는.'이라는 뜻을 지닌 낱말은 '새로운'입니다.

③ '믿을 수 없을 정도로 색다르고 놀라운.'이라는 뜻을 지닌 낱말은 '신기한'입니다.

⑤ '살림살이가 넉넉하지 못하여 몸과 마음이 괴로운 상태에 있는.'이라는 뜻을 지닌 낱말은 '가난한'입니다.

**어휘력 더하기** '청렴'의 '렴(廉)'은 '청렴할 렴'으로, '검소하다', '살피다', '값싸다' 등의 뜻이 있습니다. '저렴하다(물건 따위의 값이 싸다.)', '염가(매우 싼 값.)', '염탐(몰래 남의 사정을 살피고 조사함.)' 등의 낱말에도 이 한자가 사용됩니다.

5 '선정'은 '백성을 바르고 어질게 잘 다스리는 정치.'를 뜻하므로, '선정을 베푸는'은 '백성들을 바르고 어질게 잘 다스리는'과 바꾸어 쓸 수 있습니다.

**어휘력 더하기** 이 글의 맹사성과 반대로 백성들을 힘들게 하는 정치를 '폭정(포악한 정치.)' 또는 '학정(포학하고 가혹한 정치.)'이라고 합니다. 그리고 폭정, 학정을 일삼는 관리를 '탐관오리(백성의 재물을 탐내어 빼앗는, 행실이 깨끗하지 못한 관리.)'라고 합니다.

**어휘 학습**

**066 쪽**

❶ 청렴  ❷ 청결
❸ 청산  ❹ 청순

**067 쪽**  이해 · 적용 · 심화

1 ㉣  2 ㉠  3 ㉡

4 ㉢  5 청결  6 청산

7 청순  8 청렴

9 청렴한

**이해**

1 '청렴'은 '성품과 행실이 높고 맑으며, 탐욕이 없음.'이라는 뜻을 지닌 낱말입니다.

2 '청결'은 '맑고 깨끗함.'이라는 뜻을 지닌 낱말입니다.

3 '청순'은 '깨끗하고 순수함.'이라는 뜻을 지닌 낱말입니다.

4 '청산'은 '서로 간에 채무·채권 관계를 셈하여 깨끗이 해결함.', '과거의 부정적 요소를 깨끗이 씻어 버림.' 등의 뜻을 지닌 낱말입니다.

**적용**

5 요리할 때는 손이 깨끗해야 하므로, '청결'이 어울립니다.

6 그동안의 잘못을 모두 씻어 버리고 새사람이 된 상황이므로, 빈칸에는 '청산'이 들어가기에 적절합니다.

7 아름다운 수지의 미소와 어울리는 낱말은 '청순'입니다.

8 다른 관리들과는 다르게 정직해서 사랑을 받았다고 하였으므로, 빈칸에는 '청렴'이 들어가기에 적절합니다.

**심화**

9 '재물에 대한 탐욕이 없이 깨끗한'과 뜻이 비슷한 낱말은 '청렴한'입니다.

**068~069**쪽

1 인구 소멸    2 ④

3 ②    4 ⑤    5 ③

### 인구 소멸

**글의 종류**
논설문

**글의 특징**
우리나라 인구 소멸의 심각성과 원인을 제시하고, 빠른 해결책 마련을 주장하는 글입니다.

**주제**
대책 마련이 시급한 인구 소멸

**1** 이 글은 인구 소멸의 심각성과 원인을 제시하고, 빨리 해결책을 마련하자고 주장하는 글입니다.

**2** 글쓴이는 우리나라의 인구 소멸이 심각한 상황이므로 이를 해결하기 위해 정부의 구체적인 대책이 조속히 마련되어야 한다고 주장하고 있습니다.

> **❷ 오답 풀이**
> ① 저출산 문제 해결을 위한 정부의 역할을 강조하고는 있지만, 국가가 육아를 맡아야 한다고 주장하고 있는 것은 아닙니다.
> ② 사망자 수의 증가도 인구 소멸의 원인일 수는 있겠지만, 사망자 수를 줄여야 한다고 주장하고 있지는 않습니다.
> ③ 합계 출산율이 너무 낮은 것이 문제이므로, 합계 출산율을 높이기 위한 대책을 마련하자는 것이 글쓴이의 주장입니다.
> ⑤ 네 번째 문단을 보면, 남성들의 육아 휴직 제도는 이미 마련되어 있음을 알 수 있습니다.

**3** 우리나라의 합계 출산율은 0.78명으로 1.24명인 이탈리아보다 훨씬 낮습니다.

**4** '마련하다'는 '헤아려서 갖추다.'라는 뜻을 지닌 낱말입니다. 따라서 '마련해야'는 '갖추어야', '준비해야' 등과 바꾸어 쓸 수 있습니다.

> **❷ 오답 풀이**
> ① '감소하고'는 '양이나 수치가 줄고.'라는 뜻이므로 ㉠ '줄고'와 바꾸어 쓰기에 적절합니다.
> ② '증가하였다'는 '양이나 수치가 늘었다.'라는 뜻이므로 ㉡ '늘었다'와 바꾸어 쓰기에 적절합니다.
> ③ '출산할'은 '아이를 낳을.'이라는 뜻이므로 ㉢ '낳을'과 바꾸어 쓰기에 적절합니다.
> ④ '키우고'는 '사람을 돌보아 몸과 마음을 자라게 하고.'라는 뜻이므로 ㉣ '기르고'와 바꾸어 쓰기에 적절합니다.

> **어휘력 더하기** '증가'의 첫 글자 '더할 증(增)'과 '감소'의 첫 글자 '덜 감(減)'을 합쳐 '증감'이라는 낱말을 만들 수 있습니다. '증감'은 '많아지거나 적어짐. 또는 늘리거나 줄임.'이라는 뜻입니다.

**5** ㉮ '소멸'은 '사라져 없어짐.'이라는 뜻이므로, "태풍이 한반도에 상륙하기 전에 소멸되었다."와 같이 쓰기에 적절한 낱말입니다.

> **❷ 오답 풀이**
> ① 두 사람이 그 책장을 옮기기에는 힘들다는 의미이므로, '역부족'이 어울립니다.
> ② 동생을 돌보기 위해 아빠가 하고 있는 것이므로, '휴직'이 어울립니다.
> ④ 어려운 환경 속에서도 좌절하지 않고 열심히 살았다고 하였으므로, '여건'이 어울립니다.
> ⑤ 사건의 피해자들이 가해자를 향해 사과하라며 외친 것이므로, '구호'가 어울립니다.

**070**쪽

❶ 소멸    ❷ 소비
❸ 취소    ❹ 해소

**071**쪽   이해   적용   심화

1 ㉮   2 ㉣   3 ㉢

4 ㉡   5 소비   6 취소

7 소멸   8 해소   9 ③

**어휘
학습**

**이해**

**1** '소멸'은 '사라져 없어짐.'이라는 뜻을 지닌 낱말입니다.

**2** '해소'는 '어려운 일이나 문제가 되는 상태를 해결하여 없애 버림.'이라는 뜻입니다.

**3** '취소'는 '발표한 의사를 거두어들이거나 예정된 일을 없애 버림.'이라는 뜻입니다.

**4** '소비'는 '돈이나 물자, 시간, 노력 따위를 들이거나 써서 없앰.'이라는 뜻을 지닌 낱말입니다.

**적용**

**5** 용돈을 다 써 버렸다는 의미가 되도록 '소비'가 들어가야 합니다.

**6** 밀린 숙제를 하기 위해서라면 약속을 미루거나 없앴을 것이므로, '취소'가 들어가기에 알맞습니다.

**7** 우리 문화유산을 보존하고자 애쓰는 상황이므로, 문화유산이 사라지고 있다는 뜻을 나타내는 '소멸'이 들어가야 합니다.

**8** 갈등을 풀어 내는 방법을 고민하는 것으로 보이므로, '해소'가 들어가기에 알맞습니다.

**심화**

**9** 심야떡볶이가 이번 경기에서 패배하여 4강에 진출할 가능성이 완전히 사라져 없어진 것이므로 '소멸'이 알맞습니다.

## 072~073 쪽

1 심청 2 ⑤ 3 ⑤

4 ② 5 ③

### 관점이 달라지면 책도 다르게 읽힌다

**글의 종류**
독서 감상문

**글의 특징**
〈심청전〉을 읽고 쓴 독서 감상문으로, 책을 읽은 때에 따라 관점과 느낌의 변화에 대해 쓴 글입니다.

**주제**
관점의 변화에 따른 독서 경험의 차이

**1** 이 글은 〈심청전〉에 대한 독서 감상문으로, 〈심청전〉의 주인공 이름은 '심청'입니다.

**2** 글쓴이는 작품을 읽은 뒤의 느낌이 예전과는 달라졌음을 이야기하고 있습니다. 또한 그 까닭이 관점이 달라졌기 때문이라고 말하고 있으므로, '관점이 변하면 책을 읽은 뒤의 느낌도 달라질 수 있다.'를 주제로 볼 수 있습니다.

**3** 일회용품이 편해서 좋다고 생각했던 것이 과거의 관점이라면, 이제는 사용을 줄여야겠다는 것은 새롭게 바뀐 관점이 될 것입니다. 따라서 ⑦ '같은 사람이라도 시간이 지나면서 관점은 바뀔 수 있다.'와 관련된 경험이라 할 수 있습니다.

✅ **오답 풀이**

①, ② 시간이 지났음에도 자신의 관점에 변화가 없다는 뜻이므로, 관점이 바뀔 수 있다는 내용과는 거리가 멉니다.

③ 사람마다 세상을 바라보는 생각과 태도가 다르다는 예로 적절한 경험입니다. 그러므로 시간이 지나면서 같은 사람의 관점이 바뀌는 경험을 찾으라는 문제의 답으로는 알맞지 않습니다.

④ 자신이 알고 있는 내용을 행동으로 실천하기 어렵다는 내용이므로, 관점의 변화와는 상관이 없습니다.

**4** 〈심청전〉을 읽으며 든 궁금증이 계속 이어지고 있는 상황이므로, '꼬리를 물고'가 적절합니다. '꼬리를 물다'는 '(소문이나 사건 따위가) 계속 이어지다.'라는 뜻입니다.

✅ **오답 풀이**

① '목을 세우고'는 '몹시 노하거나 흥분하고.'라는 뜻입니다.

③ '허리가 휘게'는 '감당하기 어려운 일을 하느라 힘이 부치게.'라는 뜻입니다.

④ '어깨가 무겁게'는 '무거운 책임을 져서 마음에 부담이 크게.'라는 뜻입니다.

⑤ '손에 땀을 쥐고'는 '아슬아슬하여 마음이 조마조마하도록 몹시 애달고.'라는 뜻입니다.

**어휘력 더하기** '꼬리'가 들어가는 관용어에는 '꼬리를 내리다(상대편에게 기세가 꺾여 물러서거나 움츠러들다.)', '꼬리를 밟다(뒤를 밟다.)', '꼬리를 밟히다(행적을 들키다.)', '꼬리를 흔들다(잘 보이려고 아양을 떨다.)' 등이 있습니다.

**5** ⑦ '달라졌기'는 '변하여 전과는 다르게 되었기.'라는 뜻이므로 '변화했기'와 바꾸어 쓸 수 있습니다. '변화했기'는 '사물의 성질, 모양, 상태 따위가 바뀌어 달라졌기.'라는 뜻입니다.

✅ **오답 풀이**

① '가능했기'는 '할 수 있거나 될 수 있기.', ② '미안했기'는 '남에게 대하여 마음이 편치 못하고 부끄럽기.', ④ '상승했기'는 '낮은 데서 위로 올라갔기.', ⑤ '정확했기'는 '바르고 확실하기.'라는 뜻입니다.

## 074 쪽

❶ 관점    ❷ 관찰

❸ 관광    ❹ 낙관

## 075 쪽   이해   적용   심화

1 관찰 2 낙관 3 관광

4 관점 5 관광 6 관찰

7 낙관 8 관점 9 낙관

**어휘 학습**

**이해**

**1** '사물이나 현상을 주의하여 자세히 살펴봄.'이라는 뜻을 지닌 낱말은 '관찰'입니다.

**2** '인생이나 사물을 밝고 희망적인 것으로 봄.'이라는 뜻을 지닌 낱말은 '낙관'입니다.

**3** '다른 지방이나 다른 나라에 가서 그곳의 풍경, 풍습, 문물 따위를 구경함.'이라는 뜻을 지닌 낱말은 '관광'입니다.

**4** '사물이나 현상을 관찰할 때, 그 사람이 보고 생각하는 태도나 방향 또는 처지.'라는 뜻을 지닌 낱말은 '관점'입니다.

**적용**

**5** 경주 여행을 다녀온 교통수단을 설명하는 낱말이므로, '관광'이 적절합니다.

**6** 봄꽃을 자세히 살펴본 후 그림을 그린 상황이므로, '관찰'이 적절합니다.

**7** 상대가 약해도 승리를 너무 쉽게 생각하지 말라는 상황이므로, '낙관'이 적절합니다.

**8** 두 학자가 매우 다르게 생각하여 의견이 일치되기 어려운 것이므로, '관점'이 적절합니다.

**심화**

**9** 밑줄 친 '비관'은 하는 일마다 그건 안 될 일이라고 보는 태도라고 하였으므로, 그와 반대되는 말은 '앞으로의 일 따위가 잘되어 갈 것으로 여김.'이라는 뜻을 지닌 '낙관'입니다.

1 물가 2 ⑤ 3 ③
4 ② 5 ④

**물가의 개념과 물가 폭등**

**글의 종류**
설명문

**글의 특징**
물가의 개념과 함께 최근의 물가 폭등 상황에 대해 설명한 글입니다.

**주제**
물가의 개념과 물가 폭등

1 이 글은 물가의 개념과 물가 폭등에 대해 설명한 글입니다.

2 네 번째 문단을 보면, 식당 업계는 가격이 아무리 올라도 음식을 준비하려면 농수산물을 구매할 수밖에 없습니다. 또한 음식 가격을 올리면 손님이 줄어들 것이기 때문에 이러지도 저러지도 못하는 상황임을 알 수 있습니다.

3 마지막 문단을 보면, 정부는 취약 계층을 중심으로 난방비 일부를 지원하고, 도로나 철도 요금은 최대한 올리지 않겠다고 밝혔습니다. 기업에도 상품 가격 인상 자제를 당부하는 등 물가 폭등에 따른 정부의 대책에 대해 알 수 있습니다.

**◆ 오답 풀이**
① 세 번째 문단을 보면 전기나 가스와 같은 공공요금마저 크게 올랐다는 내용은 확인할 수 있지만, 전기나 가스 요금이 인상된 까닭은 알 수가 없습니다.
② '폭등'은 '물건의 값이나 주가 따위가 갑자기 큰 폭으로 오름.'이라는 뜻을 지닌 낱말이지만, 정확히 어느 정도 올라야 폭등이라고 말하는지 그 기준에 대한 내용은 확인할 수 없습니다.
④ 마지막 문단을 보면 취약 계층을 중심으로 난방비 일부를 지원한다고는 했으나, 그 방법은 이 글에서 찾을 수 없습니다.
⑤ 물가 폭등으로 인한 여러 가지 문제는 나타나 있지만, 물가 폭등을 일으키는 요인에 대한 내용은 나와 있지 않습니다.

4 '자제'는 '자기의 감정이나 욕망을 스스로 억제함.'이라는 뜻을 지닌 낱말입니다. '목표를 향하여 밀고 나아감.'은 '추진'이라는 낱말의 뜻입니다.

5 ㉠은 '이러지도 저러지도 못하는 상황'이므로, 나아갈 수도 물러설 수도 없다는 뜻의 '진퇴양난'이 상황을 나타내기에 알맞습니다. '진퇴양난'과 뜻이 비슷한 한자 성어로 '진퇴무로', '진퇴유곡'이 있습니다.

**◆ 오답 풀이**
① '어부지리'는 두 사람이 이해관계로 서로 싸우는 사이에 엉뚱한 사람이 애쓰지 않고 가로챈 이익을 이르는 말입니다.
② '유구무언'은 변명할 말이 없거나 변명을 못함을 이르는 말입니다.
③ '용두사미'는 처음은 왕성하나 끝이 부진한 현상을 이르는 말입니다.
⑤ '주경야독'은 어려운 여건 속에서도 꿋꿋이 공부함을 이르는 말입니다.

**어휘 학습**

**078쪽**

❶ 폭등  ❷ 폭발
❸ 폭설  ❹ 난폭

**079쪽**  이해 적용 심화

1 ㉯ 2 ㉣ 3 ㉮
4 ㉰ 5 폭발 6 난폭
7 폭설 8 폭등 9 폭등

**이해**

1 '난폭'은 '행동이 몹시 거칠고 사나움.'이라는 뜻을 지닌 낱말입니다.

2 '폭발'은 '속에 쌓여 있던 감정 따위가 일시에 세찬 기세로 나옴.'이라는 뜻을 지닌 낱말입니다.

3 '폭설'은 '갑자기 많이 내리는 눈.'이라는 뜻을 지닌 낱말입니다.

4 '폭등'은 '물건의 값이나 주가 따위가 갑자기 큰 폭으로 오름.'이라는 뜻을 지닌 낱말입니다.

**적용**

5 친구들로부터 지우가 갑작스러운 관심을 받은 상황이므로, 빈칸에는 '폭발'이 들어가야 알맞습니다.

6 그가 가방을 집어던지는 행동을 한 상황이므로, '난폭'이 적절합니다.

7 비행기가 뜨지 못하고 있는 상황이므로, 제주도에 '폭설'이 내리는 것이 적절합니다.

8 가뭄으로 인해 농작물이 적게 수확되어 값이 오를 것이라 우려하는 것이므로, '폭등'이 적절합니다.

**심화**

9 '물가가 갑자기 큰 폭으로 오르는 것'은 '폭등'이라는 낱말과 비슷한 뜻입니다.

**수많은 난관을 이겨 낸 한글**

**글의 종류**
설명문

**글의 특징**
세종이 만든 '훈민정음'에 대한 설명하는 글입니다.

**주제**
많은 난관을 극복해 온 한글의 의미

1 이 글은 세종이 창제한 '훈민정음'에 대한 설명문입니다.

2 두 번째 문단을 보면, 세종이 만든 새 문자를 모든 사람이 반기는 것은 아니었음을 알 수 있습니다.

3 첫 번째 문단을 보면, '훈민정음'의 뜻이 '백성을 가르치는 바른 소리.'라는 것을 알 수 있습니다.

**오답 풀이**
② 두 번째 문단을 보면 세종이 눈병을 비롯한 각종 지병과 싸웠다고는 했지만, 눈병 이외에 어떤 지병을 앓았는지는 알 수 없습니다.
③ 연산군이 한글 금지령을 왜 내렸는지는 이 글을 통해 알 수 없습니다.
④ 일제 강점기에 한글을 탄압한 까닭은 이 글에서 알 수 없습니다.
⑤ '한글'이라는 이름에 어떤 뜻이 담겨 있는지는 이 글에 나와 있지 않습니다.

4 '창제'는 '전에 없던 것을 처음으로 만들거나 제정함.'이라는 뜻을 지닌 낱말입니다.

**오답 풀이**
① '토지나 천연자원 따위를 유용하게 만듦.'이라는 뜻을 지닌 낱말은 '개발'입니다.
③ '여러 가지 약품을 적절히 조합하여 약을 지음.'이라는 뜻을 지닌 낱말은 '조제'입니다.
④ '아직까지 없던 기술이나 물건을 새로 생각하여 만들어 냄.'이라는 뜻을 지닌 낱말은 '발명'입니다.
⑤ '어떤 사실이나 결과, 작품 따위를 세상에 널리 드러내어 알림.'이라는 뜻을 지닌 낱말은 '발표'입니다.

**어휘력 더하기** '창제'의 '창'은 '비롯할 창(創)'이라는 한자입니다. 이 한자는 '창조(전에 없던 것을 처음으로 만듦.)', '창업(사업 따위를 처음으로 이루어 시작함.)', '창작(방안이나 물건 따위를 처음으로 만들어 냄. 또는 그렇게 만들어 낸 방안이나 물건.)'과 같이 없던 것을 처음 만든다는 뜻을 지니고 있는 낱말에 주로 쓰입니다.

5 '의도'는 '무엇을 하고자 하는 생각이나 계획. 또는 무엇을 하려고 꾀함.'이라는 뜻입니다. 그런데 휴게실에서 누군가의 휴대 전화를 발견하는 일은 계획적으로 할 수 있는 것이 아니므로 '의도'라는 낱말이 어울리지 않습니다.

**오답 풀이**
① 일이 계획한 대로 되지 않자 금세 포기한 상황이므로 '의도'가 들어가기에 알맞습니다.
② 나쁜 생각을 담아 질문한 것이 아니므로 '의도'가 들어가기에 알맞습니다.
③ 완재는 어떤 생각이나 계획에 따라 장소에 온 것이므로 '의도'가 들어가기에 알맞습니다.
④ 서영이는 사람들 눈에 띄려는 생각으로 풍선을 흔든 것이므로 '의도'가 들어가기에 알맞습니다.

**082 쪽**

❶ 난관    ❷ 난감
❸ 난이도   ❹ 무난

**083 쪽** 이해 적용 심화

1 무난 2 난이도
3 난관 4 난감 5 ㉮
6 ㉣ 7 ㉓ 8 ㉡
9 난관

**어휘 학습**

**이해**

1 '별로 어려움이 없음.'이라는 뜻을 지닌 낱말은 '무난'입니다.

2 '어려움과 쉬움의 정도.'라는 뜻을 지닌 낱말은 '난이도'입니다.

3 '일을 하여 나가면서 부딪치는 어려운 고비.'라는 뜻을 지닌 낱말은 '난관'입니다.

4 '이렇게 하기도 저렇게 하기도 어려워 처지가 매우 딱함.'이라는 뜻을 지닌 낱말은 '난감'입니다.

**적용**

5 어려운 무엇인가가 첩첩이 쌓여 있다는 문장의 빈칸에는 '난관'이 알맞습니다.

6 쏟아지는 질문에 답을 어떻게 해야 할지 모른다는 문장의 빈칸에는 '난감'이 알맞습니다.

7 어떤 상의와 입어도 어울린다는 문장의 빈칸에는 '무난'이 알맞습니다.

8 퀴즈의 문제가 세 단계로 진행된다는 문장의 빈칸에는 '난이도'가 알맞습니다.

**심화**

9 전형필 선생님이 이루어 낸 업적이 아니었다면 이들 문화재 중 상당수가 일본의 손에 넘어갔을 것이라고 한 점을 볼 때, '난관'이 들어가기에 적절합니다. '난관'은 '일을 하여 나가면서 부딪치는 어려운 고비.'라는 뜻입니다.

**084~085 쪽**

1 귤  2 ①  3 ②

4 ③  5 ⑤

**제주도 특산물 귤 이야기**

---

**글의 종류**
수필

**글의 특징**
제주도 여행을 통해 알게 된 귤에 대한 설명과 함께 자신의 느낌을 드러낸 글입니다.

**주제**
사람처럼 다양한 제주도 특산물 귤

1 이 글은 제주도 특산물인 '귤'에 대한 경험을 쓴 수필입니다.

2 이 글은 제주도 여행을 통해 알게 된 다양한 귤에 대한 내용과 함께 자신의 느낌을 드러낸 수필입니다.

3 네 번째 문단에서 레드향은 한라봉과 귤을 교배해 만들었다고 했으므로, 레드향이 한라봉보다 먼저 만들어질 수 없음을 알 수 있습니다.

✔ 오답 풀이
① 두 번째 문단을 통해 한라봉은 꼭지가 튀어나온 모양이 한라산을 닮아서 붙은 이름임을 알 수 있습니다.
③ 두 번째 문단을 통해 타이벡 감귤은 귤나무 아래 타이벡이라는 천을 깔고 기르는 귤임을 알 수 있습니다.
④ 네 번째 문단에서 황금향은 천혜향과 한라봉을 교배해 만들어졌다고 했으므로, 황금향이 천혜향보다 나중에 만들어졌음을 알 수 있습니다.
⑤ 세 번째 문단과 네 번째 문단을 통해 한라봉, 천혜향, 레드향, 황금향 등이 서로 다른 종을 교배해 만들어진 귤이라는 것을 알 수 있습니다.

4 ㉠ '내내'는 '처음부터 끝까지 계속해서.'라는 뜻이므로, '끊임없이 잇따라.'라는 뜻의 '줄곧'으로 바꾸어 쓸 수 있습니다.

✔ 오답 풀이
① '원래'는 '처음부터 또는 근본부터.'라는 뜻을 지닌 낱말입니다.
② '겨우'는 '어렵게 힘들여.' 또는 '기껏해야 고작.'이라는 뜻을 지닌 낱말입니다.
④ '널리'는 '범위가 넓게.'라는 뜻을 지닌 낱말입니다.
⑤ '제대로'는 '제 격식이나 규격대로.' 또는 '마음먹은 대로.'라는 뜻을 지닌 낱말입니다.

5 '품위'는 '남의 존경과 인정을 받을 수 있는 사람됨.'을 뜻하는 낱말입니다.

✔ 오답 풀이
① '일정한 신분이나 지위.'라는 뜻을 지닌 낱말은 '자격'입니다.
② '일을 감당해 낼 수 있는 힘.'이라는 뜻을 지닌 낱말은 '능력'입니다.
③ '겉으로 드러나 보이는 모양.'이라는 뜻을 지닌 낱말은 '외모'입니다.
④ '어떤 일을 하는 데 필요한 재주와 능력.'이라는 뜻을 지닌 낱말은 '재능'입니다.

(어휘력 더하기) '품위'에는 '자리 위(位)'라는 한자가 쓰였습니다. 이 한자는 '자리', '지위'와 같은 뜻을 가지고 있어서, '위치(일정한 곳에 자리를 차지함.)', '방위(공간의 어떤 점이나 방향이 한 기준의 방향에 대하여 나타내는 어떠한 쪽의 위치.)', '순위(차례나 순서를 나타내는 위치나 지위.)' 등의 낱말에 쓰입니다.

---

**086 쪽**

❶ 특산물  ❷ 특권
❸ 특기  ❹ 독특

**087 쪽**  이해 · 적용 · 심화

1 ㉯  2 ㉮  3 ㉰

4 ㉲  5 특기  6 독특

7 특산물  8 특권

9 ⑤

**어휘 학습**

 이해

1 '독특'은 '특별하게 다름.'이라는 뜻을 지닌 낱말입니다.

2 '특권'은 '특별한 권리.'라는 뜻을 지닌 낱말입니다.

3 '특기'는 '남이 가지지 못한 특별한 기술이나 기능.'이라는 뜻을 지닌 낱말입니다.

4 '특산물'은 '어떤 지역의 특별한 산물.'이라는 뜻을 지닌 낱말입니다.

적용

5 민규가 가진 특별한 기술이나 기능이 새소리 흉내 내기라는 의미가 되도록 '특기'가 들어가야 합니다.

6 정열이가 노래할 때의 목소리가 특별히 다르다는 의미가 되도록 '독특'이 들어가야 합니다.

7 공주에 밤으로 만든 음식이 많다고 하였으므로, 빈칸에는 '특산물'이 들어가야 합니다.

8 시설을 무료로 이용할 수 있는 것은 특별한 권리이므로, 빈칸에는 '특권'이 들어가기에 알맞습니다.

 심화

9 그 지역에서 생산되는 특별한 물건의 예를 들고 있으므로, 빈칸에 들어갈 알맞은 낱말은 '특산물'입니다.

1 친환경   2 ⑤

3 ⑤   4 일회용품

5 ⑤

**친환경 제품이 환경을
오염시킨다?**

**글의 종류**
논설문

**글의 특징**
친환경 제품을 사용할 때의
유의점을 알리고, 올바르게
사용할 것을 주장하는 글입니
다.

**주제**
친환경 제품의 올바른 사용
법

1 이 글은 '친환경 제품'이 오히려 환경을 오염시킬 수 있는 상황임을 알리며, 친환경 제품을
올바르게 사용할 것을 주장하는 글입니다.

2 글쓴이는 마지막 문단에서 진정으로 환경을 생각한다면 기업은 친환경 제품의 무분별한
생산을 멈추어야 한다고 했습니다. 또한 소비자들도 가지고 있는 제품을 오래 사용해야 한
다고 주장하고 있습니다.

✔ **오답 풀이**
㉮ 세 번째 문단에서 많은 기업이 회사를 홍보하거나 돈을 벌기 위해 텀블러와 에코 백을 만들어 내고 있다고 했
지만 이것들을 홍보용으로만 만들어야 한다는 내용은 나와 있지 않습니다.
㉰ 두 번째 문단을 보면 텀블러를 사용하는 손님에게 가격 할인을 해 주는 카페가 있다고 했으나, 글쓴이가 이 혜
택을 늘려야 한다는 주장을 하고 있지는 않습니다.

3 이 글의 주제에 맞게 작년에 산 텀블러를 오래 사용하겠다고 한 종국이의 생각이 가장 적
절합니다. 친환경 제품이라도 여러 번, 오래 써야 환경 보호에 도움이 됩니다.

4 '한 번만 쓰고 버리도록 되어 있는 물건.'이란 뜻을 지닌 낱말은 '일회용품'입니다.

**어휘력 더하기** '일회용품'에는 '쓸 용(用)'이라는 한자가 쓰였습니다. '사용', '적용', '활용', '이용' 등의 낱말에도
이 한자가 사용됩니다.

5 '무분별하다'는 '사리에 맞게 판단하는 능력이 없다.'라는 뜻의 낱말입니다. 따라서 거의
실수를 하지 않는 것이 그의 성격 때문이라면, '차분한'이나 '침착한' 등의 낱말을 사용해
야 자연스럽습니다.

✔ **오답 풀이**
① 개발을 멈추어야 한다고 하는 것으로 보아 '무분별한'이 적절하게 쓰인 문장입니다.
② 사기만 하는 것을 지적하는 것으로 보아 '무분별하게'가 적절하게 쓰인 문장입니다.
③ 좋아 보인다고 해도 무턱대고 따라 해서는 안 된다고 하는 상황이므로 '무분별하게'가 적절하게 쓰인 문장입니
다.
④ 어른 앞에서 실망스러운 행동을 했다고 했으므로, '무분별한'이 적절하게 쓰인 문장입니다.

**어휘력 더하기** '무분별하다'에 '없을 무(無)'라는 한자가 쓰였습니다. 어떤 낱말 앞에 '무'가 붙으면 그것이 없다
는 뜻을 더해 줍니다. 이러한 방법으로 만들어진 낱말에는 '무감각', '무자비', '무자격', '무능력', '무제한' 등이 있
습니다.

❶ 친환경   ❷ 친밀
❸ 친일파   ❹ 양친

1 ㉯   2 ㉮   3 ㉰

4 ㉱   5 친일파

6 친밀  7 친환경

8 양친  9 친환경

**어휘
학습**

**이해**
1 '친밀'은 '지내는 사이가 매우 친하고 가까움.'이라는 뜻을 지닌 낱말입니다.

2 '양친'은 '부친과 모친을 아울러 이르는 말.'이라는 뜻을 지닌 낱말입니다.

3 '친환경'은 '자연환경을 오염하지 않고 자연 그대로의 환경과 잘 어울리는 일.'이라는 뜻을
지닌 낱말입니다.

4 '친일파'는 '주로 19세기 말부터 1945년까지 일본이 한국의 주권과 자유를 억압하는 데에
편들었던 한국 사람들.'이라는 뜻을 지닌 낱말입니다.

**적용**
5 그의 조상은 일제에 협력했던 사람이라고 했으므로, '친일파'가 들어가기에 알맞습니다.

6 짝이 된 이후 느낄 수 있는 기분이므로, '친밀'이 들어가기에 알맞습니다.

7 오염 물질이 나오지 않는 자동차이므로, '친환경'이 들어가기에 알맞습니다.

8 누군가가 선생님이셔서 어릴 때부터 책을 가까이했다는 것으로 보아, '양친'이 들어가기에
알맞습니다.

**심화**
9 '친환경'과 '환경친화'는 뜻의 차이가 거의 없는 유의어 관계입니다.

094~095 쪽

1 온달 2 ② 3 ⑤
4 ② 5 ③

**평강 공주를 만나 괄목 상대한 온달**

**글의 종류**
이야기

**글의 특징**
온달 설화를 이야기 형식으로 풀어 낸 글입니다.

**주제**
평강 공주를 만나 놀라운 발전을 이룬 온달

1 평강 공주의 뒷바라지 덕분에 사냥에서 뛰어난 재능을 발휘한 인물은 '온달'입니다.

2 이 글에서는 '바보 온달'이라고 불리다가 평강 공주를 만나 장수로 성장한 온달의 삶을 시간 흐름에 따라 소개하고 있습니다.

✔ 오답 풀이
① 온달이 어머니를 정성껏 모시는 효자였지만 부모님께 효도해야 한다는 것이 이 글의 중심 내용은 아닙니다.
③ 고구려에서 사냥 대회가 얼마나 중요했는지는 글에 나와 있지 않습니다.
④ 초라했던 온달이 장수가 되었지만 초라해 보이는 사람을 무시해서는 안 된다는 주장은 글에 나와 있지 않습니다.
⑤ 역사에 기록된 사건이 사실이 아니라는 내용은 글에 나와 있지 않습니다.

3 자신을 찾아온 평강 공주를 보며 온달은 주저했지만, 결국 평강 공주는 온달의 아내가 되었다고 했습니다. 그러므로 온달이 평강 공주를 주저 없이 아내로 받아들였다는 내용은 알맞지 않습니다.

4 '주저하다'는 동형어로, '머뭇거리며 망설이다.'라는 뜻을 지닌 낱말과 '남에게 재앙이나 불행이 일어나도록 빌고 바라다.'라는 뜻을 지닌 낱말이 있습니다. 이 글에서는 '머뭇거리며 망설이다.'라는 뜻으로 쓰였습니다.

5 '괄목상대'는 눈을 비비고 상대편을 본다는 뜻으로, 남의 학식이나 재주가 놀랄 만큼 부쩍 늚을 이르는 말입니다. 그러므로 바보 온달이 뛰어난 인물이 된 것을 보고 놀란 평원왕의 마음을 나타낸 것으로 알맞습니다.

✔ 오답 풀이
① 온달이 말을 잘해서 왕이 놀라고 있는 상황은 아니므로 '청산유수'는 적절하지 않습니다.
② 왕은 온달이 누구인지 모르고 있었으므로 적절하지 않습니다.
④ 왕이 온달의 실력을 보고 놀라는 상황이므로, 적절하지 않습니다.
⑤ 왕이 온달을 조심해야 할 인물로 보고 있는 것은 아니므로 적절하지 않습니다.

**어휘력 더하기** ① '청산유수'는 '푸른 산에 흐르는 맑은 물이라는 뜻으로, 막힘없이 썩 잘하는 말을 비유적으로 이르는 말.'입니다. ② '주경야독'은 '낮에는 농사짓고, 밤에는 글을 읽는다는 뜻으로, 어려운 여건 속에서도 꿋꿋이 공부함을 이르는 말.'입니다. ④ '우이독경'은 '쇠귀에 경 읽기라는 뜻으로, 아무리 가르치고 일러 주어도 알아듣지 못함을 이르는 말.'입니다. ⑤ '유비무환'은 '미리 준비가 되어 있으면 걱정할 것이 없음.'이라는 뜻을 지닌 말입니다.

**어휘 학습**

096 쪽

❶ 괄목상대 ❷ 개과천선
❸ 일취월장 ❹ 환골탈태

097 쪽 이해 적용 심화

1 ㉮ 2 ㉰ 3 ㉯
4 ㉱ 5 환골탈태
6 개과천선 7 일취월장
8 괄목상대 9 ②

**이해**
1 '일취월장'은 '나날이 다달이 자라거나 발전함.'을 뜻하는 말입니다.

2 '환골탈태'는 '사람이 보다 나은 방향으로 변하여 전혀 딴사람이 됨.'을 뜻하는 말입니다.

3 '개과천선'은 '지난날의 잘못이나 허물을 고쳐 올바르고 착하게 됨.'을 뜻하는 말입니다.

4 '괄목상대'는 눈을 비비고 상대편을 본다는 뜻으로, 남의 학식이나 재주가 놀랄 만큼 부쩍 늚을 이르는 말.'입니다.

**적용**
5 전혀 다른 사람인 것 같다고 했으므로, '환골탈태'가 적절합니다.

6 자신의 행동을 뉘우쳤다고 했으므로, '개과천선'이 적절합니다.

7 갈수록 실력이 늘어서 선생님이 기뻐하는 것이므로, '일취월장'이 적절합니다.

8 피나는 노력 끝에 기타 연주 실력이 향상된 것이므로, '괄목상대'가 적절합니다.

**심화**
9 '구르는 돌은 이끼가 안 낀다'라는 속담은 부지런하고 꾸준히 노력하는 사람은 침체되지 않고 계속 발전한다는 말입니다. 또한, 무엇이든 꾸준히 노력하면 나날이 자라고 발전할 수 있다고 했으므로 '일취월장'이 어울립니다.

**098~099 쪽**

1 군계일학    2 ③

3 ③    4 ④    5 (2) ○

## 군계일학이었던 올곧은 관리, 혜소

**글의 종류**
설명문

**글의 특징**
중국 위진 시대에 살았던 혜소의 일화를 통해 '군계일학'을 설명하는 글입니다.

**주제**
사람들 속에서도 돋보였던 혜소의 모습

1 이 글은 '죽림칠현' 중 한 사람이었던 혜강의 아들 혜소의 일화를 바탕으로 '군계일학'을 설명하고 있습니다.

2 왕융은 혜소의 아버지인 혜강이 혜소보다 훨씬 더 뛰어났다고 말했습니다.

**◈ 오답 풀이**
① 두 번째 문단에서 확인할 수 있는 내용입니다.
② 두 번째 문단에서 혜소가 관직에 나가지 못하자 산도가 황제에게 혜소를 추천했다고 했습니다.
④ 한 사람이 혜소가 구름처럼 많은 사람 사이에 끼어서 궁궐로 들어갔다고 왕융에게 말했습니다.
⑤ 첫 번째 문단에서 재능이 뛰어났던 선비 혜강은 누명을 쓰고 죽임을 당했다고 했습니다.

3 혜강이 억울하게 죄를 뒤집어쓰고 죽임을 당했다는 내용은 있지만, 왜 죄를 뒤집어쓰게 되었는지에 대한 이야기는 찾을 수 없습니다.

**◈ 오답 풀이**
① 첫 번째 문단에서 '죽림칠현'의 뜻을 찾을 수 있습니다.
② '군계일학'의 뜻은 마지막 문단에서 찾을 수 있습니다.
④ '군계일학'과 비슷하게 '주머니 속의 송곳.'을 뜻하는 말로 재능이 뛰어나거나 능력이 출중한 사람은 숨어 있어도 저절로 드러나 사람들에게 알려짐을 이르는 말인 '낭중지추'라는 한자 성어가 있다고 했습니다.
⑤ 혜소는 재능이 뛰어났지만, 아버지의 죄 때문에 관직에 나갈 수 없었음을 알 수 있습니다.

4 ㉠ '평범한'은 '뛰어나거나 색다른 점이 없이 보통인.'이라는 뜻을 지닌 낱말입니다.

**◈ 오답 풀이**
① '유달리 재치가 뛰어난.'이라는 뜻을 지닌 낱말은 '기발한'입니다.
② '보통과 구별되게 다른.'이라는 뜻을 지닌 낱말은 '특별한'입니다.
③ '여러 사람 가운데서 특별히 두드러진.'이라는 뜻을 지닌 낱말은 '출중한'입니다.
⑤ '동일한 종류에 속하는 보통의 것과는 다른 특색이 있는.'이라는 뜻을 지닌 낱말은 '색다른'입니다.

5 '낭중지추'는 재능이 뛰어나거나 능력이 출중한 사람은 숨어 있어도 저절로 드러나 사람들에게 알려짐을 뜻하므로, (2)가 가장 잘 어울리는 상황입니다.

**어휘력 더하기** (1) 비슷한 것이 많아 구별이 되지 않는 상황에 어울리는 말은 '여럿이 개별적 특성이 없이 모두 엇비슷한 현상을 비유적으로 이르는 말.'이라는 뜻의 '천편일률'입니다. (3) 실패에도 포기하지 않고 노력한 상황에는 '일곱 번 넘어지고 여덟 번 일어난다는 뜻으로, 여러 번 실패하여도 굴하지 아니하고 꾸준히 노력함을 이르는 말.'인 '칠전팔기'가 어울립니다.

**100 쪽**

❶ 군계일학    ❷ 낭중지추
❸ 문일지십    ❹ 불세출

**101 쪽**  이해 · 적용 · 심화

1 ㉣    2 ㉐    3 ㉑

4 ㉓    5 문일지십

6 불세출    7 낭중지추

8 군계일학 9 군계일학

**어휘 학습**

**이해**

1 '낭중지추'는 재능이 뛰어난 사람은 숨어 있어도 저절로 사람들에게 알려짐을 이르는 말입니다.

2 '문일지십'은 하나를 듣고 열 가지를 미루어 안다는 뜻으로, 지극히 총명함을 이르는 말입니다.

3 '불세출'은 '좀처럼 세상에 나타나지 아니할 만큼 뛰어남.'이라는 뜻입니다.

4 '군계일학'은 많은 사람 가운데서 뛰어난 인물을 이르는 말입니다.

**적용**

5 지예가 어릴 때부터 똘똘했다고 하였으므로, '문일지십'이 알맞습니다.

6 빈센트 반 고흐의 작품이 미술사에 남긴 의미이므로, '불세출'이 알맞습니다.

7 정훈이의 그림 실력이 뛰어나다는 의미이므로, '낭중지추'가 알맞습니다.

8 졸고 있는 학생들 사이에서 은조는 총명한 눈빛을 하고 있으므로, '군계일학'이 알맞습니다.

**심화**

9 '평범한'은 '뛰어나거나 색다른 점이 없이 보통인.'이라는 뜻을 지닌 낱말로, 이와 뜻이 반대되는 한자 성어는 '군계일학'입니다.

**102~103쪽**

1 박제상   2 ②

3 ⑤   4 ①   5 ②

**남편이 오기를 학수고
대하다 돌이 된 아내**

**글의 종류**
설화

**글의 특징**
〈삼국유사〉의 망부석 설화를
이야기 형식으로 풀어 낸 글
입니다.

**주제**
박제상의 충절과 아내의 기
다림

1 일본의 인질이 된 왕자 미해와, 고구려의 인질이 된 왕자 보해를 구해 낸 인물은 '박제상'
입니다.

2 박제상은 일본 왕의 회유에도 불구하고, 신라의 개나 돼지가 될지언정 일본의 신하가 되
지는 않겠다며 자신의 뜻을 굽히지 않았습니다.

✔ 오답 풀이
① 내물왕의 셋째 아들이 미해이고, 눌지왕이 아우 둘을 남의 나라에 보내고 눈물이 마를 날이 없었다고 한 것으
로 보아, 미해와 보해는 모두 내물왕의 아들이었음을 알 수 있습니다.
③ 눌지왕이 보해를 보낸 곳은 일본이 아니라 고구려입니다.
④ 일본 왕은 박제상을 자신의 신하로 삼고자 회유했지만, 끝내 거부하는 그를 죽였다고 했습니다.
⑤ 박제상은 고구려로 직접 가서 보해를 구해 냈다고 했습니다.

3 일본 왕이 박제상에게 자신의 신하가 될 것을 회유한 까닭은 박제상의 충성스러운 마음에
감동했기 때문입니다.

✔ 오답 풀이
① 박제상이 일본 왕의 환심을 샀다는 내용은 있지만, 그 방법은 나와 있지 않습니다.
② 박제상이 고구려에서 보해를 구해 냈다는 내용만 있을 뿐, 그 방법은 나와 있지 않습니다.
③ 일본이 미해를 신라에 돌려보내지 않은 까닭은 나와 있지 않습니다.
④ 박제상을 기다리다 망부석이 된 아내의 사연을 노래로 지어 불렀다는 내용은 있지만, 그 가사는 나와 있지 않
습니다.

4 '환심'은 '기뻐하고 즐거워하는 마음.'이라는 뜻입니다. '분개하여 몹시 성을 냄.'이라는 뜻
을 지닌 낱말은 '분노'입니다.

**어휘력 더하기** '환심'에는 '기쁠 환(歡)'이라는 한자가 쓰였습니다. 이 한자가 쓰인 낱말에는 '환영(오는 사람을
기쁜 마음으로 반갑게 맞음.)', '환희(매우 기뻐함. 또는 큰 기쁨.)', '환심(기뻐하고 즐거워하는 마음.)', '애환(슬픔과
기쁨을 아울러 이르는 말.)' 등이 있습니다.

5 ㉠ '단호'는 '(결심이나 태도 등이) 흔들리지 않고 분명함.'이라는 뜻을 지닌 낱말이므로,
울고 있는 동생을 안아 주는 상황에는 어울리지 않습니다.

**어휘력 더하기** 울고 있는 동생을 위로하는 상황에는 '다정하게(정이 많게. 또는 정분이 두텁게.)'나 '따뜻하게(감
정, 태도, 분위기 따위가 정답고 포근하게.)'와 같은 낱말이 어울립니다.

**104쪽**

❶ 학수고대   ❷ 함흥차사
❸ 일일여삼추  ❹ 석고대죄

**105쪽**   이해  적용  심화

1 학수고대  2 함흥차사

3 석고대죄

4 일일여삼추

5 ○   6 ○   7 ✕

8 ✕   9 ④

**어휘
학습**

**이해**

1 '학의 목처럼 목을 길게 빼고 간절히 기다림.'이라는 뜻을 지닌 말은 '학수고대'입니다.

2 '심부름을 가서 오지 아니하거나 늦게 온 사람.'을 이르는 한자 성어는 '함흥차사'입니다.

3 '거적을 깔고 엎드려서 임금의 처분이나 명령을 기다리던 일.'은 '석고대죄'의 뜻입니다.

4 '하루가 삼 년 같다는 뜻으로, 몹시 애태우며 기다림을 이르는 말.'은 '일일여삼추'입니다.

**적용**

5 서영이가 합격자 발표를 기다리고 있는 상황이므로, '학수고대'가 적절합니다.

6 아침에 나간 아영이가 아직 돌아오지 않고 있는 상황이므로, '함흥차사'가 적절합니다.

7 '일일여삼추'는 몹시 애태우며 기다림을 이르는 말이므로 기다리지 않고 먼저 갔다는 문장
에 어울리지 않습니다.

8 주어진 문장에는 도둑이 도리어 매를 든다는 뜻으로, 잘못한 사람이 아무 잘못도 없는 사
람을 나무람을 이르는 말인 '적반하장'이 어울립니다.

**심화**

9 이 글은 '함흥차사'와 관련된 일화입니다. '풍전등화'는 '바람 앞의 등불.'이라는 뜻으로, 사
물이 매우 위태로운 처지에 놓여 있음을 비유적으로 이르는 말입니다.

**아들을 위한 맹모삼천**

**글의 종류**
설명문

**글의 특징**
아들의 교육을 위해 이사를 세 번이나 한 맹자 어머니의 일화를 통해 교육에는 주위 환경이 중요하다는 가르침을 담은 글입니다.

**주제**
교육을 위한 주위 환경의 중요성

1 이 글은 맹자의 어린 시절에 맹자의 어머니가 세 번이나 이사했던 이야기를 통해 교육에는 주위 환경이 중요하다는 것을 말하고 있습니다.

2 이 글은 실제 인물인 맹자의 어머니가 맹자를 교육시키기 위해 세 번 이사를 했던 일화와, 그 이야기에 담겨 있는 가르침을 설명하는 글입니다.

3 맹자는 이사를 가는 곳에서 벌어지는 여러 가지 행동을 따라 하며 자란 아이였지, 열심히 공부만 한 아이는 아니었습니다.

✔ 오답 풀이
① 맹자가 이사 간 곳마다 다른 사람의 모습을 흉내 낸 것으로 보아 주위 환경의 영향을 많이 받았다는 것을 알 수 있습니다.
② 맹자가 공동묘지 근처로 이사 갔을 때 한 행동을 통해 예전에 장례를 치를 때 곡하는 소리를 냈다는 것을 알 수 있습니다.
③ 맹자의 어머니는 맹자의 교육을 위해 세 번이나 이사를 할 정도로 교육에 관심이 많음을 알 수 있습니다.
⑤ 맹자가 살던 시대는 춘추 전국 시대로 전쟁이 끊이지 않았으므로 사람들의 생활이 어려웠음을 알 수 있습니다.

4 ㉠ '급급했습니다'는 '일이 많거나 또는 서둘러서 해야 할 일로 인하여 딴 겨를이 없었습니다.'라는 뜻을 지닌 낱말인 '바빴습니다'와 바꾸어 쓸 수 있습니다.

✔ 오답 풀이
② '한가했습니다'는 '겨를이 생겨 여유가 있습니다.'라는 뜻을 지닌 낱말입니다.
③ '느긋했습니다'는 '마음에 흡족하여 여유가 있고 넉넉했습니다.'라는 뜻을 지닌 낱말입니다.
④ '너그러웠습니다'는 '마음이 넓고 아량이 있습니다.'라는 뜻을 지닌 낱말입니다.
⑤ '여유로웠습니다'는 '여유가 있습니다.'라는 뜻을 지닌 낱말입니다.

5 이 글에 어울리는 속담은 주위 환경이 사람의 사상이나 성격에 큰 영향을 줌을 이르는 말인 '검은 데 가면 검어지고 흰 데 가면 희어진다'입니다.

✔ 오답 풀이
① '산 넘어 산이다'는 갈수록 더욱 어려운 지경에 처하게 되는 경우를 비유적으로 이르는 말입니다.
② '개천에서 용 난다'는 미천한 집안이나 변변하지 못한 부모에게서 훌륭한 인물이 나는 경우를 이르는 말입니다.
③ '비 온 뒤에 땅이 굳어진다'는 어떤 시련을 겪은 뒤에 더 강해짐을 비유적으로 이르는 말입니다.
④ '벼 이삭은 익을수록 고개를 숙인다'는 교양이 있고 수양을 쌓은 사람일수록 겸손하고 남 앞에서 자기를 내세우려 하지 않는다는 것을 비유적으로 이르는 말입니다.

**어휘 학습**

**108쪽**

❶ 맹모삼천  ❷ 주경야독
❸ 청출어람  ❹ 박학다식

**109쪽**  이해  적용  심화

1 ㉲ 2 ㉳ 3 ㉮
4 ㉯  5 박학다식
6 주경야독 7 맹모삼천
8 청출어람 9 ②

**이해**
1 '주경야독'은 어려운 여건 속에서도 꿋꿋이 공부함을 이르는 말입니다.
2 '청출어람'은 제자나 후배가 스승이나 선배보다 나음을 비유적으로 이르는 말입니다.
3 '박학다식'은 '학식이 넓고 아는 것이 많음.'을 뜻하는 말입니다.
4 '맹모삼천'은 교육에는 주위 환경이 중요함을 이르는 말입니다.

**적용**
5 책을 많이 읽어서 모르는 것이 없다고 했으므로, '박학다식'이 적절합니다.
6 야간 학교에서 열심히 공부하는 사람들에 대해 말하고 있으므로, 빈칸에 들어갈 한자 성어는 '주경야독'입니다.
7 교육에는 환경이 무엇보다 중요하다고 했으므로, 빈칸에 들어갈 한자 성어는 '맹모삼천'입니다.
8 선생님의 실력을 뛰어넘었다고 하였으므로, '청출어람'이 적절합니다.

**심화**
9 이 글은 낮에는 병원 청소를 하면서도 밤에는 인터넷 강의를 들으며 열심히 공부한 사람의 이야기이므로, '주경야독'과 어울립니다.

1 까마귀   2 ③

3 ⑤   4 ①   5 ①

### 까마귀의 습성에서 비롯된 '반포지효'

**글의 종류**
설명문

**글의 특징**
까마귀의 특성과 그에 얽힌 일화를 통해 '반포지효'에 대해 설명하는 글입니다.

**주제**
까마귀의 습성에서 비롯된 '반포지효'의 의미

1 이 글은 까마귀의 특성과 까마귀에서 유래된 표현에 대해 설명하는 글입니다.

2 까마귀 새끼는 다 크고 나면 반대로 60일 동안 먹이를 구해 어미를 정성껏 봉양한다고 했습니다.

✔ 오답 풀이

① 신라에서는 까마귀가 소지 마립간을 살려 주어 매년 오곡으로 까마귀밥을 지은 설화가 남아 있다고 했습니다.
② 고구려에서는 다리가 세 개인 까마귀의 모습을 그린 삼족오를 태양의 상징으로 여겨 숭배했다고 했습니다.
④ 까마귀는 새끼가 알에서 깨면 60일 동안 정성 들여 키운다고 하였습니다.
⑤ 요즘 우리나라에서 까마귀는 불길한 기운이 있는 '흉조'로 여긴다고 했습니다.

3 ㉮ '반포지효'는 어버이에 대한 효도를 의미하는 말이므로, 할머니께서 허리가 아프실 때 주물러 드리는 미영이의 모습이 그 예로 알맞습니다.

4 ㉠ '반가운'은 '그리워하던 사람을 만나거나 원하는 일이 이루어져서 마음이 즐겁고 기쁜.' 이라는 뜻을 지닌 낱말입니다. 그러므로 ㉠ '반가운'은 '기쁜', '좋은' 따위와 바꾸어 쓸 수 있습니다.

✔ 오답 풀이

② ㉡ '설화'는 '각 민족 사이에 전승되어 오는 신화, 전설, 민담 따위를 통틀어 이르는 말.'이라는 뜻을 지닌 낱말이므로, '이야기'와 바꾸어 쓸 수 있습니다.
③ ㉢ '봉양한다'는 '부모나 조부모와 같은 웃어른을 받들어 모신다.'라는 뜻을 지닌 낱말이므로, '모신다'와 바꾸어 쓸 수 있습니다.
④ ㉣ '사양'은 '겸손하여 받지 아니하거나 응하지 아니함.'이라는 뜻을 지닌 낱말이므로, '상대편의 요구, 제안, 선물, 부탁 따위를 받아들이지 않고 물리침.'이라는 뜻의 '거절'과 바꾸어 쓸 수 있습니다.
⑤ ㉤ '보답한다'는 '남의 호의나 은혜를 갚는다.'라는 뜻을 지닌 낱말이므로, '갚는다'와 바꾸어 쓸 수 있습니다.

5 ㉯ '다하기'는 '어떤 일을 위하여 힘, 마음 따위를 모두 들이기.'라는 뜻을 지닌 낱말이므로, ①의 '다해'가 비슷한 뜻으로 쓰였습니다.

✔ 오답 풀이

② '다하기를'은 '어떤 것이 끝나거나 남아 있지 않기.'라는 뜻으로 쓰였습니다.
③ '다했는지'와 ⑤ '다하는'은 같은 뜻으로 쓰였습니다. 여기에서 '다하다'는 '수명 따위가 끝나다. 또는 생명을 잇지 못하고 끝내다.'라는 뜻입니다.
④ '다하고'는 '어떤 현상이 끝나고.'라는 뜻으로 쓰였습니다.

---

**어휘 학습**

❶ 반포지효   ❷ 각골난망
❸ 결초보은   ❹ 풍수지탄

1 ㉠   2 ㉢   3 ㉡

4 ㉣   5 결초보은

6 각골난망 7 반포지효

8 풍수지탄 9 결초보은

**이해**

1 '결초보은'은 죽은 뒤에라도 은혜를 잊지 않고 갚음을 이르는 말입니다.

2 '반포지효'는 자식이 자란 후에 어버이의 은혜를 갚는 효성을 이르는 말입니다.

3 '각골난망'은 '남에게 입은 은혜가 뼈에 새길 만큼 커서 잊히지 아니함.'이라는 뜻입니다.

4 '풍수지탄'은 효도를 다하지 못한 채 어버이를 여읜 자식의 슬픔을 이르는 말입니다.

**적용**

5 도움을 받은 것을 절대 잊지 않겠다고 하였으므로, 자음자에 맞는 한자 성어는 '결초보은'입니다.

6 구해 주신 은혜를 잊지 않겠다는 것이 자연스러우므로, '각골난망'이 들어가야 합니다.

7 부모를 모시는 것이 당연한 도리라는 상황에는 '반포지효'가 알맞습니다.

8 부모님께 평소에 잘해야 한다고 하였으므로, '풍수지탄'이 알맞습니다.

**심화**

9 이 글은 억울함을 풀어 준 철산 부사 정동우에게 죽어서도 은혜를 갚아 큰 벼슬을 하게 해 준 장화와 홍련의 이야기입니다. 그러므로 빈칸에 들어갈 한자 성어는 '결초보은'이 알맞습니다.

**116~117** 쪽

1 피구  2 ⑤  3 ④
4 ④  5 ③

## '달걀로 바위 치기'였지만 즐거웠던 도전

**글의 종류**
수필

**글의 특징**
반 대항 피구 대회에서 있었던 일을 쓴 글입니다.

**주제**
'달걀로 바위 치기' 같았던 피구 대회를 마치고 얻은 깨달음

1 이 글은 '반 대항 피구 대회'를 하며 일어난 일을 쓴 수필입니다.

2 글의 마지막 부분에서, 선생님께서는 우리가 최선을 다하며 즐거웠으니 그걸로 충분한 것이라고 말씀하셨습니다. 또한, 1등만이 전부는 아니라고 하셨지 다음 대회에서 우승하자고 말씀하지는 않으셨습니다.

3 세준이는 첫 경기를 앞두고 다쳐서 경기에 나가지 못하는 바람에 꼴찌를 한 것 같은 감정이 들었을 것입니다. 그리고 자기의 몫까지 열심히 뛰어 준 친구들에게 미안한 감정도 들었을 것입니다.

4 ㉠ '불 보듯 뻔했다'는 '앞으로 일어날 일이 의심할 여지가 없이 아주 명백했다.'라는 뜻을 지닌 말입니다.

**☑ 오답 풀이**
① '계속 이어졌다.'는 '꼬리에 꼬리를 물었다'라는 관용어의 뜻입니다.
② '씀씀이가 후하고 컸다.'는 '손이 컸다'라는 관용어의 뜻입니다.
③ '어떤 일에 감격하거나 슬퍼서 눈물이 나오려 했다.'는 '콧등이 시큰했다'라는 관용어의 뜻입니다.
⑤ '기대에 차 있거나 안타까운 마음으로 날짜를 꼽으며 기다렸다.'는 '손꼽아 기다렸다'라는 관용어의 뜻입니다.

**어휘력 더하기** 관용어인 '불 보듯 뻔하다'와 비슷한 뜻을 지닌 한자 성어는 '불 보듯 분명하고 뻔함.'이라는 뜻을 지닌 '명약관화(밝을 명 明, 같을 약 若, 볼 관 觀, 불 화 火)'가 있습니다.

5 ㉡ '달걀로 바위 치기'는 대항해도 도저히 이길 수 없는 경우를 비유적으로 이르는 말이므로, 돈이 많고 힘이 있는 대기업이 잘못을 저질렀을 때 힘없는 소비자가 이에 맞서 잘못을 바로잡으려는 상황에 가장 어울립니다.

**☑ 오답 풀이**
① 무서운 사람 앞에서 설설 기면서 꼼짝 못 한다는 말인 '고양이 앞에 쥐'가 잘 드러나는 상황입니다.
② 맛있는 수박을 먹는다는 것이 딱딱한 겉만 핥고 있다는 뜻으로, 사물의 속 내용은 모르고 겉만 건드리는 일을 비유적으로 이르는 말인 '수박 겉 핥기'가 잘 드러나는 상황입니다.
④ 소의 귀에 대고 경을 읽어 봐야 단 한 마디도 알아듣지 못한다는 뜻으로, 아무리 가르치고 일러 주어도 알아듣지 못하거나 효과가 없는 경우를 이르는 말인 '쇠귀에 경 읽기'가 잘 드러나는 상황입니다.
⑤ 견식(어떤 일을 판단하고 분별하는 능력.)이 좁아 저만 잘난 줄로 아는 사람을 비꼬는 말인 '우물 안 개구리'가 잘 드러나는 상황입니다.

**118** 쪽

❶ 달걀  ❷ 물
❸ 물  ❹ 싹

**어휘 학습**

**이해**

1 '달걀로 바위 치기'는 대항해도 도저히 이길 수 없는 경우를 비유적으로 이르는 말입니다.

2 '볶은 콩에 싹이 날까'는 아주 가망이 없음을 비유적으로 이르는 말입니다.

3 '밑 빠진 독에 물 붓기'는 아무리 힘이나 밑천을 들여도 보람 없이 헛된 일이 되는 상태를 비유적으로 이르는 말입니다.

4 '쏘아 놓은 살이요 엎지른 물이다'는 한번 저지른 일을 다시 고치거나 중지할 수 없음을 비유적으로 이르는 말입니다.

**적용**

5 이제 와서 어쩌겠냐는 말이 있으므로, '쏘아 놓은 살이요 엎지른 물이다'가 적절합니다.

6 초보가 실력이 뛰어난 사람에게 도전하는 상황이므로 '달걀로 바위 치기'가 적절합니다.

7 아무리 잘해 주어도 소용이 없다는 내용으로 보아, '밑 빠진 독에 물 붓기'가 적절합니다.

8 이제는 가망이 없다는 내용으로 보아, '볶은 콩에 싹이 날까'가 적절합니다.

**심화**

9 FIFA(피파) 랭킹 1위 브라질을 상대로 한 대한민국은 실력 차이로 상대를 이기지 못했으므로, '달걀로 바위 치기'라는 속담이 어울립니다.

**119** 쪽  이해 적용 심화

1 ㉯  2 ㉮  3 ㉲
4 ㉰  5 ㉱  6 ㉠
7 ㉢  8 ㉡  9 (1) ○

120~121쪽

1 성의    2 ③

3 기러기    4 ④

5 ②

**목마른 놈이 우물을 파다**

**글의 종류**
이야기

**글의 특징**
고전 소설 〈적성의전〉의 내용을 이야기로 재구성한 글입니다.

**주제**
부모에 대한 효도

1 병을 얻은 어머니를 위해 일영주를 구하러 떠난 사람은 둘째 왕자인 '성의'입니다.

2 성의는 괴물을 만나고, 바다에서 죽을 고비를 넘긴 끝에 보탑존자로부터 일영주를 얻었습니다. 그러므로 많은 고난을 이겨 내고 서역에서 일영주를 얻었다고 할 수 있습니다.

✔ **오답 풀이**
① 인품이 훌륭해서 왕의 사랑을 받은 것은 항의가 아니라 성의입니다.
② 도사는 일영주라는 약을 먹여 왕비를 살릴 수 있다고 했을 뿐, 약을 가져오지는 않았습니다.
④ 바다에서 구출된 성의에게 공주가 편지를 읽어 주었을 뿐, 성의가 공주에게 편지를 읽는 방법을 가르친 것은 아닙니다.
⑤ 항의는 잘못을 뉘우치지 않고 다시 동생을 죽이려다 결국 자기 장수에게 죽임을 당했다고 했습니다.

3 성의의 어머니가 아들에 대한 그리움을 담아 쓴 편지를 묶어 보내고 성의가 있는 궁궐까지 날아와 편지를 전한 동물은 기러기입니다.

4 '고약했는데'는 '성미, 언행 따위가 사나웠는데.'라는 뜻입니다. '여럿 가운데 뛰어났는데.'라는 뜻을 지닌 낱말은 '우수했는데'입니다.

**어휘력 더하기** '고약하다'는 다양한 뜻을 가진 다의어입니다.
1. 맛, 냄새 따위가 비위에 거슬리게 나쁘다. ㉞ 무언가 썩는 고약한 냄새가 난다.
2. 얼굴 생김새가 흉하거나 험상궂다. ㉞ 얼굴에 커다란 상처가 보여서 고약하게 느껴졌다.
3. 성미, 언행 따위가 사납다. ㉞ 종수는 심보가 고약하다.
4. 풍습 따위가 도리에 벗어난 데가 있다. ㉞ 쓰러진 사람을 못 본 척하는 고약한 세상이 되었다.
5. 날씨 따위가 거칠고 사납다. ㉞ 비바람이 몰아치는 고약한 날씨가 계속되었다.

5 효자인 성의가 어머니를 살리기 위해 약을 찾아 서둘러 길을 떠난 상황이므로, '목마른 놈이 우물 판다'가 알맞습니다.

✔ **오답 풀이**
① '식은 죽 먹기'는 '거리낌 없이 아주 쉽게 예사로 하는 모양.'을 뜻하는 속담입니다.
③ '믿는 도끼에 발등 찍힌다'는 잘되리라고 믿고 있던 일이 어긋나거나 믿고 있던 사람이 배반하여 오히려 해를 입음을 비유적으로 이르는 말입니다.
④ '미운 아이 떡 하나 더 준다'는 미운 사람일수록 잘해 주고 감정을 쌓지 않아야 한다는 말입니다.
⑤ '소문난 잔치에 먹을 것 없다'는 떠들썩한 소문이나 큰 기대에 비하여 실속이 없거나 소문이 실제와 일치하지 아니하는 경우를 비유적으로 이르는 말입니다.

122쪽

❶ 우물    ❷ 번갯불
❸ 우물    ❹ 마파람

**어휘 학습**

**이해**

1 '우물에 가 숭늉 찾는다'는 일의 순서도 모르고 성급하게 덤빔을 비유적으로 이르는 말입니다.

2 '마파람에 게 눈 감추듯'은 음식을 매우 빨리 먹는 모습을 비유적으로 이르는 말입니다.

3 '목마른 놈이 우물 판다'는 제일 급하고 일이 필요한 사람이 그 일을 서둘러 하게 되어 있다는 말입니다.

4 '번갯불에 콩 볶아 먹겠다'는 행동이 매우 민첩함을 이르는 말입니다.

**적용**

123쪽 이해 적용 심화

1 ㉯    2 ㉰    3 ㉱

4 ㉮    5 ㉣    6 ㉠

7 ㉡    8 ㉢    9 ④

5 결혼을 서두르는 모습이므로, '번갯불에 콩 볶아 먹겠다'가 적절합니다.

6 쌀도 안 씻었는데 밥을 먹자고 하는 것으로 보아, '우물에 가 숭늉 찾는다'가 적절합니다.

7 음식을 허겁지겁 먹었다는 내용으로 보아, '마파람에 게 눈 감추듯'이 적절합니다.

8 용돈이 필요해지자 집안일을 했다는 내용으로 보아, '목마른 놈이 우물 판다'가 적절합니다.

**심화**

9 제일 급하고 일이 필요한 사람이 그 일을 서둘러 하게 되어 있다는 뜻의 속담인 '목마른 놈이 우물 판다'가 가장 알맞습니다.

124~125 쪽

1 피아노   2 ②

3 ④   4 ⑤   5 ③

**사촌이 땅을 사면 배가 아프지**

**글의 종류**
수필

**글의 특징**
형제끼리 서로 잘하는 것을 질투한 경험을 쓴 글입니다.

**주제**
서로를 보고 질투했던 형제

1 이 글은 동생의 피아노 경연 대회를 통해 서로를 질투하는 형제의 모습을 담은 수필입니다.

2 이 글은 글쓴이가 경험한 내용을 느낌과 함께 표현한 수필입니다.

　　✔ 오답 풀이
　① 피아노와 축구의 특징을 비교한 내용은 나와 있지 않습니다.
　③ 모든 사람이 피아노를 배워야 한다는 주장은 나와 있지 않습니다.
　④ 자신은 축구가 적성에 맞다고는 했지만, 축구가 피아노보다 더 좋은 취미라고 말하고 있는 것은 아닙니다.
　⑤ 피아노 경연 대회에 나간 것은 동생뿐입니다.

3 '무대에 오른 동생은 긴장한 듯했지만'이라고 한 부분으로 보아, 동생이 조금도 긴장하지 않고 연주했다고 볼 수는 없습니다.

4 ㉠ '질투'는 '다른 사람이 잘되거나 좋은 처지에 있는 것 따위를 공연히 미워하고 깎아내리려 함.'이라는 뜻을 지닌 낱말입니다.

　　✔ 오답 풀이
　① '의심스럽게 생각함.'이라는 뜻을 지닌 낱말은 '의문'입니다.
　② '어떤 것에 마음이 끌려 주의를 기울임.'이라는 뜻을 지닌 낱말은 '관심'입니다.
　③ '마음에 꼭 맞지 아니하여 발칵 역정을 내는 짓.'이라는 뜻을 지닌 낱말은 '짜증'입니다.
　④ '남의 감정, 의견, 주장 따위에 대하여 자기도 그렇다고 느낌.'이라는 뜻을 지닌 낱말은 '공감'입니다.

　　**어휘력 더하기** '질투'와 비슷한 뜻을 지닌 낱말에는 '샘', '시새움', '시기' 등이 있습니다.

5 겉으로 내색하지는 않았어도, 형제는 서로가 잘하는 것을 질투하고 있었습니다. 따라서 형과 동생의 이러한 모습을 나타내는 속담으로 알맞은 것은 '사촌이 땅을 사면 배가 아프다'입니다.

　　✔ 오답 풀이
　① '산 넘어 산이다'는 갈수록 더욱 어려운 지경에 처하게 되는 경우를 비유적으로 이르는 말입니다.
　② '하나를 듣고 열을 안다'는 한마디 말을 듣고도 여러 가지 사실을 미루어 알아낼 정도로 매우 총기가 있다는 말입니다.
　④ '사공이 많으면 배가 산으로 간다'는 여러 사람이 저마다 제 주장대로 배를 몰려고 하면 결국에는 배가 물로 못 가고 산으로 올라간다는 뜻으로, 주관하는 사람 없이 여러 사람이 자기주장만 내세우면 일이 제대로 되기 어려움을 비유적으로 이르는 말입니다.
　⑤ '하늘이 무너져도 솟아날 구멍이 있다'는 아무리 어려운 경우에 처하더라도 살아 나갈 방도가 생긴다는 말입니다.

126 쪽

❶ 배   ❷ 걷기
❸ 욕심   ❹ 고기

127 쪽   이해 적용 심화

1 ㉢   2 ㉡   3 ㉣

4 ㉠   5 ○   6 ✕

7 ✕   8 ○   9 ④

**어휘 학습**

**이해**

1 '걷기도 전에 뛰려고 한다'는 쉽고 작은 일도 해낼 수 없으면서 어렵고 큰 일을 하려고 나선다는 말입니다.

2 '놓친 고기가 더 커 보인다'는 현재 가지고 있는 것보다 먼저 것이 더 좋았다고 생각된다는 말입니다.

3 '사촌이 땅을 사면 배가 아프다'는 남이 잘되는 것을 기뻐해 주지는 않고 오히려 질투하고 시기한다는 말입니다.

4 '바다는 메워도 사람의 욕심은 못 채운다'는 사람의 욕심은 한이 없다는 말입니다.

**적용**

5 처음부터 욕심을 부리는 사람에게 조언을 하는 상황이므로, 속담이 바르게 쓰였습니다.

6 친구가 1등을 해서 기쁜 상황이므로, 속담이 알맞지 않게 쓰였습니다.

7 광고와 달리 별거 없다는 것으로 보아, 속담이 알맞게 쓰이지 않았습니다.

8 부자인 사람이 돈에 달려들었다고 했으므로, 속담이 바르게 쓰였습니다.

**심화**

9 다현이는 지효가 상을 탄 것을 질투하였으므로 '사촌이 땅을 사면 배가 아프다'가 어울립니다.

## 128~129 쪽

1 간    2 ④    3 ②

4 (1) ㉯, (2) ㉰, (3) ㉮

5 ⑤

---

### '간'과 관련된 관용어

**글의 종류**
소개하는 글

**글의 특징**
'간'과 관련된 여러 가지 관용어를 소개하는 글입니다.

**주제**
'간'과 관련된 관용어

---

1 이 글에서는 우리 몸의 장기인 '간'과 관련된 여러 가지 관용어를 소개하고 있습니다.

2 이 글에서는 '간'과 관련된 여러 가지 관용어를 소개하고 있습니다.

> ✔ 오답 풀이
> ① 간에 관한 일화나 교훈은 나오지 않습니다.
> ② '간'과 관련된 속담이 아닌 관용어에 대해 이야기하고 있습니다.
> ③ 간을 소중히 여겨야 하는 까닭을 설명하고 있지는 않습니다.
> ⑤ '벼룩의 간을 내먹는다'라는 속담을 소개하였지만 다른 사람의 소중한 것을 빼앗으면 안 된다고 주장하고 있지는 않습니다.

3 '간을 빼 먹다'는 '겉으로는 비위를 맞추며 좋게 대하는 척하면서 요긴한 것을 다 빼앗다.'라는 뜻이 있으므로, 아주 무섭고 놀랐을 때 쓰는 표현이 아닙니다. 이럴 때는 '간이 떨어지다'라는 표현이 적절합니다.

4 '간이 크다'는 '겁이 없고 매우 대담하다.', '간이 떨어지다'는 '몹시 놀라다.', '간을 빼 먹다'는 '겉으로는 비위를 맞추며 좋게 대하는 척하면서 요긴한 것을 다 빼앗다.'라는 뜻의 관용어입니다.

> 어휘력 더하기 '간이 크다', '간이 작다', '간이 콩알만 해지다', '간이 떨어지다', '간이 서늘하다' 외에도 '간'이 들어간 관용어 중에는 두려움이나 용기와 관련된 뜻을 지닌 말이 많습니다.
> • 간이 붓다: 지나치게 대담해지다.
> • 간이 떨리다: 마음속으로 몹시 겁이 나다.
> • 간이 벌름거리다: 몹시 두렵거나 놀라워 가슴이 두근거리다.
> • 간이 오그라들다: 몹시 두려워지거나 무서워지다.

5 먹은 양이 너무 적어서 먹으나 마나 한 상황이므로, '간에 기별도 안 간다'는 표현이 어울립니다. 이 관용어와 뜻이 비슷한 말로 '먹은 것이 너무 적어 먹으나 마나 하다.'라는 뜻의 '간에 차지 않다'가 있습니다.

> ✔ 오답 풀이
> ① '간이 작다'는 겁이 많고 잘 놀라는 사람에게 쓰는 관용어입니다.
> ② '간이 떨어지다'는 '몹시 놀라다.'라는 뜻을 지닌 관용어입니다.
> ③ '간이 서늘하다'는 위험한 상황이나 아주 무섭고 놀랐을 때 쓰는 관용어입니다.
> ④ '간이 콩알만 해지다'는 무서움을 느낄 때 쓰는 관용어입니다.

---

## 130 쪽

❶ 간    ❷ 간
❸ 쓸개    ❹ 바람

## 131 쪽    이해 · 적용 · 심화

1 ㉡    2 ㉣    3 ㉠

4 ㉢    5 ✕    6 ✕

7 ○    8 ○    9 ②

**이해**

1 '간이 크다'는 '겁이 없고 매우 대담하다.'라는 뜻을 지닌 관용어입니다.

2 '간을 졸이다'는 '매우 걱정되고 불안스러워 마음을 놓지 못하다.'라는 뜻을 지닌 관용어입니다.

3 '간에 바람 들다'는 '하는 행동이 실없다.'라는 뜻을 지닌 관용어입니다.

4 '간도 쓸개도 없다'는 '용기나 줏대 없이 남에게 굽히다.'라는 뜻을 지닌 관용어입니다.

**적용**

5 '간을 졸이다'는 잠든 아기를 보고 표현하기에 적절하지 않습니다.

6 '간이 크다'는 작은 강아지가 짖는 소리에 놀라는 사람에게는 적절하지 않습니다. 이때는 '간이 작다'라는 관용어가 어울립니다.

7 '간에 바람 들다'는 종일 이유 없이 웃고 다니는 사람을 보고 표현하기에 적절합니다.

8 '간도 쓸개도 없다'는 자신을 괴롭힌 사람의 편을 드는 모습을 표현하기에 적절합니다.

**심화**

9 아무도 섣불리 만지지 못하는 고양이를 쓰다듬는 미나의 모습에는 '간이 크다'라는 관용어가 어울립니다.

## 132~133 쪽

1 속 2 ⑤ 3 ⑤
4 ② 5 ②

### 엄마 속을 끓이게 한 청개구리

**글의 종류**
소개하는 글

**글의 특징**
전래 동화를 통해 '속'과 관련된 여러 가지 관용어를 소개하는 글입니다.

**주제**
'속'과 관련된 관용어

1 이 글은 언제나 반대로만 행동하는 청개구리 이야기로 '속'과 관련된 관용어를 소개하는 글입니다.

2 이 글에서는 전래 동화를 통해 '속'과 관련된 여러 가지 관용어를 소개하고 있습니다.

❷ 오답 풀이
① 이 글은 소개하는 글이기 때문에 글쓴이의 생각과 느낌은 들어가지 않습니다.
② 이 글에 부모님의 말을 잘 들어야 한다는 주장은 나와 있지 않습니다.
③ 개구리가 사는 곳을 자세히 설명한 부분은 없습니다.
④ 전래 동화는 꾸며진 이야기이므로 실제 이야기를 바탕으로 하지 않습니다.

3 엄마는 자신을 산에 묻어 주기를 바랐지만 청개구리는 엄마의 마지막 유언은 꼭 들어드리겠다며 엄마를 냇가에 묻었습니다.

4 ⊙ '반대로'는 '차례나 방향, 또는 형편 따위가 반대로 되게.'라는 뜻을 지닌 '거꾸로'와 바꾸어 쓸 수 있습니다.

❷ 오답 풀이
① '그대로'는 '변함없이 그 모양으로.'라는 뜻을 지닌 낱말입니다.
③ '제대로'는 '마음먹은 대로.'라는 뜻을 지닌 낱말입니다.
④ '비슷하게'는 '두 개의 대상이 크기, 모양, 상태, 성질 따위가 똑같지는 아니하지만 전체적 또는 부분적으로 일치하는 점이 많은 상태에 있게.'라는 뜻을 지닌 낱말입니다.
⑤ '가운데로'는 '일정한 공간이나 길이를 갖는 사물에서, 한쪽으로 치우치지 않고 양 끝에서 거의 같은 거리가 떨어져 있는 부분으로.'라는 뜻을 지닌 낱말입니다.

5 엄마가 아무리 물어도 무슨 일이 생긴 표정으로 아무 말도 하지 않는 아들을 보며 엄마는 마음이 답답하다고 하였으므로, 엄마의 상황에 알맞은 관용어는 '마음을 태우다.'라는 뜻을 지닌 '속을 끓이다'입니다.

❷ 오답 풀이
① '속을 긁다'는 '남의 속이 뒤집히게 비위를 살살 건드리다.'라는 뜻을 지닌 관용어입니다.
③ '속이 풀리다'는 '화를 냈거나 토라졌던 감정이 누그러지다.' 또는 '거북하던 배 속이 가라앉다.'라는 뜻을 지닌 관용어입니다.
④ '속이 시원하다'는 '좋은 일이 생기거나 나쁜 일이 없어져서 상쾌하다.'라는 뜻을 지닌 관용어입니다.
⑤ '속이 시커멓다'는 '마음이 깨끗하지 아니하고 엉큼하거나 음흉하다.'라는 뜻을 지닌 관용어입니다.

**어휘 학습**

**134 쪽**

❶ 끓이다 ❷ 뒤집
❸ 보이는 ❹ 시원

**135 쪽** 이해 적용 심화

1 끓이다 2 뒤집히다
3 보이다 4 시원하다
5 ○ 6 ○ 7 ✕
8 ✕ 9 ③

[이해]

1 '마음을 태우다.'는 '속을 끓이다'의 뜻입니다.

2 '몹시 아니꼽게 느껴지다.'는 '속이 뒤집히다'의 뜻입니다.

3 '엉큼한 마음이 들여다보이다.'는 '속이 보이다'의 뜻입니다.

4 '좋은 일이 생기거나 나쁜 일이 없어져서 마음이 상쾌하다.'는 '속이 시원하다'의 뜻입니다.

[적용]

5 마음을 태우며 생각해도 뾰족한 수가 없었으므로, '속을 끓이며'가 바르게 쓰였습니다.

6 부탁할 게 있어서 의도가 보이는 말을 하는 상황이므로, '속이 보이다'가 바르게 쓰였습니다.

7 눈엣가시였던 녀석이 사라져서 마음이 상쾌하다는 뜻으로, '속이 뒤집혔다'라는 말은 맞지 않습니다. 여기에는 '속이 시원하다'가 적절합니다.

8 보기 싫은 사람을 다시 만나서 마음이 몹시 싫었던 것이므로, '속이 시원했다'라는 말은 맞지 않습니다. 여기에는 '속이 뒤집혔다'가 적절합니다.

[심화]

9 혼자 걱정하여 마음을 졸이고 애를 태우는 상황이므로, '마음을 태우다.'라는 뜻의 '속을 끓이다'가 어울리는 관용어입니다.

136~137 쪽

1 저승사자 2 ⑤

3 ④　4 ①　5 ④

**허리띠를 졸라매야 하는 가난 덕분에**

**글의 종류**
이야기

**글의 특징**
너무 가난한 탓에 죽지 않고 살아난 사람의 이야기를 통해 관용어를 알려 주는 글입니다.

**주제**
저승사자도 놀란 가난

1 아이를 낳고도 먹지 못해 쓰러진 아내를 데려가려고 저승사자가 찾아왔습니다.

2 아내는 자기 대신 죽은 김 진사네 며느리에게 미안한 마음에 김 진사네 아이를 정성껏 길 렀습니다.

✅ **오답 풀이**
① 남편은 너무 가난해서 미역국은커녕 죽도 끓일 게 없어, 항아리 바닥에 붙은 밀가루를 긁어 멀건 죽을 끓일 수 밖에 없었다고 했습니다.
② 아내는 숨이 오락가락하는 와중에 저승사자의 말소리를 듣기만 했습니다.
③ 저승사자의 말소리를 들은 것은 아내였습니다.
④ 저승사자들은 이들 부부가 너무 가난했던 탓에 차마 아내를 잡아갈 수가 없어서 같은 사주를 가진 김 진사네 며느리를 잡아간 것이지, 실수는 아니었습니다.

3 저승사자들이 아내를 잡아가지 않은 까닭은 방문 앞에 쓰러져 잠들어 있던 남편의 몰골이 하도 초라했기 때문입니다. 저승사자는 차마 그 남편을 넘어가 아내를 잡아갈 수 없다고 생각했습니다.

✅ **오답 풀이**
① 가난한 총각이 어떻게 장가를 갔는지, ② 과부 며느리의 남편은 왜 죽었는지, ③ 김 진사네는 죽은 며느리의 장례를 어떻게 치렀는지, ⑤ 김 진사네 머슴이 된 남편이 어떤 일을 했는지의 답은 글에서 찾을 수 없습니다.

4 '몰골'은 '볼품없는 모양새.'라는 뜻의 낱말입니다. '얼굴이 잘생긴 남자.'라는 뜻을 지닌 낱 말은 '미남'입니다.

5 '허리띠를 졸라매고'는 '배고픔을 참고.'라는 뜻이므로, ㉠에 적절합니다.

✅ **오답 풀이**
① '꼬리를 빼고'는 '달아나거나 도망치고.'라는 뜻을 지닌 관용어입니다.
② '옷깃을 여미고'는 '경건한 마음으로 옷을 가지런하게 하여 자세를 바로잡고.'라는 뜻을 지닌 관용어입니다.
③ '손에 잡힐 듯하게'는 '매우 가깝게 또는 또렷하게 보이게.'라는 뜻을 지닌 관용어입니다.
⑤ '엉덩이가 근질근질하게'는 '한군데 가만히 앉아 있지 못하고 자꾸 일어나 움직이고 싶어 하게.'라는 뜻을 지닌 관용어입니다.

**어휘력 더하기** '허리띠'가 쓰인 또 다른 관용어에는 '허리띠를 늦추다(생활의 여유가 생기다.)', '허리띠를 풀다 (안심이 되어 긴장을 풀고 마음을 편안하게 놓다.)', '허리띠를 조르다(마음먹은 일을 이루려고 새로운 결의와 단단한 각오로 일에 임하다.)' 등이 있습니다.

**어휘 학습**

**138 쪽**

❶ 허리띠　❷ 허리
❸ 굽히　❹ 펴고

**139 쪽** 이해 · 적용 · 심화

1 ㉣　2 ㉢　3 ㉮
4 ㉡　5 ○　6 ✕
7 ✕　8 ○　9 ⑤

[이해]

1 '허리를 펴다'는 '어려운 고비를 넘기고 편하게 지낼 수 있게 되다.'라는 뜻을 지닌 관용어 입니다.

2 '허리가 휘다'는 '감당하기 어려운 일을 하느라 힘이 부치다.'라는 뜻을 지닌 관용어입니다.

3 '허리를 굽히다'는 '정중히 인사하다.'라는 뜻을 지닌 관용어입니다.

4 '허리띠를 졸라매다'는 '검소한 생활을 하다.'라는 뜻을 지닌 관용어입니다.

[적용]

5 직원이 들어오는 손님들에게 정중히 인사하는 상황이므로, 관용어가 바르게 쓰인 문장입 니다.

6 '허리를 펴다'는 살림이 조금도 나아지지 않은 상황과는 어울리지 않습니다.

7 '허리가 휘다'는 착실히 아르바이트를 해서 돈을 모은 상황에 어울리지 않습니다.

8 이번 달 용돈을 다 써서 검소한 생활을 해야 하므로, 관용어가 바르게 쓰인 문장입니다.

[심화]

9 흥부 부부가 온갖 일을 해도 입에 풀칠하기가 쉽지 않았다고 했으므로, 빈칸에는 '허리띠 를 졸라매야'라는 관용어가 알맞습니다.

**문장의 종결 표현**

**글의 종류**
설명문

**글의 특징**
종결 표현에 따른 문장의 종류를 설명하는 글입니다.

**주제**
종결 표현의 뜻과 문장의 종류

1 이 글은 '문장의 종결 표현'에 대해 설명하는 글입니다.

2 마지막 문단에서 같은 종결 어미를 사용하더라도 억양에 따라 의문문이 되기도 하고 평서문과 명령문이 될 수도 있다고 했습니다. 그 예로 '공부하고 있어.'라는 문장을 차분하게 말하면 평서문이 되고, 말끝을 올려 말하면 의문문이 된다는 것을 들었습니다.

✅ 오답 풀이
① 두 번째 문단에서 문장은 '평서문, 의문문, 명령문, 청유문, 감탄문'의 다섯 가지로 나뉜다고 했습니다.
② 첫 번째 문단에서 문장을 끝맺는 표현을 '종결 표현'이라고 한다고 했습니다.
③ 첫 번째 문단에서 문장의 끝부분에 오는 말을 '종결 어미'라고 한다고 했습니다.
④ 세 번째 문단에서 말하는 이의 의도에 따라 종결 어미가 달라진다고 했습니다.

3 같이 행동할 것을 요청하는 문장은 '청유문'으로, 청유문은 '-자', '-합시다' 등의 종결 어미를 사용해서 만들 수 있습니다. ①, ②, ③, ⑤는 모두 어떤 일을 함께 할 것을 제안하는 청유문이지만, ④는 말하는 이가 공부를 열심히 한다는 사실을 전하는 평서문입니다.

**어휘력 더하기** 평서문은 말하는 이가 내용을 객관적으로 이야기하는 문장입니다. 평서문에는 종결 어미 '-ㅂ니다', '-아요/어요', '-다', '-아/어' 등이 쓰이며 문장의 끝에 마침표를 씁니다.

4 주어진 문장은 벚꽃이 아름답다는 말하는 이의 느낌을 표현한 문장입니다. 이러한 문장을 '감탄문'이라고 합니다.

**어휘력 더하기** 문장 부호는 글에서 문장의 구조를 드러내거나 글쓴이의 의도를 전달하기 위하여 사용하는 부호입니다. 문장 부호는 문장의 종류에 따라 쓰임이 다른데, 문장의 끝에 쓰는 문장 부호는 마침표, 물음표, 느낌표입니다. 마침표는 평서문, 명령문, 청유문의 끝에 씁니다. 물음표는 의문문에, 느낌표는 감탄문에 쓰입니다. 다만 평서문, 명령문, 청유문이라도 다른 뜻을 담고자 할 때는 물음표나 느낌표를 쓸 수 있습니다. 의문문이나 감탄문에서 의문이나 감탄의 정도가 약할 때에는 물음표나 느낌표 대신 마침표를 쓸 수도 있습니다.

5 명령문은 '무엇을 시키거나 행동을 요구하는 문장'입니다. 명령문을 끝맺을 때는 '-아라/-어라', '-십시오', '-세요' 등을 쓰고, 문장 끝에 주로 마침표를 씁니다. '들어가서 방 청소를 하자.'는 청유문, '들어가서 방 청소를 할까?'는 의문문, '들어가서 방 청소를 해라.'는 명령문, '들어가서 방 청소를 했구나!'는 감탄문, '들어가서 방 청소를 한다.'는 평서문입니다.

**어법 학습**

이해
1 '평서문'은 내용을 객관적으로 이야기하는 문장입니다.
2 '의문문'은 질문을 하여 대답을 요구하는 문장입니다.
3 '명령문'은 무엇을 시키거나 행동을 요구하는 문장입니다.
4 '청유문'은 같이 행동할 것을 요청하는 문장입니다.
5 '감탄문'은 말하는 이의 느낌을 표현하는 문장입니다.

적용
6 나무의 이름을 묻는 것으로 보아 '의문문'이 알맞습니다.
7 기분이 좋다는 느낌을 표현한 것으로 보아, '감탄문'이 알맞습니다.
8 노래를 다 같이 부르자고 한 것으로 보아 '청유문'이 알맞습니다.
9 들어가서 자라고 명령한 것으로 보아 '명령문'이 알맞습니다.

심화
10 이 글에 나오지 않는 문장은 '명령문'입니다. 명령문은 듣는 이에게 어떤 행동을 할 것을 요구하는 문장으로, '-해라', '-십시오', '-세요' 등으로 문장을 끝맺습니다. 이 글에 나오는 문장은 평서문(-ㅂ니다, -아), 감탄문(-구나), 의문문(-ㄹ까), 청유문(-자)입니다.

**146~147 쪽**

1 구개음화    2 ①, ④

3 ④    4 ㅈ, ㅉ, ㅊ

5 ③

## 구개음화 현상

**글의 종류**
설명문

**글의 특징**
구개음화의 개념과 구개음화가 일어나는 원리를 설명하는 글입니다.

**주제**
구개음화의 개념과 구개음화가 일어나는 원리

1 이 글에서는 '구개음화'에 대해 설명하고 있습니다.

2 구개음에 해당하는 자음은 'ㅈ', 'ㅉ', 'ㅊ'입니다. 또 받침 'ㄷ' 다음에 '히'가 올 때에도 구개음화 현상이 일어납니다.

✔ 오답 풀이
② 두 번째 문단에서 구개음화 현상은 '입천장소리되기' 현상이라고도 한다고 했습니다.
③ 두 번째 문단에서 구개음은 혓바닥과 입천장 앞쪽 사이에서 나는 소리라고 했습니다.
⑤ 두 번째 문단에서 구개음화는 구개음이 아닌 소리가 구개음으로 변하는 현상이라고 했습니다.

3 세 번째 문단에서 구개음화 현상이 나타나는 까닭은 소리를 좀 더 쉽게 내기 위해서라고 했습니다.

✔ 오답 풀이
① 혓바닥이 짧은 것과 구개음화 현상은 아무런 관련이 없습니다.
② 구개음화 현상은 'ㄷ'과 'ㅌ'이 모음 'ㅣ'나 '히'와 만나서 일어나므로 겹받침이 모음과 만나는 것이 아닙니다.
③ 낱말의 끝소리가 'ㄷ, ㅌ'일 때 구개음화 현상이 일어나므로 앞말 끝에 자음이 없다는 것은 알맞지 않습니다.
⑤ 낱말을 재미있게 발음하는 것과 구개음화 현상은 아무런 관련이 없습니다.

4 구개음에 해당하는 자음은 'ㅈ, ㅉ, ㅊ'입니다. 세 번째 문단에서 'ㄷ, ㅌ'은 구개음이 아니라고 하였으므로 답으로 골라서는 안 됩니다.

**어휘력 더하기** 발음할 때 혓바닥과 입천장 앞쪽 사이에서 나는 소리를 '구개음'이라고 합니다. 구개음에는 'ㅈ, ㅉ, ㅊ'이 있습니다. 구개음이 아닌 'ㄷ, ㅌ'이 모음 'ㅣ'나 '히'를 만나 구개음으로 소리 나기 때문에 구개음화 현상을 '입천장소리되기 현상'이라고도 합니다. 구개음화는 모음 'ㅣ'가 발음되는 위치가 자음 'ㄷ, ㅌ'보다는 'ㅈ, ㅊ'이 발음되는 위치와 가깝기 때문에 쉽게 발음하기 위해서 일어나는 현상입니다.

5 '밭이'는 낱말의 끝소리인 'ㅌ' 다음에 모음 'ㅣ'가 온 경우이므로 'ㅊ'으로 소리 내어 읽어야 합니다. 따라서 [바지]가 아니라 [바치]로 읽습니다.

**어휘력 더하기** '밭이'는 [바치]로 소리 나지만, 글로 쓸 때는 소리 나는 대로 적으면 안 되고 원래 표기인 '밭이'로 써야 합니다. 한글 맞춤법에는 표준어를 소리대로 적되 어법에 맞도록 적어야 한다는 내용이 있기 때문입니다. '밭'이라는 낱말은 '밭[받]', '밭이[바치]', '밭에[바테]'와 같이 환경에 따라 소리가 달라집니다. '밭'이라는 하나의 낱말을 '받', '바치', '바테'와 같이 쓰면 그것이 무슨 말인지 알아보기 어렵습니다. 그러므로 낱말의 소리가 달라져도 글로 쓸 때는 뜻을 파악하기 쉽도록 원래 표기를 살려서 써야 하는 것입니다.

**148 쪽**

❶ [지]

**어법 학습**

 이해

1 구개음화 현상은 낱말의 끝소리가 'ㄷ', 'ㅌ'일 때 뒤에 모음 'ㅣ'나 '히'가 오면 'ㅈ'이나 'ㅊ'으로 소리 나는 현상으로, '입천장소리되기 현상'이라고도 합니다.

**149 쪽**    이해  적용  심화

1 ㄷ, ㅌ, 히, ㅈ, ㅊ

2 ×    3 ×    4 ○

5 ○    6 ×    7 ×

8 (1) 가치  (2) 구지

적용

2 '곧이'는 [고지]로 소리 납니다.

3 '솥에'는 모음 'ㅣ'나 '히'가 들어가지 않으므로 구개음화 현상이 일어나지 않아 [소테]로 소리 납니다.

4 '붙이다'는 [부치다]로 소리 납니다.

5 '해돋이'는 [해도지]로 소리 납니다.

6 '피붙이'는 [피부치]로 소리 납니다.

7 '돌아나다'는 모음 'ㅣ'나 '히'가 들어가지 않으므로 구개음화 현상이 일어나지 않아 [도다나다]로 소리 납니다.

 심화

8 두 낱말은 모두 구개음화가 일어나는 경우입니다. ㉠ '같이'는 [가치], ㉡ '굳이'는 [구지]로 소리 납니다.

150~151쪽
1 호응 2 ④ 3 ①
4 (1) 나의 꿈은 (2) 되고
싶다 5 ②, ④

**문장 성분의 호응**

**글의 종류**
설명문

**글의 특징**
'호응'의 뜻과 문장 성분의
호응 관계에 대해 설명하는
글입니다.

**주제**
문장 성분의 호응

1 이 글에서는 '문장 성분의 호응'에 대해 설명하고 있습니다.

2 마지막 문단에서 시간을 나타내는 말과 서술어가 호응하는지 생각하며 문장을 써야 한다고 했습니다.

3 '결코'는 '아니다', '없다', '못하다'와 같은 부정의 뜻을 나타내는 서술어와 호응하는 말입니다. 따라서 '결코'는 '할 수 없다'와 호응을 이룹니다.

❷ 오답 풀이
② '왜냐하면'은 '때문이다'와 호응하므로 '왜냐하면 나는 배가 고프기 때문이다.'로 쓰는 것이 알맞습니다.
③ '전혀'는 '아니다', '못하다' 등의 부정의 뜻을 나타내는 서술어와 호응합니다.
④ 시간을 나타내는 말인 '어제'는 '읽는다'가 아니라 '읽었다'와 호응합니다.
⑤ 높임의 대상인 '아버지'와 서술어 '먹는다'는 서로 호응하지 않습니다. 호응 관계가 바르게 되려면 '먹는다'를 '드신다'나 '잡수신다'로 고쳐야 합니다.

4 ㉠ '나의 꿈은 과학자가 되고 싶다.'는 주어인 '꿈은'과 서술어인 '되고 싶다'가 호응하지 않는 문장이라고 했습니다. 그러므로 주어 '꿈은'과 호응하도록 서술어를 바꾸거나 서술어 '되고 싶다'와 호응하도록 주어를 바꾸어야 합니다. 이 문장은 '나의 꿈은 과학자가 되는 것이다.' 등으로 바꿀 수도 있습니다.

5 ②는 시간을 나타내는 말과 서술어가 호응하지 않는 문장입니다. '나는 어제 책을 읽었다.'나 '나는 내일 책을 읽을 것이다.'로 써야 알맞은 문장입니다. ④는 두 개의 주어 중에서 '다람쥐와'가 서술어 '날아다닌다'와 호응하지 않습니다. 그러므로 '숲속에는 다람쥐가 뛰놀고 참새가 날아다닌다.'로 바꾸어야 합니다.

❷ 오답 풀이
① 주어가 높임의 대상인 '할머니'이므로 서술어 '부르셨다'를 알맞게 썼습니다.
③ '비가'와 '바람이'가 주어이므로 각각의 주어에 호응하는 서술어를 썼습니다.
⑤ 꾸며 주는 말 '별로'와 서술어 '않는다'가 호응하는 문장입니다.

**어휘력 더하기** 문장에서 두 개 이상의 주어가 나오면 뒤에 오는 서술어가 각각의 주어와 호응하는지 생각해야 합니다. 시간을 나타내는 말이 나올 때는 뒤에 시간에 맞는 서술어가 나오는지를 살펴봅니다. 또 높임의 대상과 서술어가 호응하는지도 살펴보아야 합니다.

**어법 학습**

152 쪽
❷ 아니다

153 쪽 이해 적용 심화
1 × 2 ○ 3 ×
4 ○ 5 눈이 내리고
6 되는 것이다
7 안 난다 / 없다 / 나지
않는다 8 잡혔다
9 ㉡

이해
1 '내일 학교에서 수학 시험을 볼 것이다.'라고 고쳐야 알맞습니다.
2 주어인 '어머니'는 높임의 대상으로 서술어인 '주셨다'와 호응합니다.
3 '하늘에는 구름이 떠 있고 갈매기들이 날고 있었다.'로 고쳐야 알맞습니다.
4 꾸며 주는 말인 '비록'은 '~지만'과 호응하므로 알맞은 문장입니다.

적용
5 '눈이 내리고', '눈이 오고' 등으로 고쳐 써야 합니다.
6 '꿈'이라는 주어에 호응하는 서술어는 '되는 것이다'입니다.
7 '전혀'는 부정의 뜻을 나타내는 서술어와 호응하므로, '안 난다', '없다', '나지 않는다' 등으로 고쳐 써야 합니다.
8 동작을 당하는 주어인 '토끼'가 독수리에게 잡힌 것이므로, '잡혔다'로 고쳐 써야 합니다.

심화
9 문장의 호응이 바르지 않은 문장은 ㉡입니다. 꾸며 주는 말인 '별로'는 부정의 뜻을 나타내는 '않다', '못하다', '아니다' 등의 서술어와 호응하므로, ㉡은 '별로 무섭워하지 않아서'라고 고쳐 써야 합니다.

**154~155** 쪽

**1** 다의어, 동형어

**2** ⑤   **3** (1) 다의어

(2) 동형어      **4** ③

**5** ③

---

## 다의어와 동형어

**글의 종류**
설명문

**글의 특징**
다의어와 동형어의 뜻과 둘의 차이점에 대해 설명하는 글입니다.

**주제**
다의어와 동형의 뜻과 차이점

---

**1** 이 글은 '다의어'와 '동형어'에 대해 설명하는 글입니다.

**2** 형태만 같고 의미의 유사성은 없는 관계는 동형어 관계입니다.

✅ **오답 풀이**

① 세 번째 문단에서 동형어는 형태는 같지만 뜻이 다른 말이라고 했습니다.
② 네 번째 문단에서 다의어는 국어사전에 하나의 낱말에 여러 가지 뜻이 묶여 있다고 했습니다.
③ 네 번째 문단에서 동형어는 국어사전에 다른 낱말로 따로 실려 있다고 했습니다.
④ 첫 번째 문단에서 다의어는 기본적인 의미와 주변적인 의미를 지닌다고 했습니다.

**3** ㉠은 앞에서 무엇인가를 이용하거나 사용한다는 의미의 유사성이 있다고 했으므로, '다의어 관계'에 해당하고, ㉡은 서로 아무런 유사점이 없다고 했으므로 '동형어 관계'입니다.

**4** ③의 '배'는 서로 의미의 유사성이 있는 '다의어 관계'입니다. 나머지 낱말들은 서로 의미의 유사성이 없고 우연히 글자의 형태가 같은 '동형어 관계'입니다.

✅ **오답 풀이**

① '밤'이 '밤나무의 열매.'와 '해가 져서 어두워진 때부터 다음 날 해가 떠서 밝아지기 전까지의 동안.'이라는 뜻으로 쓰였으므로 동형어 관계입니다.
② '말'이 '음성 기호로 생각이나 느낌을 표현하고 전달하는 행위.'와 '어떤 기간의 끝이나 말기.'라는 뜻으로 쓰였으므로 동형어 관계입니다.
④ '솔'이 '소나뭇과의 모든 식물을 통틀어 이르는 말.'과 '먼지나 때를 쓸어 떨어뜨리거나 풀칠 따위를 하는 데 쓰는 도구.'라는 뜻으로 쓰였으므로 동형어 관계입니다.
⑤ '눈'이 '물체의 존재나 형상을 인식하는 눈의 능력.'과 '대기 중의 수증기가 찬 기운을 만나 얼어서 땅 위로 떨어지는 얼음의 결정체.'라는 뜻으로 쓰였으므로 동형어 관계입니다.

**어휘력 더하기** 다의어와 동형어를 구별하려면 의미의 유사성이 있는지 생각해 보아야 합니다. '배가 부르다.'의 '배'는 사람이나 동물의 몸에서 내장이 들어 있는 곳으로 가슴과 엉덩이 사이의 부위를 뜻하며, 기둥의 '배'는 긴 물건 가운데의 볼록한 부분을 뜻합니다. 두 낱말은 어떤 물체의 가운데 부분이라는 유사성이 있으므로 다의어 관계입니다.

**5** 빈칸에 공통으로 들어갈 말은 '손'입니다. (1)의 '손'은 일을 하는 사람을 의미합니다. (2)의 '손'은 어떤 일을 하는 데 드는 사람의 힘이나 노력을 뜻하며, (3)의 '손'은 사람의 팔목 끝에 달린 부분을 뜻합니다. (3)은 기본적인 의미, (1)과 (2)는 주변적인 의미로 쓰였으며 세 문장의 '손'은 다의어 관계입니다.

---

**156** 쪽

❷ 책상 '다리'

**157** 쪽 이해 적용 심화

**1** (2) ○    **2** (1) ○

**3** (2) ○    **4** 동

**5** 다  **6** 동  **7** 다

**8** (1) ㉢ (2) ㉠ (3) ㉡

---

**어법 학습**

**이해**

**1** '공기가 차다.'에서 '차다'는 '몸에 닿은 물체나 대기의 온도가 낮다.'라는 뜻입니다.

**2** '자전거를 타다.'에서 '타다'는 '탈것이나 짐승의 등 따위에 몸을 얹다.'라는 뜻입니다.

**3** '차가 고장 나다.'에서 '차'는 '바퀴가 굴러서 나아가게 되어 있는, 사람이나 짐을 실어 옮기는 기관.'이라는 뜻입니다.

**적용**

**4** 하늘에서 내리는 '눈'과 사람의 '눈'은 의미의 유사성이 없는 동형어 관계입니다.

**5** 책상 '다리'와 사람의 '다리'는 의미의 유사성이 있는 다의어 관계입니다.

**6** '돈을 쓰다'와 '용돈 기입장을 쓰다'에서 '쓰다'는 둘 사이에 의미의 유사성이 없으므로 동형어 관계입니다.

**7** 두 낱말 '말'은 사람이 입으로 내는 소리라는 의미의 유사성이 있는 다의어 관계입니다.

**심화**

**8** ㉠은 '사람의 팔목 끝에 달린 부분.'을 뜻합니다. ㉡은 '어떤 일을 하는 데 드는 사람의 힘이나 노력, 기술.'을, ㉢은 '일을 하는 사람.'을 뜻합니다. 세 낱말은 다의어 관계로 ㉠은 '손'의 기본적인 의미에 해당하고, ㉡과 ㉢은 주변 의미에 해당합니다.

실수를 줄이는 한 끗 차이!

# 빈틈없는 연산서

- 교과서 전단원 연산 구성   - 하루 4쪽, 4단계 학습   - 실수 방지 팁 제공

수학의 기본

# 큐브

실력이 완성되는 강력한 차이!

# 새로워진 유형서

- 기본부터 응용까지 모든 유형 구성
- 대표 예제로 유형 해결 방법 학습
- 서술형 강화책 제공

개념 이해가 실력의 차이!

# 대체불가 개념서

- 교과서 개념 시각화 구성
- 수학익힘 교과서 완벽 학습
- 기본 강화책 제공

정답과 해설

초등 국어 **어휘**X**독해**